俄罗斯外交战略与对外关系

毕洪业·著

ДИПЛОМАТИЧЕСКАЯ СТРАТЕГИЯ И
ВНЕШНИЕ ОТНОШЕНИЯ РОССИИ

时 事 出 版 社
北 京

图书在版编目（CIP）数据

俄罗斯外交战略与对外关系/毕洪业著．—北京：时事出版社，2021.11
ISBN 978-7-5195-0445-8

Ⅰ.①俄…　Ⅱ.①毕…　Ⅲ.①对外政策—研究—俄罗斯　Ⅳ.①D851.20

中国版本图书馆 CIP 数据核字（2021）第 196289 号

出 版 发 行：时事出版社
地　　　址：北京市海淀区彰化路 138 号西荣阁 B 座 G2 层
邮　　　编：100097
发 行 热 线：（010）88869831　88869832
传　　　真：（010）88869875
电 子 邮 箱：shishichubanshe@sina.com
网　　　址：www.shishishe.com
印　　　刷：北京良义印刷科技有限公司

开本：787×1092　1/16　印张：15.5　字数：248 千字
2021 年 11 月第 1 版　2021 年 11 月第 1 次印刷
定价：98.00 元

本书是国家社科基金一般项目“乌克兰危机冲击下的俄罗斯与欧洲关系及中国的应对研究”（批准号：15BGJ052）的相关成果。

序　言

Prologue

在俄国著名思想家别尔嘉耶夫看来，广袤的空间在俄罗斯的命运中有着决定性意义，跨欧亚的独特地理位置不仅决定了俄罗斯民族的特殊历史使命，也使其在世界上的地位得到极大提高。历史发展表明，对俄罗斯民族和国家而言，正是横跨欧亚的广阔地理空间在为其提供丰富资源和无限可能的同时，也成为其永恒的困扰和沉重的负担。

随着冷战的终结，欧亚大陆的地缘政治格局发生了根本性的变化。伴随着北约和欧盟的双东扩，欧洲整合的步伐明显加快，而与此同时，地处欧亚大陆东端的中国快速崛起并显示出其对世界的巨大影响力。相应地，伴随苏联解体的是，原有的统一地缘政治空间不复存在，周边安全问题愈加突出，这对俄罗斯的国家安全造成了严重威胁。对此，俄罗斯外交和政治精英的一个基本判断是：20 世纪 90 年代的历史进程表明，旧的地缘政治思想还没有成为过去。这样，俄罗斯原有的地缘政治思想在新的条件下重新找到了可以施展的舞台，促进了地缘政治理论的发展，并影响到俄罗斯国家地缘外交取向的选择。鉴于冷战后国际格局的转型和自身实力的急剧下降，从保障和维护自身的世界大国地位及影响力出发，俄罗斯国内就外交政策进行了激烈的讨论并形成了不同的对外政策观点或构想。这种争论源于身份的不确定性或者说多重性，表明俄罗斯还没有形成一致认同的世界观，从而很大程度上导致独立以来俄罗斯外交政策的不完整、多变和缺乏一致性。直到21世纪，普京确定了以实用主义为理念、以恢复俄罗斯大国地位为目标的多极平衡外交构想，这一状况才有所改观。随着政治稳定和经济的持续增长，俄罗斯的自信不断增强，开始形成新的外交政策。俄罗斯的这种自信不仅表现在通过能源政策反击美欧在独联体推行“颜色革命”的举动，还在伊朗和朝鲜核问题上对美国的立场形成牵制。针对美国支持科索沃独立和在东欧部署导弹防御系统等问题，俄罗斯更是表现出罕见的强烈对抗姿态。至此，俄罗斯已放弃成为西方一员的希望，开始建立围绕莫斯科的体系。

俄罗斯与格鲁吉亚的军事冲突表明，俄罗斯真正感到了自身安全所面临的威胁，用实际行动回击了北约向独联体扩张的企图。西方必须清楚，他们再也看不到那个因“自卑”而处处妥协和温顺的俄罗斯了。在北约和欧盟无限逼近“红线”的背景下，莫斯科已不会再向西方、尤其是美国做出让步，其维护自身利益的方式也由妥协退让转向主动出击。莫斯科的激烈反应既是对长期以来西方挤压俄罗斯战略空间而产生的“积怨”的大爆发，也是对华盛顿单方面主导和宣布科索沃独立的一种“报复”，还预示着日益崛起的俄罗斯开始真正摆脱西方的掣肘，不惜采用直接军事对抗的方式来维护自己的国家利益。

乌克兰危机更彻底打破了俄罗斯渴望与西方维持共同价值观的幻想，美国不打算容忍俄罗斯持有独立的外交政策，而欧盟也不打算容忍俄罗斯的国内政治秩序。这不仅解决了俄罗斯试图融入西方的问题，还为大国竞争和价值观冲突的回归创造了条件。俄罗斯希望自身周边环境回归某种形式的、默认的势力范围，而美欧仍想巩固冷战的胜利成果，试图通过全面施压迫使俄罗斯改变行为，回到20世纪90年代的全面优势态势。

乌克兰危机预示着地缘政治的回归，推动国际力量加速重组，大国竞争正取代大国协调。为应对美欧的制裁和压力，普京全力推动欧亚经济联盟顺利落地。为加强在欧亚大陆整合中的话语权，在推动欧亚经济联盟与相关国家自由贸易协定谈判的同时，普京又抛出“大欧亚伙伴关系”计划，引起国际社会的极大关注。同时，普京通过军事介入叙利亚战争，确立了莫斯科在叙利亚问题上的真正“仲裁者”角色，加强了与中东主要大国的关系，进而从战略上打破美国在中东地区对俄罗斯的围堵。更重要的是，乌克兰危机改变了俄罗斯与西方关系的结构，美俄关系重启无望。国家利益对立和国内政治现实限制了特朗普在美俄关系上的“操作”空间，最终，特朗普对俄政策转向强硬，打破了人们对美俄关系改善的期待，导致双方形成冷战结束以来最严重的对峙。欧盟和俄罗斯对国际和欧洲安全秩序看法上具有不相容性，使双方在明斯克协议上各自坚持自己的解释，制裁与反制裁成为俄欧关系的常态。有鉴于此，俄欧关系僵局在未来一段时间内仍难以打破，双方关系基于零和博弈互动形式的本质不会改变。

目　录

contents

第一章　“永恒的势力范围”
——俄罗斯的地缘战略思想

地缘政治（Geopolitics）是一个既古老又崭新的话题，因为无论是古代还是现代，在处理国家间关系时都要考虑到地理空间因素的影响。纵观俄罗斯摆脱蒙古统治以来500多年的历史，从向西与欧洲列强争夺暖洋出海口、向南蚕食中亚地区，到向东攫取西伯利亚和远东，其地缘政治态势发生了巨大变化。直到十月革命后苏俄的战略收缩和苏联的势力范围扩张，再到苏联解体所带来的地缘政治急剧变动，俄罗斯国家地缘政治态势变化的频率和幅度在世界大国中都是最为激烈的。俄罗斯地处欧亚大陆中心地带的独特地理位置和不断变化的地缘政治现实，催生了其地缘政治思想的形成和不断演进。

一、俄罗斯地缘政治思想的演变

地理空间对俄罗斯民族和国家而言一直有着特殊的决定性意义。随着技术进步、经济发展，指导国家间交往的地缘政治理论也不断发展，但地缘政治理论无论如何发展、演变，最终都建立在其永恒不变的逻辑支点——地理空间上。这一点在俄罗斯的地缘政治思想发展和演变中尤为突出。

（一） 俄罗斯地缘政治思想的形成与演变

横跨欧亚的独特地理位置和广袤空间，一方面赋予了俄罗斯民族某种特殊的优越心理和巨大的回旋空间，而另一方面也时常对其造成“困扰”。“没有自然屏障是俄罗斯周围环境的基本条件”，这种基本条件“不仅激发了一种远达天涯海角的冒险精神，而且形成了俄国社会的基本特征”。① 对此，俄罗斯著名思想家普列汉诺夫（Г. В. Плеханов）指出：“俄国的历史是一个在自然经济条件下进行开拓的国家历史。”②

在俄罗斯，就地理空间对国家发展影响的理论探索已有近两个世纪的历史。早在19世纪三四十年代，有关“俄国与西方”的问题，就在西方派和斯拉夫派之间展开激烈辩论。一定意义上，两者都是从地理空间或地缘政治角度探寻俄罗斯国家的未来，都强调俄罗斯有不同于西方的历史特质。斯拉夫派着重肯定了俄国的历史经验，强调从本民族的历史中寻找发展动力，反对走西方的道路；西方派则对本国的历史遗产持否定态度，强调西方文明优于斯拉夫文明，只有走西方的道路俄国才有前途。③ 无论是斯拉夫派还是西方派，都不满足于俄国落后的现状，都在积极寻求使国家强大的发展道路，实际上都是俄罗斯民族的自我意识觉醒。斯拉夫派与西方派都在试图拯救自己的祖国，两者有“同样的爱，只是方式不一样……我们像伊阿诺斯或双头鹰，朝着不同的方向，

---

① ［美］亨利·赫坦巴哈等著，吉林师范大学历史系翻译组译：《俄罗斯帝国主义：从伊凡大帝到革命前》，三联书店1978年版，第4页。

② ［俄］普列汉诺夫著，孙静工译：《俄国社会思想史》（第1卷），商务印书馆1988年版，第106页。

③ 斯拉夫派的代表人物主要包括有霍米亚科夫（А. С. Хомяков）、阿克萨科夫兄弟（К. С. и И. С. Аксаков）、基列耶夫斯基兄弟（И. В. и П. В. Киреевский）、萨马林（Ю. Ф. Самарин）、瓦鲁耶夫（Д. А. Валуев）及著名作家陀思妥耶夫斯基（Ф. М. Достоевский）等；西方派的主要代表人物是卡维林（К. Д. Кавелин）、格兰诺夫斯基（Т. Н. Грановский）、鲍特金（В. П. Боткин）、恰达耶夫（П. Я. Чадаев）、赫尔岑（А. И. Герцен）、别林斯基（П. Я. Чадаев）、斯坦科维奇（Н. В. Станкевич）、索洛维约夫（С. М. Соловьев）等。

但跳动的心脏却是一个”。① 相对而言，西方派过于激进和片面，具有历史虚无主义倾向，而斯拉夫派虽有进步意义，但也明显表现出保守的一面。

随着俄罗斯地缘扩张遇到挫折，同时在克里米亚战争中失败，斯拉夫主义最终被泛斯拉夫主义所取代。“斯拉夫派和西方派的争端不是由于一方对另一方的说服，而是由于迅速发展和扩张的西方社会的不可抵抗的压力，才得到解决。这种压力通过俄国和一些西方强国（其中最重要的是英国和法国）之间的克里米亚战争而得到戏剧性的说明。”② 1869 年，丹尼列夫斯基（Н. Я. Данилевский）在《俄罗斯与欧洲》一书中提出的“文化—历史类型”理论，担负起整合泛斯拉夫主义为统一整体的任务。丹尼列夫斯基主张建立一个强大的、由俄国领导的“全斯拉夫联盟”的斯拉夫帝国，共包括四个斯拉夫国家和地区在内的八个部分，基本覆盖了整个东部欧洲。③ 在丹尼列夫斯基看来，由于文化类型的差异，欧洲对俄国充满敌意，但随着欧洲影响力的下降，新世界将由斯拉夫联盟来领导，一定程度上美国也将参与领导。④ 泛斯拉夫主义主张俄国应推行积极的地缘扩张政策，他们并不惧怕因此与欧洲关系紧张。俄国沙皇政府也意识到泛斯拉夫主义有利用价值，希望借此推动建立斯拉夫联邦，最终实现对巴尔干的控制。于是，沙皇政府协助塞尔维亚获得独立地位，还插手东南欧国家针对土耳其的巴尔干战争。

到 19 世纪末 20 世纪初，一些俄国学者，包括索罗涅维奇（И. Л. Сол-

---

① ［俄］赫尔岑著，项星耀译：《往事与随想》，人民文学出版社 1993 年版，第 131 页。

② ［美］斯塔夫里阿诺斯著，吴象婴等译：《全球通史——1500 年以后的世界》，上海社会科学院出版社 1992 年版，第 382 页。

③ См.：Н. Я. Данилевский. Россия и Европа：Взгляд накультурные иполитические отно-шения Славянского миракк Германо – Романскому. М.：Эксмо，2003. – С. 383 – 418.

④ 丹尼列夫斯基的观点同托克维尔有相近之处。后者把俄罗斯民族与美利坚民族进行比较，认为两者都是当时世界上的伟大民族，在其他民族发展处于停滞或困境之时，只有这两个民族仍在发展。托克维尔认为，美国以自由为行动的基本手段，而俄国则把服从作为根本原则，尽管两者的出发点不同，道路各异，然而，其中的每一个民族都好像受到天意的密令指派，终有一天要各主世界一半的命运。参见［法］托克维尔著，董果良译：《论美国的民主》（上卷），商务印书馆 1988 年版，第 480—481 页。

оневич)、别尔嘉耶夫（Н. А. Бердяев)、索洛维约夫（В. С. Соловьев)、契切林（Н. Б. Чичерин）等人，开始明确把俄罗斯民族、历史的发展同自然地理因素联系起来，并进行了初步的理论总结。在索罗涅维奇看来，俄罗斯与美英在对个人自由的认识上之所以存在着较大差别，其直接原因就在于不同地理因素作用的结果：美英以大洋与海峡同大陆隔绝，而“俄国的历史就是一部克服俄罗斯地理的历史”。① 作为俄罗斯“国家学派”② 的重要代表人物，索洛维约夫和契切林通过研究气候、土壤等外部环境在社会生活和历史进程中的作用，强调中央集权对于拥有广大地理空间和多民族的俄罗斯国家发展具有重要意义，欧亚之间的独特地理位置和环境决定了俄罗斯发展道路的独特性，也促使它被迫与周边的草原游牧民族进行长期的较量。③ 在著名思想家别尔嘉耶夫看来，广袤的空间在俄罗斯的命运中有着决定性意义，跨欧亚的独特地理位置不仅决定着俄罗斯民族的特殊历史使命，也使其在世界上的地位得到极大提高；同时，巨大而广袤的空间对俄罗斯民族发展来说也是一种不幸，因为它成为导致俄罗斯民族性格与文化上的矛盾和分裂的主要因素。“斯拉夫种族正在替代那些曾经发生过作用、而今已在衰落的种族；它是未来的种族。……俄罗斯不能像东方那样限制自己，站在西方的对立面。俄罗斯应当意识到自己也是西方，是东西方的综合，是两个世界的联结点，而非分界线。”④ 从外在的、实证科学的观点来看，辽阔的俄罗斯空间便是俄罗斯历史的地理动因。但从更深刻的、内在的观点来看，这些空间本身就是俄罗斯命运内在的、精神的事实。这是俄

---

① И. Л. Солоневич. Народная монархия. М. :Феникс,1991. – С. 48, 69.

② “国家学派”(Государственнаяшкола)是 19 世纪后半期俄国最具影响的史学流派，强调国家在历史发展中的主导作用，是历史的创造者和社会进步的标志。主要代表人物有卡维林(К. Д. Кавелин)、契切林、索洛维约夫。

③ В. А. Китаев. Государственная школа в русскойисториографии:время переоценок // Вопросы истории. – 1995. №3.

④ ［俄］别尔嘉耶夫著，汪建钊编选：《别尔嘉耶夫集》，上海远东出版社 1999 年版，第 20 页。

罗斯灵魂的地理学。①"俄罗斯土地的广袤无垠、辽阔广大与俄罗斯的精神是相适应的，自然的地理与精神的地理是相适应的。"② 但历史发展表明，对俄罗斯民族和国家而言，正是横跨欧亚的广阔地理空间在为其提供了丰富资源和无限可能的同时，也成为其永恒的困扰和沉重的负担。

第一次世界大战爆发后，战争的杀戮使人们开始质疑西方文化的优越地位，出现了像斯宾格勒（Oswald Spengler）的《西方的没落》这类关于西方文明出现危机的著作和反西方主义情绪。而与此相反，在俄国却展开了一场源自西方的社会主义思想的伟大实践。在这种历史背景下，具有俄罗斯特点的欧亚主义思想在 20 世纪 20 年代流亡欧洲的俄罗斯侨民中开始传播，并形成了欧亚学派。按照著名欧亚主义者萨维茨基（П. Н. Савицкий）的理解，欧亚主义的出现是俄罗斯民族意识对俄国革命一种富有创造性的回应。③ 1921 年，由萨维茨基、苏符钦斯基（П. П. Сувчинский）、特鲁别茨科伊（Н. С. Трубецкой）、弗拉洛夫斯基（Г. В. Флоровский）四人合著的论文集《走向东方：预言与现实——欧亚主义者的主张》正式出版，标志着欧亚主义的诞生。④ 欧亚主义者

---

① 参见［俄］别尔嘉耶夫著，汪建钊编选：《别尔嘉耶夫集》，上海远东出版社 1999 年版，第 38—43 页。

② ［俄］别尔嘉耶夫著，雷永生、邱守娟译：《俄罗斯思想》，三联书店 1996 年版，第 2 页。

③ Русский узел евразийства. Восток в русской мысли. Сборник трудов евразийцев. М.：Беловодье，1977. – С. 369.

④ 有些西方学者认为，欧亚主义来源于 20 世纪初英国著名地理学家麦金德（Halford Mackinder）提出的"心脏地带"理论（这一理论断言，地球将永远分割为两个相互对立的领域——陆地与海洋，而陆地大国的自然宝库就是处于欧亚"心脏地带"的苏联帝国，谁控制了心脏地带，谁就会最终统治世界），俄国历史学家萨维茨基抄袭了麦金德的思想（参见《美刊论述俄罗斯的欧亚主义思潮》，《国外理论动态》1999 年第 10 期）。实际上，欧亚主义思想的鼻祖应该是俄国的思想家 Н. Я. 丹尼列夫斯基。在《俄国与欧洲》（1869 年）一书中，丹尼列夫斯基对德国历史学家吕特尔特的"文化历史类型"理论进行了拓展，他认为不存在全人类文明，只能有各种不同的文明或文化历史类型，而由于历史文化类型的不同导致了西方对俄国的敌视。后来的斯宾格勒和汤因比一定程度上都受到了丹尼列夫斯基这一观点的影响。

在20世纪二三十年代出版了很多著作，还创办杂志和报纸，积极宣传欧亚思想。① 在欧洲的俄罗斯侨民，尤其是知识分子中间，欧亚主义有着极大的影响，是其他思潮所无法企及的。

以俄罗斯横跨欧亚大陆这一独特的地理空间为背景，欧亚主义者主张俄罗斯是一个欧亚国家和一种特殊的欧亚现象，是兼具东—西方特性的、独特的欧亚文明。欧亚主义具有强烈的地缘政治倾向，在当时所有的欧亚主义者中，萨维茨基最为热衷于地缘政治学，“可以被称作第一个完全意义上的俄罗斯地缘政治学家”。② 萨维茨基的地缘政治思想主要包括以下几个方面：

首先，萨维茨基把俄罗斯视为一个独特的文明综合体。萨维茨基在《欧亚主义的地理和地缘政治基础》③ 一文中指出，俄罗斯更应该被称为“中心国家”，因为俄罗斯的“中间性”与其自身的历史发展相一致，其既不能被归入欧洲，也不能被归入亚洲，它是独立的世界。俄罗斯的这种独特历史精神和地理现实被萨维茨基称为“欧亚洲”。麦金德强调从“心脏地带”产生动力推动边缘的“内新月地带”创造了文化和历史，而萨维茨基则直接指出欧亚俄罗斯就是心脏地带，就是对时空全面展开的世界文化和历史的一种“综合”。

其次，萨维茨基提出了“发展地”（Месторазвитие）的概念。萨维茨基在《欧亚俄罗斯的地理观察》中强调，对俄罗斯来说，社会政治环境及其所处的空间应融合成地理单位或地理景观的统一整体，欧亚俄罗斯是一个“发展地”“完整统一体”“地理单位”，也是包含有地理、历史、民族及经济等内容的自然景观。④ 萨维茨基提出的“发展地”这一术语与拉采尔（F. Ratzel）和契伦

---

① 1922年，欧亚主义者出版了《在路上：欧亚主义者的主张》，1923年又出版了论文集《俄罗斯和拉丁世界》，最后在1931年出版了《30年代》（欧亚主义运动10年回顾文集）。

② А. Г. Дугин. Основы Геополитики. М. : Арктогея – центр, 1999. – С. 82.

③ См: П. Н. Савицкий. Географические и геополитические основы евразийства // Русский мир: Геополитические заметки по русской истории, Сборник. М. : Эксмо, 2003.

④ См: П. Н. Савицкий. Географический обзор России – Евразии // Континент Евразия. М. : Аграф, 1997.

(Rudolf Kjellen)的"生存空间"概念极为相似，契合于德国的有机组织学派，而与盎格鲁—萨克逊的实用主义完全相反。

最后，萨维茨基系统阐述了俄罗斯对金帐汗国乃至蒙古帝国的继承问题。萨维茨基认为，正是鞑靼统治时期造就了俄罗斯，"俄罗斯是大汗的后代和亚洲的统一者"，这里同时存在着"定居"和"草原"两种历史要素；在整个世界历史上，对西欧来说，海洋具有重要意义，而陆地对于蒙古具有重要意义，它是俄罗斯人的灵魂。① 俄罗斯的自然景观呈现出明显的两重性，而萨维茨基的欧亚地缘政治思想正是对俄罗斯欧洲部分的广袤森林和亚洲部分的宽阔草原进行整体性和独特性的一种"综合"。萨维茨基的这一观点是与麦金德、马汉(Alfred Thayer Mahan)、斯拜克曼(Nicholas J. Spykman)理论中占主导地位的实用主义、商业主义立场相对立的。这种对立的实质就是海洋和陆地的历史对立，反映了不同的地缘政治观，即海洋的自由民主、贸易体系、实用主义和陆地的思想专制、等级管理、宗教思想占优势的对立。萨维茨基的观念对后来俄苏地缘政治思想的发展产生了极为深远的影响。巨大空间的客观形势必然迫使苏联按惯性成为一个具有强烈地缘政治意识的欧亚大陆国家，其在地缘政治实践中的许多方面同萨维茨基的观念是相通的。

欧亚派在20世纪20年代末就已开始出现分化，主要在于学术观点和政治倾向上的分歧。尽管如此，欧亚主义在欧洲的俄国侨民中仍有很大影响，而且还被传入苏联境内。在很长一段时期内，欧亚主义都被苏联当局视为异端学说而加以限制，但其仍然顽强地延续着。在这种困难时期，古米廖夫(Л. Н. Гумилёв)(1912—1992年)对欧亚主义的传承发挥了非常重要的作用，是古典欧亚主义的最后代表人物。在古米廖夫看来，把地理、历史同自然科学相结合展开综合性的考察和研究，是欧亚主义的优势所在。这种研究告诉人们，人类是由各种不同的景观共同组成的"混合体"，并不是以欧洲为唯一中心的统一

① См:П. Н. Савицкий. Степь и оседлость щжб // Классика геополитики – XX век, Сборник. М. :АСТ,2003.

体。古米廖夫反对欧洲中心论和美国主导的单极世界霸权，强调“只有作为欧亚强国，俄罗斯才有重新崛起的可能，而且唯有依赖于欧亚主义才能完成”。①

（二） 苏联时期的地缘政治思想

在第二次世界大战前的苏联，地缘政治学说已经以“政治地理学”的名目成为军事院校以及国际关系专业院校的特定教学内容，并逐渐成为对外政策的哲学思想来源之一。学者们从不同角度探讨了地缘政治学科的本质和内涵，形成自己的独特见解。苏联学者斯皮琴科（К. И. Спидченко）提出，“政治地理学是一门社会学科，它研究各国现代政治发展的特殊性，而这种特殊性又与各国的社会经济制度有着不可分割的联系”。② 相对于斯皮琴科，维特科夫斯基（О. В. Витковский）则更多地着眼于从地理学视角来研究国际政治。他认为政治地理学属于社会地理学的一部分，其研究对象是“揭示和阐明社会的地域——政治组织及地域分布特征，说明在国际舞台上，在各个国家和局部地区中政治力量相互关系上的区别，描述这种相互关系改变的规律和趋势，以及分析政治斗争的内容和后果中的地域特征”。③ 维特科夫斯基不赞同《苏联大百科全书》中关于政治地理学属于经济地理学分支的解释。

由于处在资本主义国家包围之中，刚刚取得革命胜利的苏俄和苏联一度被迫收缩地缘战略空间。为确保苏维埃政权的生存，列宁坚决签署了《布列斯特和约》和《里加条约》，放弃了西部的大片领土，明确提出了“空间换时间”战略。20 世纪 40 年代初，随着战争的日益迫近，斯大林推行所谓“东方战线”的地缘扩张政策，强占了欧洲东部一些国家的领土。由于德国地缘政治学（特

---

① Л. Н. Гумилёв. Если Россия будет спасена, то только через евразийство（интервью）// Начала. 4. М. ,1992. – С. 5.

② ［苏］斯皮琴科著，何希良译：《政治与军事地理学》，解放军出版社 1984 年版，第 691 页。

③ О. В. Витковский. Политическая география и геополитика. Новый рецидив американской геополитики // Вестник Московского университета. Сер. 5. География. 1980. № 6.

别是"生存空间"理论）为纳粹发动对外战争所利用，所以，战后很长一段时间，苏联领导层和知识界一直把地缘政治学看成是指导帝国主义对外侵略扩张的反动科学。1971年版的《苏联大百科全书》就认为地缘政治学利用非正常的解释经济和自然地理数据来论证和宣传帝国主义国家的侵略政策，是资产阶级的反动学说。一些学者在自己的著作中也认为地缘政治是对政治、经济、自然地理等客观要素的歪曲解释，是帝国主义对外侵略政策的理论依据。①

第二次世界大战结束后不久，美苏就从战时的盟友转变为对手，进而形成了长期的两极对峙格局。冷战期间，美苏在对世界主导权的争夺中，远洋海军和核威慑力量的发展成为重中之重。由于核武器使用的局限，大力发展远洋海军更具现实意义。虽有漫长的海岸线，但由于被大陆和冰冻的北冰洋所分割，苏联的海域分布在周边各处，太平洋、黑海、波罗的海、北冰洋各自独立。这种状态既便于苏联从欧亚大陆心脏部分直接向各处海域扩张，也要求苏联必须同时拥有多支海上力量，从而大大刺激了苏联海军的发展。为配合同美国进行全球争霸的需要，苏联特别重视对海洋地理的研究，将"制海权"作为实现全球霸权的基础。在这一领域最有影响的人物当属海军元帅戈尔什科夫（С. Г. Горшков）。戈尔什科夫的海洋战略思想集中体现在他的《战争年代与和平时期的海军》和《国家的海上力量》这两部著作中。在这些著作中，戈尔什科夫强调，自然地理环境不仅是人类发展所必不可少的条件之一，它还对一个国家武装力量发展的特点和方向有着重要的影响。他说："无疑，我们国家过去和现在都是世界上最大的大陆国家，但同时，它从来是，现在仍然是一个伟大的海洋国家。"② 在戈尔什科夫看来，俄国在历史上没有成为强国的原因，就在于缺少一支强大的海军，没有重视发展强大海军的结果就是俄国在克里米亚

① См：К. Э. Сорокин. Геополитика современности и геостратегия России. М.：РОССПЭН, 1996. – С. 12.

② ［苏］С. 戈尔什科夫著，许秋明译：《战争年代与和平时期的海军》，三联书店1974年版，第19页。

战争和日俄战争中的失败。他认为，到 20 世纪 70 年代，美苏两国的争夺已进入“现实威慑”阶段。这一阶段的实质，就是把主要战略进攻力量转移到海洋上去，必须把夺取制海权置于战略的首要地位。虽然戈尔什科夫和马汉一样都强调对海洋的控制在地缘战略中的主导地位，但二者的理论还是有很大不同。马汉始终坚持制海权在国家发展中的绝对地位，而戈尔什科夫在主张加强海军的同时要求海陆并重，而且强调武装力量的结构要因时而异。马汉主张海上力量要在决定性的地点保持优势，而戈尔什科夫在承认力量集中的必要性的同时，针对苏联当时的地理条件，提出苏联不得不在被分割开的各海域都保持一支舰队。另外，戈尔什科夫还反对马汉依赖以往战争经验确定未来战略的思维定式，提出必须预见科技发展趋势和运用海军力量的可能条件。① 戈尔什科夫与马汉在基本观点和海军发展战略上的区别，是同美苏两国所处的不同地理政治条件密切相关的。不可否认，戈尔什科夫的海洋战略思想迄今在俄罗斯的军事安全战略中仍有较大的影响。

在冷战对抗中，苏联的地缘战略目标是把美国势力逐出欧亚大陆，在实现对欧亚大陆掌控的基础上与美国进行全球争夺。由此，苏联组建了华沙条约组织并大力发展核能力和海军，以提高远洋作战能力，扩展自己在全球的军事存在和影响。这样，它便能跨出欧亚大陆中心地带，在大陆边缘及非洲、拉丁美洲立足，成为不可一世的超级大国。空间因素无疑仍是苏联构建世界霸权的主要资本，但就地理因素对国家战略的影响而言，其作用是随着社会经济的变化而不断改变的。“可以说，苏联之伟大在于其辽阔无比的疆域，但苏联的悲哀也正在于这难以整合维系的广大空间。”② 在很大程度上，恰恰是苏联的全球争霸战略为其在 20 世纪末的崩溃埋下了祸根。正如一位西方学者所言，“帝国在政治上生来就是不稳定的，因为下属单位几乎总是喜欢享有更大程度的自治。……从这

---

① 冯绍雷等著：《国际关系新论》，上海社会科学出版社 1994 年版，第 101 页。

② 冯绍雷著：《俄罗斯——东西方结合部的文明》，载资中筠主编：《冷眼向洋——百年风云启示录（下卷）》，三联书店 2000 年版，第 173 页。

个意义上说，帝国不会被攻克，而只会分崩离析。这种分崩离析通常是非常缓慢的，但有时也会非常迅速。"① 在某种意义上，苏联解体也是一次"空间换时间"战略的尝试，但这种尝试完全是不自觉的和被迫的，其所产生的巨大震动和痛楚至今仍停留在部分俄罗斯人的心中。

（三） 后冷战时期俄罗斯的地缘战略构想

随着冷战的终结，欧亚大陆的地缘政治格局发生了根本性的变化。对此，俄罗斯外交和政治精英的一个基本判断是："20 世纪 90 年代的历史进程表明，旧的地缘政治思想还没有成为过去。当然，20 世纪末世界电信事业、新交通工具、信息技术、全球经济和金融制度的发展，在很大程度上降低了地缘政治因素的意义。然而，在国家继续存在的条件下，这一因素无疑将继续发挥作用，包括作为确定各国在世界政治舞台上地位的参数。"② 伴随着北约和欧盟的双东扩，欧洲整合的步伐明显加快，而与此同时，地处欧亚大陆东端的古老中国快速崛起并显示出了对世界的巨大影响力。随着苏联的解体，原有的统一地缘政治空间不复存在，俄罗斯所面临的周边安全问题愈加突出。"苏联的解体和北大西洋公约组织扩张的威胁加强了俄罗斯被外部世界封在里面的意识。"③ 面对挑战，俄罗斯原有的地缘政治思想在新的条件下重新找到了自己施展的舞台，促进了地缘政治理论的发展，并影响到了俄罗斯国家地缘外交取向的选择。

（1）欧洲—大西洋主义及其现实困境

欧洲—大西洋主义，也即亲西方主义，在戈尔巴乔夫外交"新思维"的背

---

① 唐纳德·普查拉："未来国际关系史"，《地理学和国际事务》1994 年第 8 期。转引自［美］兹比格纽·布热津斯基：《大棋局—美国的首要地位及其地缘战略》，上海人民出版社 1998 年版，第 13 页。

② 俄罗斯外交与国防政策委员会著，冯玉军、蒋莉等译：《俄罗斯战略——总统的议事日程》，新华出版社 2003 年版，第 33—34 页。

③ ［美］索尔·科恩著，严春松译：《地缘政治学——国际关系的地理学》，上海社会科学院出版社 2011 年版，第 45 页。

景下，这股在19世纪早期就已出现的西化思潮在新的条件下重新兴起，并很快在思想领域取得优势。这一思想通过外长科济列夫（А. В. Козырев）和代总理盖达尔（Е. Т. Гайдар）等早期改革派和像右翼联盟或亚博卢集团等一些政治势力和理论家所进行的政治宣传和学术活动，得到积极的维护和推动。欧洲—大西洋主义强调，冷战的终结宣告了西方文明和体制的最终胜利，作为欧洲国家的俄罗斯唯有选择加入西方阵营，全面融入西方政治、经济及社会之中，才能最终解决国家所面临的一系列问题和挑战：第一，俄罗斯对内必须通过全面转轨加快构建公民社会，对外以融入西方社会为目标，而不是稳定或联合反自由民主的地区；第二，俄罗斯的发展战略应当以适应全球和地区发展出现的新趋势为重点，而不应以与独联体国家稳定和融合为重心；第三，就算俄罗斯有必要发展同邻国的关系，也主要是与中国及中亚国家发展关系。也就是说，如果不能融入欧洲，俄罗斯就有被边缘化的危险，而俄罗斯无论如何也不应再退回欧亚大陆。① 亲西方思想得到右翼党派和部分私营企业主的支持，一些知名政治人物，包括叶利钦、外长科济列夫、代总理盖达尔及国务秘书布尔布利斯（Г. Э. Бурбулис）等，曾视其为唯一正确的理论并在实践中推行。正如政治学家米格拉尼扬（А. М. Мигранян）所说："俄罗斯还没有找到自己在国际社会中的位置……如果说此前我们确信我们的利益到处都与西方利益冲突的话，那么现在，相反，确信它们处处一致。俄罗斯外交部在声明放弃意识形态的时候，所实行的却是在文明的对外政策口号下的积极的意识形态政策。"②

俄罗斯在转轨初期（1991—1993年）所执行的地缘外交政策，与其整个改革的指导思想是一致的。由此，在"一边倒"外交的指导下，俄罗斯很快形成了全球收缩的地缘战略，苏联时期的亚非传统盟友被忽略或抛弃，对与自己

---

① Dmitri Trenin, "The End of Eurasia: Russia on the Border between Geopolitics and Globalization", Moscow: Carnegie Moscow Center, 2001, p. 319.

② ［俄］安德兰尼克·米格拉尼扬著，徐葵、张达楠译：《俄罗斯现代化之路——为何如此曲折》，新华出版社2002年版，第309页。

利益密切相关的独联体地区的冲突也一度采取放任态度。尽管后来对独联体地位和作用的认识有所修正，但总体来看，这一时期俄罗斯过于理想化的外交是失败的。事实是，西方取向外交不仅没有换来大规模经济援助，融入欧洲的目标也化为泡影，更别说同美国的平等伙伴关系了。更严重的是，北约东扩及独联体内部冲突导致俄罗斯安全环境急剧恶化。俄罗斯领导人当时的外交政策很大程度上反映了早期自由主义思想，而完全忽视了国家利益差别，最终陷入了困境。很快，亲西方外交招致朝野一致谴责，20 世纪 90 年代中后期以日里诺夫斯基（В. В. Жириновский）为代表的极端民族主义思想①和各种欧亚地缘政治构想的兴起，正是对亲西方外交的反思和回应。

（2）欧亚地缘政治思潮的兴起

转型以来，俄罗斯所面临的国际困境推动了欧亚主义的重新兴起。在有关如何摆脱困境和国家走向等重大问题的争论中，欧亚主义政治思潮因其浓厚的地缘政治色彩和文明包容性而得到认可。按照季塔连科（М. Л. Титаренко）院士的说法，“俄罗斯的知识分子正在努力寻找一种新的观念，并且形成了研究的流派，成为许多重要政治组织的指导性观念，这种观念就是欧亚主义”。② 新欧亚主义对古典欧亚主义的地缘政治思想具有继承性，强调借助语言、民族、文化和经济及安全上的相互依赖等有利条件，在后苏联空间实现建立以俄罗斯

---

① 日里诺夫斯基认为，俄罗斯必须要建立强大的军队，恢复战略边界和历史上形成的地缘政治空间，首先应该与乌克兰、白俄罗斯及苏联其他加盟共和国实现统一。日里诺夫斯基领导的极右翼政党—自由民主党，在国家杜马选举中连续取得成功，形成所谓“日里诺夫斯基现象”。См.：В. В. Жириновский. О судьбах России. Ч. I – III. М.：1993.

② 俄罗斯科学院远东所所长季塔连科院士在 1994 年上海东北亚安全形势研讨会上的谈话。转引自冯绍雷著：《制度变迁与对外关系——1992 年以来的俄罗斯》，上海人民出版社 1997 年版，第 173 页。

为核心的“欧亚联邦”的目标。① 从自身独特的文明和地理位置出发，俄罗斯很快出现了多种具有欧亚主义倾向的地缘政治经济及文化主张，回应了在地缘政治领域所面临的挑战。

受萨维茨基和古米廖夫观点的影响，久加诺夫（Г. А. Зюганов）、纳尔托夫（Н. А. Нартов）从俄罗斯文明的独特性出发，强调在苏联地理范围内恢复昔日的文明帝国。② 这种思想强调俄罗斯文明的独立性，认为其所面临的威胁主要来自西方文明和美国的全球霸权，而保持和发展自己独特性的唯一途径就是远离西方世界的影响，因为，“在西方主导下的全球世界体系，即帝国主义格局中，强大、统一和独特的俄罗斯难以找到自己相应的位置”。③ 同时，作为文明帝国的俄罗斯，其疆域仅限于地缘政治独立和经济自足的后苏联空间，俄罗斯以其独特地位有着整合这一地缘空间的特殊使命。这种主张与俄共的政治家及其支持者有着密切联系，也为部分民族主义者所接受，一定程度上推动了俄罗斯在20世纪90年代中期的对外政策调整。

面对欧亚大陆所面临的一系列安全挑战，加兹耶夫（К. С. Гаджиев）和索罗金（К. Э. Сорокин）重点关注于欧亚大陆内部稳定机制的构建。在他们看来，俄罗斯作为多极世界中的一极，首先要做的不是恢复传统帝国，而是要稳定和控制欧亚大陆；俄罗斯只有拥有强大的实力才能更好地在欧亚大陆发挥稳定作用；尽管北约东扩给俄罗斯造成了地缘战略压力，但俄罗斯没有必要反对

---

① 对新欧亚主义的相关重要评论参见：В. И. Исаев. Евразийство：мифилитрадиц-ия？// Коммунист. – 1992. – Номер12.；А. С. Панарин. Междуатлантизмомиевразийством // Свободна-ямысль.– 1993. – Номер11.；Россиямежду ЕвропойиАзией：Евразийскийсоб-лазн. М.：Наука，1993.；Евразийство：заипротив，вчераисегодня，материалы“кругло-гостола”// Вопросыфил-ософии. – 1995. – Номер6.；М. А. Маслин. Неоевразийствоос-удьбе России. Вестник РУДН. Серия Философия. 1. М.：Изд – во РУДН，1997.；Г. А. Югай. Средний путь России и евразийство. М.：МОНФ，1998. Евразийская идея и современность. Сборник статей. М.：Изд – во РУДН，2002.；Б. В. Межуев. Новое евразийство // Агентство политических новостей. – 2006，17декабря.

② См.：Г. А. Зюганов. География победы：Основы российской геополитики. М.：Арктогея，1997. Н. А. Нартов. Геополитика：Учебник. М.：Юнити，1999.

③ Г. А. Зюганов. Глобализация：Тупик или выход？// Диалог. – 2001. – Номер6.

西方，而应在欧亚大陆奉行传统的权力制衡政策，以缓解战略压力——可以大力发展与中国的经济合作，保持同印度的特殊关系，甚至可以把日本、朝鲜及韩国纳入某种特定目的的集体安全体系。① 相对于前者，科洛索夫（В. А. Колосов）、米罗涅科（Н. С. Мироненко）和罗戈夫（С. М. Рогов）主要从地缘经济的视角，强调欧亚大陆经济合作对俄罗斯的重要意义。科洛索夫和米罗涅科认为，只有俄罗斯发展成为欧亚大陆的经济中心，后苏联空间的稳定与和平才有可靠保障，为此，俄罗斯首先应该制定以地缘经济发展为核心的欧亚战略，以加快推进与世界经济接轨的进程，否则俄罗斯将面临严重的安全挑战。② 罗戈夫的欧亚地缘经济战略主要强调俄罗斯可以成为沟通欧亚大陆的信息桥梁，进而促进欧亚大陆的开放和经济政治稳定。通过发展独联体欧亚地区的交通运输网络和电子通信系统，可以大大缩短欧洲和亚太地区信息交通网络，推进欧亚大陆的整体合作水平。③ 这种欧亚稳定与经济合作主张，承认了后苏联空间的地缘政治现实，希望俄罗斯能够采取切实可行的欧亚发展战略，以更好地应对来自欧亚大陆的挑战。该主张能够较好地把握国际政治经济化不断发展的趋势，在调整后的俄罗斯外交中体现得较为明显。自普京以来，俄罗斯积极以集体安全条约组织和欧亚经济共同体为核心推动后苏联空间一体化整合，同时借助上海合作组织加强欧亚大陆的安全合作。

亚历山大·杜金（А. Г. Дугин）是新欧亚主义者中激进思想的代表，也是俄罗斯最著名的地缘政治学家之一。杜金的《地缘政治学基础》（多次再版）被誉为地缘政治领域第一部俄文教科书。针对转型期的俄罗斯社会，杜金不仅

---

① См.：К. С. Гаджиев. Геополитика. М.：Междунар. Отношения，1997. К. С. Гадж-иев. Введение в политическую науку. М.：Логос，1997. К. Э. Сорокин. Геополитика современности и геостратегия России. М.：Росспэн，1996.

② См.：В. А. Колосов，Н. С. Мироненко. Геополитика и политическая география. М.：Твердый переплет，2001.

③ С. М. Рогов. Евразийская стратегия России // Экономические стратегии. – 2001，нобрь – декабрь. – С. 51 – 61.

提出了“新欧亚主义”的理念，还把其作为“欧亚运动”（后改建为“欧亚党”）的指导思想，并在实践中积极加以推动。相对于其他几种欧亚主张，杜金的欧亚思想明确强调对欧亚大陆的扩张性整合和与美国的对抗，具有明显的激进色彩。

第一，所谓“心脏地带”论。从战略角度出发，俄罗斯是典型的大陆国家，横跨欧亚大陆的独特地理位置决定了俄罗斯具有与欧亚大陆一致的独立地域结构，其战略利益、主权及国家安全必然与整个大陆紧密结合在一起，而欧亚大陆周边国家显然都不具备这种地理优势；从全球地理结构出发，海洋文化和陆地文化的对抗决定了海洋性西方和大陆性东方地缘战略利益存在着深刻的矛盾和冲突，未来的世界将是海洋国家联盟（美、英）和陆地国家联盟对抗的两极模式，而不是亨廷顿的多文明之间的冲突。

第二，关于“边缘地带”观点。从海洋和陆地联盟的对抗出发，虽然由差异所决定，俄罗斯文明难以与欧亚大陆周边的罗马—日耳曼文明和东方的伊斯兰、印度、中国等传统文明相融合，但这些“边缘文化”“边缘地带”当前还不是欧亚俄罗斯的战略对手，而是可以合作的对象，“东西并重”应成为俄罗斯的主要地缘战略。

第三，关于“帝国整合”思想。由当前的地缘政治现实所决定，俄罗斯必须加快“帝国整合”的步伐，否则俄罗斯及欧亚大陆就将陷入困境。这种整合的进程是，首先在后苏联空间进行帝国构建，再与东欧国家恢复同盟关系，把东方国家也整合在一起，最终形成新欧亚大陆战略联盟。在欧亚大陆西部，应推动法德联盟进程，使其最终脱离北约实现独立，而在大陆东部应该与伊朗、印度甚至日本保持传统联系或改善关系。①

杜金的欧亚扩张性构想与欧洲古典极右思想具有相通性，由于其过于激进而难以实现，所以，俄罗斯的当政者只能敬而远之。但随着俄罗斯地缘政治环

① А. Г. Дугин. Основы Геополитики, М. : Арктогея – центр. 1999. – С. 165 – 172.

境恶化，这种主张还是得到了部分极端民族主义者和军方强硬派的呼应。

二、后冷战时期俄罗斯的对外政策构想

面对冷战后国际格局的转型和自身实力的急剧下降，从保障和维护俄罗斯的世界大国地位及影响力出发，俄罗斯国内就外交政策进行了激烈的讨论并形成了不同的对外政策观点或构想。这种争论源于身份的不确定或者说多重性，表明俄罗斯还没有形成一致认同的世界观，从而很大程度上导致独立以来俄罗斯外交政策的不完整、多变和缺乏一致性。直到21世纪，普京确定了以实用主义为理念、以恢复俄罗斯大国地位为目标的多极平衡外交构想，这一状况才有所改观。

（一） 多极化构想的形成及评价

从未中断的帝国历史和苏联的超级大国地位及威望激发了俄罗斯民族的自豪感，同时也使其对身份的追求贯穿于转型以来俄对外政策调整的全过程。面对后冷战时期国际格局的转型和自身实力的急剧下降，从维护自身的大国地位及影响力出发，俄罗斯国内就对外政策进行了激烈的争论并形成了不同的构想。尽管多数的精英认同俄罗斯应作为强国的观念，并时常把西方尤其是美国作为参考对象，但这些人在国家身份、文化倾向和战略走向方面的观点却不尽相同。一方面，俄罗斯的政治家和学者对西方在独联体地区推行地缘政治多元化政策感到担心和不满；另一方面，由于国内各种思潮的影响和矛盾心理，致使在对外政策的激烈争论中形成了不同的构想，这也是俄外交政策不完整、多变和缺乏一致性的重要原因。

第一种是转型初期曾一度占主导地位的“全面倒向西方”的观点。苏联解体后，西化主义者认为通过推行西化式改革，俄罗斯会很快踏上文明和复兴之路。他们认为，西方体制是世界上唯一能够延续和有发展前途的文明，只有通

过与西方社会的融合，俄罗斯才能解决国内各种问题和迎接来自欧亚的各种政治挑战。包括前总统叶利钦、前外长科济列夫、前代总理盖达尔及前总统顾问布尔布利斯等是这一思想的重要支持者。盖达尔强调，俄罗斯要摆脱落后就必须“彻底改变社会经济制度结构，努力去除几百年来形成的所谓特殊性，统一于已经中断的欧洲社会和文化之中，从东方转向西方”。[①] 科济列夫认为，俄罗斯的重要伙伴是，“有着成熟经济和民主的富裕发达国家，也就是美国、西欧和日本”。[②] 尽管这一思想在形式上并没有被确定为官方的意识形态，但当政者事实上已将其视为唯一正确的理论。所以，俄罗斯除了在国内全面推行西化式改革外，对外政策上也完全倒向西方，在很多重大问题上做出让步。在付出巨大代价后，这种构想很快被要求采取更积极的措施以维护俄罗斯的立场和世界大国威望的观点所取代。

第二种构想是，在西方积极推动北约东扩和向独联体渗透的背景下，俄罗斯国内民族主义情绪高涨，产生了与西方对抗的心理。北约东扩计划的出台和在前南危机中对波黑塞族的军事打击，导致俄国内民族主义情绪高涨，一种要求对西方进行“报复”的不切实际的构想浮出水面。这种构想受到俄罗斯共产党和部分民族主义者的推崇，要求俄罗斯加强军事力量，进行经济动员，支持伊朗和伊拉克等持反对西方立场的国家的行动；在反西方的基础上与中国接近；通过施压促使独联体国家与俄罗斯接近，在可以预见的未来同独联体国家进行重新联合。著名的地缘政治家杜金就提出，俄罗斯是一个领土不断扩张的帝国，与美国有着特殊渊源的大西洋主义是俄罗斯文明和大国地位的主要威胁。[③] 日里诺夫斯基的自由民主党宣扬反西方和北约的观念，极力反对叶利钦向西方妥协，要求恢复军事实力和在国际事务中的影响力，并在苏联领土内恢

① Е. Т. Гайдар. Государство и эволюция. – М. :Евразия,1995. – С. 52 – 53.

② David Hearst,“How the East was Won – and Lost”,The Guardian,Oct. 19th,1996,p. 21.

③ См. :А. Г. Дугин. Основы Геополитики. – М. : Арктогея – центр,1999. – С. 165 – 172.

复俄罗斯帝国版图。俄共领导人久加诺夫对苏联的解体耿耿于怀，认为俄罗斯的政治疆界是西方社会通过卑劣的手段强加的，希望重新恢复昔日苏联时代的超级大国地位。这种构想反映了其对昔日霸权的向往，是俄罗斯人失望之余的自我慰藉。俄共和自由民主党在国家杜马选举中的强势表现反映了俄罗斯社会的不满和"报复"心态。① 在北约东扩既成事实和科索沃危机爆发后，这种"报复"的构想得到强化。但就俄罗斯的经济现状和国际地位而言，推行这种强烈的对抗性政策不仅严重脱离实际而且是极其危险的，很可能重蹈冷战覆辙，形成所谓"防疫线"而拖垮俄罗斯。

第三种构想是"有选择参与"国际事务。这种构想主要被俄罗斯对外政策和国防安全领域的专家、学者所提倡，反映了知识精英层的思考。该构想认为，国际上正在形成的既不是"单极"也不是传统的"多极"世界，而是多层次、迅速变化的国际和国家之间的体系。在这一体系中，居第一位的是经济问题，越来越需要相应的多边解决方式和新的国际机构。由于实力上的巨大优势，在新的国际体系构建中美国仍以追求全球唯一领导权为目标，俄罗斯必须改变所谓俄美"平等伙伴关系"的不切实际想法，在制定今后（21 世纪初 20 年）对外政策中必须以未必能够显著改变国际关系现有结构和动摇美国的全球霸权为基点。也就是说，俄罗斯的对外目标不是改变世界，而是要找到自己在世界上的位置（最低要求），为自身争取相应的经济和政治地位（最高要求）；俄罗斯的战略优先方向应该是重整国家政权，实现经济的稳定和高速增长同时与世界经济接轨。为此，俄罗斯对外政策的原则应包括：更加坚定地维护切身重要利益，而在其他问题上可以保持原则性、非对抗的策略；政治阶层和社会要主动放弃追求"超级大国"的幻想，积极争取在未来世界中的有利地位；经

① 1993 年 12 月的第一届国家杜马选举中出现"日里诺夫斯基现象"，即自由民主党得票 22. 79% 而位居第一，引起全世界的关注；俄共获 12. 35% 的选票，成为杜马第三大党，并在随后的 1995 年和 1999 年国家杜马选举中占据了国家杜马第一大党的地位，而自由民主党也连续进入国家杜马。

济利益是国家首先要寻求的利益，而不仅仅是回应传统安全领域的挑战和威胁，大力维护俄罗斯在国外的商业利益应作为新的对外政策的最重要原则；对外政策应保证同一些潜在的投资国保持正常的国家关系，以利于国家吸引外资的需要；尽可能不再使用强硬的外交措辞，如果需要抵制就应当强硬地采取行动。① 总体上，这种构想客观地认识到了俄罗斯所面临的政治、经济和社会问题，提出了通过“有选择参与”国际事务来维护和实现国家利益的愿望，基本反映了当前国际政治的现实，对普京上任以来所推行的更加注重实用主义的多极平衡外交政策产生了较大影响。

第四种观点是指20世纪90年代后半期由俄罗斯官方所积极倡导的多极化构想。下文将对这种构想进行重点讨论。

叶利钦在1996年发表的《俄罗斯在多极世界形成时期的地位和作用》的专题演讲中，首次系统地阐述了俄罗斯的“多极化”外交思想：俄罗斯推行“多极化外交”的基本原则是积极而全方位、独立而平等、避免走向对抗。从“一边倒”的外交政策到“多极化外交”，反映了俄罗斯不再幻想融入西方而是要努力成为世界之一极的转变，反映了俄罗斯不再以价值观念而是以国家安全及利益作为处理国家间关系的转变，反映了俄罗斯从地缘战略收缩到主动维持包括苏联势力范围的中亚以及远东地区利益的转变。② 出任外长伊始，普里马科夫就提出，“俄罗斯不能再充当长机后面僚机的角色。俄罗斯是一个大国，它应当有自己的外交政策。俄不能把力量只放在一个方面，不管这个方面多么重要，例如不能只集中在美国方面，否则俄就会失去政策的灵活性”。③ 1997年4月，中俄莫斯科峰会签署了《中俄关于世界多极化和建立国际新秩序的联合声明》，确认了“世界多极化的积极趋势”，提出建立“和平稳定、公正合

① 参见俄罗斯外交与国防委员会著：《俄罗斯战略：总统的议事日程》，冯玉军、蒋莉等译，新华出版社2003年版，第73—86页。

② 学刚、姜毅著：《叶利钦时代的俄罗斯：外交卷》，人民出版社2001年版，第48—56页。

③ Е. О. Примаков. курсах положения внешней политики России//Труд. –1996,26 июня.

理的国际政治经济新秩序"的要求。1997年12月批准的《俄罗斯联邦国家安全构想》明确指出："目前，国际形势的特点首先就是世界多极化趋势的加强：许多国家和一体化合作组织的经济及政治地位提高；国际政治、经济、金融和信息交流的多边管理机制得到完善。国际关系中，尽管军事实力仍具有重要作用，但政治、经济、生态和信息因素的作用在日益增强。"但"多极世界的形成将是长期的。当今时期，仍经常出现依靠单方面，包括依仗军事实力解决世界重大政治问题的国际关系结构"。① 这种多极化构想要求莫斯科奉行全方位、积极的对外政策，尤其要积极靠近独联体国家，目的是保持地缘政治平衡，抵制单极世界的形成。事实是，由于综合国力相距甚远，俄罗斯只能承认美国作为世界上唯一"超级大国"的现实，转而寻求通过加强对独联体外交和借助联合国、中国、伊斯兰世界，甚至西欧的力量来同美国进行抗衡，以维护俄罗斯的大国地位和影响力。这种构想并不表明也不可能形成反美同盟，但可以就一系列问题积聚起具有相同立场的力量以抵制美国的霸权和单边主义行动。

随着冷战的终结，俄罗斯最现实的任务是重新定位自己的国际地位。无论是西化主义者、斯拉夫主义者，还是新欧亚主义者都提出了俄罗斯在新的国际体系中如何发挥作用的问题，希望尽快实现大国复兴的目标。西化主义者希望通过把俄罗斯变成西方世界的一部分而使其成为一个世界性大国；斯拉夫主义者主张通过建立统一的斯拉夫民族国家来实现俄罗斯的复兴；新欧亚主义则着眼于整个苏联空间，希望通过独联体国家的重新一体化和统一来实现俄罗斯的振兴。不管大国地位的思想有多大的现实意义，但这一命题确实已经成为叶利钦多极化外交构想的关键要素。

这种多极化构想在一定程度上符合俄罗斯的国家利益：在实力急剧衰落的情况下，通过"多极"来制衡美国的"单极"，确保国家的安全、主权、领土完整，加强作为一个大国和多极世界一极的俄罗斯在国际社会的地位和影响

① См.: Концепция национальной безопасности РФ // Известия. – 1997, 17 декабря.

力，但这一构想也存在明显不足。

首先，该构想表明，俄罗斯仍试图通过全球主义路线来维持日趋衰落的大国地位和影响力。独立后的俄罗斯确实从苏联承袭了作为一个大国的许多特点：横跨欧亚大陆的独特地理位置和无与伦比的领土面积、能源资源潜力，以及约1.44亿的人口；仅次于美国的世界第二大核武库和军火出口，以及欧洲最庞大的军队；作为安理会常任理事国的一票否决权等。俄罗斯不仅在表面上具有大国的特征，而且继承了苏联作为世界性大国的意识。叶利钦在1993年的国情咨文中指出："俄罗斯在世界上尚未找到合适的位置……只有一个强大的俄罗斯才能使苏联地区保持安定。世界也同样需要一个强大的俄罗斯。"① 就俄罗斯的全球责任问题，尽管科济列夫和普里马科夫有很多不同之处，但是两人在俄罗斯应该在后冷战的国际环境中发挥全球性作用的问题上是一致的，只是实现的方式有所不同。1997年底在访问拉丁美洲时，普里马科夫指出，"作为一支国际主要力量，俄罗斯自然而然地应该和世界上所有的大洲保持多边关系，并同全世界的其他地区保持这种联系"②。他把确认俄罗斯作为世界大国的地位和履行全球制衡作用的义务密切相连。这样，作为斯拉夫的、欧洲的、欧亚的俄罗斯，既要承担地区责任又要承担全球责任。俄罗斯的全球观念既与其宗教文化传统中的"救世主"思想有关系，也与其在历史上形成的大国沙文主义思想具有一定的联系。作为国家政权的俄罗斯和作为帝国的俄罗斯在相当长的历史时期是同一的（包括苏联时期）。苏联解体后，俄罗斯面临"后帝国"时期身份重建的巨大挑战：一方面，政治阶层中几乎没有人要求重建苏联；另一方面，"帝国综合征"仍然暗含于许多精英们对待独联体的立场和俄罗斯全球使命的信念之中。这种多极化构想要求拥有强大的实力，以推行全球性的大

---

① 转引自［美］理查德·莱亚德、约翰·帕克：《俄罗斯重振雄风》，中央编译出版社1997年版，第297页。

② Bobo Lo,"Russian Foreign Policy in the Post－Soviet Era:Reality,Illusion,and Mythmaking",New York:Palgrave Macmillan,2002,p. 20.

国政策，并在外交和其他方面做出巨大努力。但俄罗斯只是一个衰弱的地区性大国，几乎仅保留了一个全球性标志——核武器，根本无暇也没有能力支撑所谓全球主义的多极化外交政策。叶利钦于1993年批准出台的《俄罗斯联邦外交构想基本原则》及其他一些文件中提出的同外部世界建立新型平等互利伙伴关系的设想并未能实现。① 更为严重的是，在北约东扩、科索沃危机等问题上的对抗使莫斯科与西方特别是华盛顿的关系恶化，导致自身安全面临严峻挑战。

其次，这种多极化构想没有形成一整套的外交战略，致使对外政策缺乏一致性，多是应急外交行为。俄罗斯的多极化构想仍把美国作为最主要的战略对手，想与西方接近但又对其持怀疑态度；力求参与国际社会但又缺乏系统设计；非常羡慕亚太地区发展趋势但又限制自己融入其中。一些俄罗斯人士指出："就俄罗斯的对外政策而言，没有比俄美关系更重要的了。不管我们是否愿意，俄罗斯外交活动的空间很大程度上取决于俄美关系的状况，美国因素在俄外交中仍处于首要位置。"② 普里马科夫也认为，尽管俄罗斯的外交政策应呈现多样化，但同中国的关系始终占有"特殊地位"，俄罗斯能否发挥有力的影响同美国的愿望直接相关。③ 确实，俄美之间的合作仍是成功解决后冷战时期众多挑战的关键。例如，俄美在核武器和其他大规模杀伤性武器的扩散、国际反恐及其他非传统安全威胁等问题上的合作。显然，在整个对外战略架构中，俄罗斯相对更注重与西方的关系，期望西方的接纳，发展与东方的关系是为了进一步推动西方化。

对此，俄罗斯前外长伊万诺夫（И. С. Иванов）曾指出了国际社会存在两

---

① См.：Концепция внешней политики Российской Федерации // Российская газета. – 2000，11июля.

② См.：А. Коновалов. Как Россия и США потеряли друг друга // мировая экономика и международные отношения. – 2000. – Номер7.

③ Bobo Lo，"Russian Foreign Policy in the Post – Soviet Era：Reality，Illusion，and Mythmaking"，New York：Palgrave Macmillan，2002，pp. 23 – 24.

种建立新世界秩序的不同态度。一种是旨在建立单边模式。在此模式下，一部分最发达国家依靠美国和北约的军事和经济实力主宰国际舞台，而其他国家将按照“特权俱乐部”制定的、有时是强加的规则生活。最明显的例子是南斯拉夫的命运。另一种是深信文明发展的客观趋势朝向多极化，除此以外没有其他合理的选择。① 伊万诺夫的评论突出了叶利钦政府对待后冷战时期国际秩序的双重心态：一方面担心俄美关系中新的不平衡和华盛顿的全球优势；另一方面希望通过加强国际政治、经济的相互依赖性来维护和保障俄罗斯的所谓大国地位和影响。

由于实力的下降，俄罗斯的实际外交政策与其指导理念严重脱节：重视欧洲一体化而又把美国占绝对优势的北约作为主要战略对象；渴望同西方的经济、政治机构保持紧密的联系，但又疑心西方削弱俄罗斯的企图；对亚太地区“活力”的向往与同这一地区贸易和经济的有限联系形成巨大反差。以上这些矛盾和不确定性因素对决策过程产生了较大的冲击，加剧了对外政策的工具主义倾向。俄罗斯的很多对外政策，很难说是出于所谓的政治理念，而往往是由像1994—1995年的波黑危机、围绕北约东扩的长期争吵、美英轰炸伊拉克及1999年春夏之交的科索沃危机等具体事件发展态势所决定。所谓俄罗斯向“东方”转向，包括俄中关系的加强和加入亚太经合组织，但上述表现并不表明莫斯科世界观的重大变化，只是很大程度上是作为向西方施压的手段。所以，在大部分俄外交和安全专家看来，在整个20世纪90年代的俄罗斯几乎不存在完整的对外政策学说，对地区问题的立场也不明确。②

最后，这种构想并没有反映新的世界现实。该构想确定了美国、俄罗斯、英国、德国、法国、中国和日本等几个主要大国“决定全球重要事务”的模

---

① ［俄］伊·伊万诺夫：《俄罗斯新外交——对外政策十年》，当代世界出版社2002年版，第29—40页。

② 参见俄罗斯外交与国防委员会著，冯玉军、蒋莉等译：《俄罗斯战略：总统的议事日程》，新华出版社2003年版，第51—58页。

式。俄罗斯希望在这种框架内，大国彼此制衡并分享一定的战略利益。实际上，这种恢复大国“协作”观念的重心在于这样一种假设——无论是在全球还是地区层面，任何一个国家主宰其他国家都是有害的。这样的信念源于零和博弈理论，即霸权的绝对优势等同于对其他方，尤其是俄罗斯的合法利益不够尊重。这种权力制衡的构想很大程度上是俄罗斯战略收缩的一种自然反应，其目的在于：在实力明显衰退的情况下，通过某种框架来制衡美国的霸权和单边行动，同时约束其他大国的行为，最终实现维护自己作为世界性大国的威望和利益。由于各大国战略利益的差异，特别是美国全球霸权的战略目标与这一构想明显存在矛盾，莫斯科的目的不仅难以实现还会使俄外交失去回旋余地，可能主动卷入不仅与美国，甚至是整个西方的对抗之中。俄罗斯在科索沃危机中的举动，不仅没有对美国的行为起到任何制衡作用，反而使自己陷于被削弱、被边缘化的境地。

随着冷战的终结，国际政治经济化的趋势明显加强，经济全球化和区域经济一体化势头不减。这突出体现在世贸组织就相关领域开放所进行的谈判，以及欧盟的不断深化和亚太经合组织在贸易及投资自由化方面的进展。这些情况在多极化构想中并没有给予足够的重视。俄罗斯更多地关注能够从国际货币基金组织、世界银行及西方国家获得多少贷款，而对加入世贸组织却没有表现出更大的积极性。尽管独立之初就提出了入世申请，但整个 20 世纪 90 年代基本上进展不大，这与莫斯科方面的认识和努力密切相关。虽然俄罗斯与欧盟签订了伙伴关系与合作协定，还加入了亚太经合组织，但莫斯科在如何与这两大最有影响的组织加强经济合作和政治关系方面缺乏清晰的战略。只是在欧盟对俄共同战略（1999 年 6 月）出台后，俄罗斯才推出“俄罗斯联邦与欧盟关系发展的中期战略（2000—2010）”（1999 年 10 月）作为回应。所以，这种多极化构想更多地看重在全球范围内发展政治关系，而没有注意到地缘经济的新变化，没有主动参与其中争取更大利益。

三、以实用主义为核心的多极平衡构想

普京对俄罗斯衰落的现实和在世界上的位置有着清醒的认识，他说：“俄罗斯正处于最困难的一个时期。可以说，最近200—300年以来，俄罗斯第一次面临处于二、三流国家的实际危险。”① 就普京的执政理念而言，其在《千年之交的俄罗斯》中所明确阐明的爱国主义、强国意识、国家作用的思想，可以作为很好的注解。在对外政策的调整上，重新修订的《俄罗斯联邦外交政策构想》指出：“俄罗斯外交政策的特点在于其平衡性，这是由俄罗斯作为一个欧亚大国的地缘政治地位所决定的，这种地位要求最合理地安排各个方面工作的协调。这种地位决定了俄罗斯对维护世界上无论是全球性还是地区性的安全所应负的责任，都要求俄罗斯发展和加强双边和多边基础上的外交行动。”由于对外政策保障手段的有限，“俄罗斯联邦成功的外交政策应当建立在使其目标与实现目标的可能性保持平衡的基础之上……集中政治、外交、军事、经济、财政及其他手段解决外交任务应看其是否符合俄罗斯国家利益的实际需要，而参与国际事务应当真正有助于加强国家地位”。②

“大国”作为俄罗斯的一种国家理念，自彼得大帝和叶卡捷琳娜女皇时代开始一直延续下来，它使俄罗斯人在这种自我感知中保持着大国公民的强烈诉求和自尊。③ 所以，苏联解体与俄罗斯国际地位下降给俄罗斯民众带来的心理冲击乃至屈辱感是可想而知的。苏联解体后，俄罗斯产生了严重的认同危机，莫斯科出于本体性安全考虑，对其国家利益进行重新排序，将恢复大国地位视

---

① См.：Россия на рубеже тысячелетий // Независимая газета. – 1999，30декабря.

② См.：Концепция внешней политики Российской Федерации // Российская газета. – 2000，11июля.

③ СергейКараганов：《Мирнаходитсявпредвоенномсостоянии》.［Электронный ресурс］. – URL：http：//svop. ru/main/19035/（дата обращения：26. 02. 2016）

为优先任务，以此保持其大国认同的连续性。① 普京在继承叶利钦后期所提出的多极化构想的同时，从俄罗斯的国家现实和国际地位出发，很快形成了自己独特的以实用主义为核心的全方位、多极平衡外交构想。这种构想主张国家利益至上，强调国内目标高于国外目标，突出外交中的经济实用主义，其基本内容包括：放弃超级大国目标，把俄罗斯现实地定位于地区大国和多极世界中一极的地位；强调联合国在调节国际关系中的作用，反对单边主义做法；在注重双边或多边框架的同时，强调俄罗斯在国际事务中的独立立场，但不寻求单边对抗，尤其要避免同美国直接对抗；努力融入经济全球化和区域经济一体化进程，突出强调外交要为国内经济发展创造条件。2001 年 1 月，普京在俄联邦外交部的讲话中指出，"在这里，要优先考虑的任务是，在俄罗斯周围建立稳定的、安全的环境，建立能够让我们最大限度地集中力量和资源解决国家的社会经济发展任务的条件"。② 所以，当美国宣布退出《反弹道导弹条约》时，普京并没有过激的反应，只是在指出这一决定是错误的同时，强调此举不会对俄罗斯国家安全构成威胁。以反恐为契机，俄美关系迅速拉近；在经济、能源和政治等领域对话和合作深化的同时，欧盟承认俄罗斯为市场经济国家。2002 年 5 月俄美就核裁军达成协议后，美国退出反导条约，俄罗斯与北约达成"20 合作机制"。但很快，价值观差异和战略分歧使双方关系再度转冷。

针对独联体地区"颜色革命"的挑战以及西方尤其是美国对俄能源政策和"民主倒退"的强烈批评，克里姆林宫以"主权民主"进行回击，并积极采取措施应对独联体"颜色革命"的挑战。通过对吉尔吉斯斯坦新政权和乌兹别克斯坦平息安集延骚乱行动的援助和支持，俄吉保持了亲密关系，乌兹别克斯坦也由亲西方投向了俄罗斯的"怀抱"，迫使美军从乌汉纳巴德空军基地撤出。针对独联体中的亲西方势力，普京的立场日趋强硬并抛出了能源这把"利器"。

① 李太龙，"从大国认同观点谈乌克兰危机中的克里米亚事件"，《俄罗斯研究》，2017 年第 6 期。

② 《普京文集》，中国社会科学出版社 2002 年版，第 251 页。

在对基辅的“断气”外交中，普京传达的信号是，俄罗斯掌握着独联体国家的能源命脉，这些国家在选择对外交往对象时必须考虑莫斯科的利益。此外，莫斯科还积极寻求通过亚太外交来平衡来自西方的压力。中俄《关于21世纪国际秩序的联合声明》和首次联合军演（2005年），表明了双方对新的国际秩序的构想和中俄战略协作伙伴关系的深化。在“国家年”活动在中俄相继启动的同时，普京决定让远东石油管道正式开工，并承诺建设输气管道增加对中国的能源供应。由此，分析家们说，由于同西方关系的不断恶化，克里姆林宫正在发展同中国的政治、经济和军事关系。美国传统基金会驻莫斯科办事处主任叶夫根尼·沃尔克（Evgueni Volk）说：“俄罗斯正在脱离基本的西方价值观念，越来越靠近中国模式，因此，普京觉得跟中国打交道更舒服。而且，他们有抗衡美国影响的共同目标，特别是在中亚地区。”① 不仅如此，在2006年7月的圣彼得堡八国峰会期间，俄罗斯还推动中、俄、印举行了三国领导人会晤。

事态发展表明，随着政治稳定和经济的持续增长，俄罗斯的自信不断增强，正在形成新的外交政策。普京要求外交人员要努力恢复俄罗斯在全球的独立角色，促进自身的利益，而不是跟随任何国际阵营。他在俄罗斯驻外大使会议上指出，“我们不要只是参与解决国际议事日程上的问题，而且要为制定国际议事日程做出切实的贡献”②。至此，俄罗斯已放弃成为西方一员的希望，开始建立围绕莫斯科的体系。③ 2007年2月，普京在慕尼黑安全会议上的著名演讲标志着俄罗斯反击的开始。普京指出，冷战之所以能够结束，是俄罗斯人民的历史性选择，然而西方非但没有心存感激并放下冷战思维，相反却步步紧逼，不断吞噬俄罗斯的外围势力范围，无情地围剿俄罗斯，“在俄罗斯周围筑

---

① Michael Mainville, "Ties with China Forged to Offset Western Clout", Washington Times, Apr. 6th, 2006.

② Oleg Shchedrov, "Russia Leaves Behind Post - Soviet Inferiority Complex", Moscow (Reuters), Jul. 10th, 2006.

③ Dmitri Trenin, "Russia Leaves the West", From Foreign Affairs, Vol. 85, No. 4, pp. 85 - 96, July. /Angust. 2006.

起新围墙，甚至这些新墙比以前的更靠近莫斯科"。①

俄格武装冲突和乌克兰危机表明，俄罗斯真正感到自身安全面临威胁，开始展开还击。军事冲突促使俄罗斯下决心制定新的外交战略。俄罗斯不想与西方全面对抗，但西方也必须清楚，他们再也看不到那个因自卑而处处妥协和温顺的俄罗斯了。对于美国而言，通过北约东扩对俄罗斯已基本形成合围之势，再把格鲁吉亚和乌克兰纳入北约就可以把这个篱笆扎紧。在北约和欧盟无限逼近"红线"的背景下，莫斯科已不会再向西方，尤其是美国做出让步，其维护自身利益的方式也由妥协退让转为主动出击。相对于重新恢复俄罗斯世界大国地位的战略而言，这种举动无论是对于领导人的战略决心和意志、军队的实际作战能力和信心都会产生深远的影响，也促使西方重新认识和评估俄罗斯的军事实力及维护国家安全利益的决心。

尽管仍困难重重，但俄罗斯在外交领域重新确立了自己的全球大国目标。强国战略是普京时代内政外交的主线，其最终目的在于维护和巩固俄罗斯的大国地位，这是俄罗斯荣誉观念的认同映射。② 面对自身实力下降的现实，普京则更致力于借助大国协调和平衡来主导国际事务和彰显俄罗斯的大国地位。俄罗斯秉持的世界观仍是：这个世界是由大国主导的，而俄罗斯从来都是能够影响并改造国际体系的主导国家之一。普京希望看到的国际社会，是类似于 19 世纪欧洲协调的发展模式，也即建立在以几个主要大国为基础的框架下，由这些大国负责维护国际秩序。③ 相较于身为超级大国的美国，今天的俄罗斯确实显得底气不足。这就解释了为什么普京偏爱联合国、金砖集团及上合组织等多

① Выступление и дискуссия на Мюнхенской конференции по вопросам по литики без опасности. [Электронный ресурс]. – URL：http：//www. kremlin. ru/events/president/transcripts/24034(дата обращения：16. 02. 2010).

② 庞大鹏，"俄罗斯的国家认同——内政外交的联动性"，《俄罗斯东欧中亚研究》，2018 年第 1 期。

③ Концепция внешней политики Российской Федерации // Независимая газета. – 2013，4 марта.

边机制。俄罗斯作为安理会常任理事国，可以通过凸显联合国地位的重要性和不容置疑的合法性，强调自己所持有的国际社会大国管理权力，以此强化俄罗斯的大国地位。重点不在于多极化的经典均势愿景，而在于以共同利益为前提的大国治理，俄罗斯在其中保持着特权地位。这种前景对于俄罗斯的多元外交政策也是至关重要的。这样专注于维护强大的实力和利益，而不是优先考虑共同的身份，导致俄罗斯拒绝与任何一个国家及集团建立过于密切的关系。但是，普京的对外战略还是以难以捉摸的方式和潜在的全球影响力对西方价值观所独有的叙事方式和必胜主义的心态形成了挑战，这突出体现在俄罗斯在乌克兰和叙利亚的军事行动上。

乌克兰危机彻底打破了俄罗斯渴望与西方维持共同价值观的幻想，美国不打算容忍俄罗斯持有独立的外交政策，而欧盟也不打算容忍俄罗斯的国内政治秩序。这不仅平息了俄罗斯融入西方的问题，还为大国竞争和价值观冲突的回归创造了条件。[①] 所以，普京对乌克兰的反击不应仅仅被视为一种被动回应政策，也存在积极因素，那就是明确表明了俄罗斯的国家利益和战略考量。同时，乌克兰危机预示着地缘政治的回归导致世界体系严重失衡，大国竞争正取代大国协调。俄罗斯希望自身的周边环境回归某种形式的、默认的势力范围，这使人想起维也纳体系和雅尔塔体系。而美欧仍想巩固冷战的胜利成果，试图通过全面施压迫使俄罗斯改变行为，回到 20 世纪 90 年代的全面优势态势。现实表明，“历史终结”只是昙花一现，在新的均衡到来之前，大国竞争将带来更多的国际关系动荡。

---

① Dmitri Trenin,“It's Time to Rethink Russia's Foreign Policy Strategy”,Apr. 25th,2019,https://carnegie.ru/commentary/78990.（上网时间：2019 年 7 月 16 日）

第二章　“首要战略取向”
——俄罗斯的欧亚战略

“9·11”以来，俄罗斯、美国对中亚的兴趣大增，在中亚的活动也大大增加。随着美国宣布美军作战部队即将撤出阿富汗，中亚的安全和稳定再次引起国际社会的普遍担忧。在这种背景下，美、俄的中亚政策相继做出调整，使对该地区的地缘政治争夺提升到新的水平。由于短期内中亚各国还无力解决严重的地区安全问题，普京的欧亚战略充分利用自己在中亚地区的传统联系，使俄罗斯在该地区的相对优势地位得以维持和巩固。

一、后阿富汗战争背景下大国的中亚政策

“9·11”后，美国借助反恐之机进入中亚，中国在该地区的经济影响力也不断扩大，外部力量对中亚事务的介入使俄罗斯作为中亚“安全保证者”的地位有所削弱。中亚一直是大国地缘政治博弈的三角地区。俄罗斯在该地区行使“作为邻国的权利”，美国的存在被中亚国家认为是积极的，但被俄认为对其利

益构成威胁。[①] 这种判断很正常，因为美国在中亚的存在不仅是反恐和所谓维护安全那么简单，更主要的目的还是对俄罗斯、中国及伊朗进行牵制或遏制，而中亚国家也希望借助美国来平衡俄中在该地区的影响。

（一） 美国以解决阿富汗问题为核心的中亚政策

乔治·布什（小布什）政府后期接受了约翰斯·霍普金斯大学中亚高加索研究所所长斯塔尔（Frederick Starr）教授的建议，形成了所谓的“大中亚”战略。该战略的核心是借助经过阿富汗的能源管道和主要交通设施，把中亚和南亚连接起来，推动这两大区域在经济、民主、安全、能源、交通等领域的灵活合作，构建起“大中亚”这一新的地缘板块，把中亚从俄罗斯的势力范围中分离出来，为阿富汗问题的最终解决营造良好的地缘环境。[②] 小布什的“大中亚”战略把中、俄排除在外，隐含着与上海合作组织抗衡的意味。出于安全风险等因素的考虑，中亚国家对能源南向输出管道兴趣不高。阿富汗安全局势恶化，美国在中亚影响力下降，美巴关系因北约误袭而冷淡，这一切表明了布什政府所推行的“大中亚”战略的失败。小布什所留下的“遗产”，除巨额的战争债务外，在外交上还面临尴尬局面。一方面，单边主义在使美国国际形象受损的同时，华盛顿与其他大国的关系也困难重重（例如美俄关系），在中亚的影响力更迅速下降；另一方面，小布什政府的中亚战略陷入困境，在金融危机之下，伊拉克和阿富汗战争已经使美国难堪重负，急需新的中亚战略，以使美国早日从阿富汗脱身。不可否认，中国在中亚地区影响力的迅速增强，也是美国中亚战略调整的一个重要因素。中国借助上海合作组织在中亚安全问题上的

① Farkhod Tolipov,“New Strategy, Old Game: The Realigning Geopolitics of Central Asia”, Mar. 26th, 2020, https://www.cacianalyst.org/publications/analytical-articles/item/13610-new-strategy-old-game-the-realigning-geopolitics-of-central-asia.html.（上网时间：2020年5月14日）

② FrederickS. Starr,“A Partnership for Central Asia”, Foreign Affairs, Vol. 84, No. 4, July/Aug, 2005, pp. 164-178.

影响迅速增强，而随着中国与土库曼斯坦天然气管道的启动，美国开始更加担忧。[①] 正如卡内基国际和平基金会高级研究员奥尔科特（Martha Brill Olcott）所说，中国影响力的提升是8年来中亚的第二大变化。[②]

奥巴马入主白宫后，着手全面调整美国的国家安全战略，其中一项重要内容就是尽早结束在阿富汗的军事行动，给美国民众和国际社会一个交待。经过三个月的评估，2009年12月1日，奥巴马正式宣布了向阿富汗增兵的方案。华盛顿希望通过增兵来稳定阿富汗的形势，为美军的最终撤离做准备。随着对中亚政策的调整，美国不再强求推进"民主"，而是致力于改善与中亚国家的关系，甚至希望重启美俄关系，为阿富汗问题的解决营造一个良好的周边环境。为此，美国积极推动与中亚国家建立双边高层对话机制，每年举行一次，涵盖了双边关系的所有重大问题。美国高官开始频繁穿梭于中亚各国，但"民主"已不再是首要议题，经济援助和军事合作成为主题。在双边对话的基础上，美国开辟了通过中亚进入阿富汗的北方运输网。随着大选年的临近，2011年6月22日，奥巴马正式宣布了美国从阿富汗撤军的最终日程表。按照计划，美军作战部队要在2014年底前撤出阿富汗。为配合撤军和保持美国影响的长期存在，美国国务卿希拉里（Hillary Diane Rodham Clinton）提出了"新丝绸之路"倡议，该倡议成为奥巴马中亚战略的核心组成部分。[③] "新丝绸之路"倡议仍然与阿富汗问题紧密联系在一起，以期构建一个更加良性的区域环境，为美国及其北约盟友顺利转移领导责任给阿富汗政府及其安全部队创造条件。这样，美国对阿富汗政策的重心从短期依靠军事战略的稳定计划转向了长期、可

---

① M. K. Bhadrakumar, "China Resets Terms of Engagement in Central Asia", The Asia - Pacific Journal, Vol. 7, No. 2, pp. 1 - 10, Dec. 28th, 2009.

② Martha Brill Olcott, "U. S. Policy in Central Asia: Looking Ahead", Dec. 15th, 2009, p. 3, https://carnegieendowment.org/files/Martha_Brill_Olcott_-_Testimony_-_Final.pdf. (上网时间：2019年8月12日)

③ Remarks on India and the United States: A Vision for the 21st Century, July, 2011, http://www.state.gov/secretary/rm/2011/07/168840.htm. (上网时间：2018年5月16日)

持续的发展规划，通过刺激经济增长、促进就业、调动私营部门、促进中亚和南亚地区的一体化，意图将中亚纳入新的经济、政治、安全框架。① 2011 年 10 月，希拉里访问阿富汗、巴基斯坦、塔吉克斯坦和乌兹别克斯坦四国，极力推行“新丝绸之路”倡议，希望通过与中亚国家的合作，寻求对阿富汗的支持和在中亚长期立足。

以解决阿富汗问题为核心，奥巴马政府的中亚战略主要包括三大举措：第一是发展和扩大北部配送网络（NDN），通过俄罗斯、中亚和高加索转运大量的非致命性物资，供应驻扎在阿富汗的北约部队；第二是“新丝绸之路”（NSR）倡议，旨在加深和扩大阿富汗和中亚及南亚邻国之间的区域经济一体化，其中的规划项目达几十项，包括完成阿富汗环路、建立阿富汗和巴基斯坦之间的铁路联系、完成土库曼斯坦—阿富汗—巴基斯坦—印度（TAPI）输气管道、建立中亚和南亚区域电力市场等②；第三是中亚的反毒品计划（CACI），建立涵盖所有五个中亚国家的缉毒部队，并与现有的反毒品部队在阿富汗和俄罗斯进行合作。③ 很明显，奥巴马政府仍试图通过在安全、经济和能源、民主、交通等领域的综合性协作，推进中亚和南亚的一体化进程，以最终实现美国战略利益的最大化。“大中亚计划”是美国的长期战略构想，奥巴马的中亚战略不仅不是抛弃，实际上是一种变相的实践。所以，根本不存在美国战略上放弃中亚的问题，而且华盛顿还要逐步扩大自己的影响范围。

为顺利从阿富汗抽身，美国急需寻求在中亚的新落脚点，而乌兹别克斯坦由于其在中亚的地位和影响，特别是其在大国博弈中寻求平衡外交利益最大化

① Geoffrey Pyatt, “Discussing the ‘New Silk Road’ Strategy in Central Asia”, Central Asia Policy Forum, No. 2, June 2012, https://www.centralasiaprogram.org/discussing-silk-road-strategy-central-asia.（上网时间：2018 年 6 月 17 日）

② Stephen Blank, “Whither the New Silk Road And U. S. Central Asia Policy?”, October, 31st, 2012, pp. 3-5, http://www.cacianalyst.org/resources/pdf/issues/20121031analyst.pdf.（上网时间：2018 年 5 月 20 日）

③ Richard Weitz, “Obama's New Central Asian Strategy and Its Impediments”, Central Asia Caucasus Analyst, Jan. 25th, 2012.

的姿态，最终成为选项。2008 年以来，美国、欧盟等相继调整了对乌兹别克斯坦的政策，双边关系出现回暖迹象。随着美国即将从阿富汗撤军，吉尔吉斯斯坦又拒绝玛纳斯运输中心到期后继续租赁，所以，美国必须重新寻找保持在中亚影响的途径和手段。2012 年 6 月，乌兹别克斯坦正式宣布暂停参与独联体集体安全条约组织。2012 年 8 月，乌立法机关通过了新的外交政策构想，主要强调以下几点：不允许在乌兹别克斯坦部署外国军事基地；不参加任何军事集团；不参与国际维和行动；中亚地区的冲突在没有任何外部力量调解的情况下自行解决。① 在美国从阿富汗撤军后，乌兹别克斯坦的地缘政治重要性将逐渐突出，此法案更像是针对俄罗斯和美国发出的信号，希望双方能就在乌兹别克斯坦设立后勤、运输、存储用基础设施开价。2013 年初，乌兹别克斯坦外长对华盛顿的访问表明美乌关系的和解取得重大进展。如果美国在乌兹别克斯坦实现了某种形式的立足，那么，不仅华盛顿保持了在中亚地区的军事存在，也让塔什干有更多的杠杆来应对莫斯科，特别是俄罗斯正加强与吉、塔两国的关系。此外，乌兹别克斯坦不仅可以从美国撤军中得到经济补偿和装备转让，而且一个基地或快速反应中心还能够帮助华盛顿和塔什干应对激进分子从阿富汗向乌兹别克斯坦的渗透，特别是"乌伊运"（IMU）和中亚其他恐怖组织仍把中亚视为它们的终极目标。② 当然，如果这一切最终成为现实，将是俄罗斯最不愿意看到的。

不仅如此，美国还极为看重哈萨克斯坦在地区平衡中的作用。在奥巴马时期，两国在联手打击恐怖主义、防止核扩散，以及伊拉克和阿富汗问题上进行

---

① См.: Узбекистанне будетучаствоватьв военно – политическихблоках. [Электронный ресурс].– URL: http://www.gazeta.uz/2012/08/04/concept/(дата обращения: 16.07.2018)

② Farkhad Tolipov, "CSTO Minus Uzbekistan: Implications for Collective Security in Central Asia", Aug. 8th, 2012, http://www.cacianalyst.org/publications/analytical – articles/item/12539 – analytical – articles – caci – analyst – 2012 – 8 – 8 – art – 12539.html; Roger N. McDermott, CSTO Absorbs an Uzbek Tremor, Aug. 8th, 2012, http://www.cacianalyst.org/publications/analytical – articles/item/12543 – analytical – articles – caci – analyst – 2012 – 8 – 8 – art – 12543.html.（上网时间：2018 年 7 月 16 日）

了诸多合作。美哈签署了一项为期五年的新国防合作协议，五角大楼将帮助哈改革军事训练，提高其与北约及美国军队的相互兼容性。哈萨克斯坦还支持能源管道规避俄罗斯领土的发展建设，通过“巴库—第比利斯—杰伊汉管线方案”（BTC）向欧洲出口石油。哈萨克斯坦还致力于中亚经济基础设施的改造，因为它想成为“欧洲与亚洲之间的大陆桥”。这与美国的“新丝绸之路”构想有相通之处。华盛顿希望通过扩大与中亚国家间双边贸易和相互投资，在这些国家之间形成更加紧密的经济关系和民间交流，进而为阿富汗问题的解决创造良好的区域外部环境。在这方面，哈萨克斯坦政府向阿富汗提供了相当规模的人道主义、金融及技术援助，包括对阿富汗在哈的留学生给予政府资助。显然，对在中亚处于相对劣势的美国而言，其不愿放过每一个重新立足的机会。因为，中亚周边分布着伊朗、俄罗斯、中国等主要力量，有必要通过保持军事存在形成牵制。在美国看来，驻阿美军的高技术装备不应转让给阿富汗军队，因为其人员无能力掌握这些技术装备，而且很有可能落入塔利班手中。

2011 年 11 月底，美国中央陆军司令布鲁克斯（Vincent K. Brooks）中将在对乌兹别克斯坦和塔吉克斯坦的访问中，讨论了转让从阿富汗撤出的多余装备的问题。这种无偿援助可以逐步使这些国家加入与美国和北约的军事及军事技术合作。五角大楼提出在这两个国家建立训练中心，中亚国家军队可以在此掌握驻阿北约部队提供的武器和技术。在塔吉克斯坦的法赫拉巴德，美国支持启动了训练中心。与此同时，北约与哈、吉、乌三国达成协议，获准经过这些国家将物资和军事装备运出阿富汗，从而使北部配送网络“更加有力和灵活”。此前北方运输线仅为单向，只能将物资运进阿富汗而无法运出。至此，有一点是明确的，即使美军不得不撤出阿富汗，美国也不会在战略上放弃中亚。美国助理国务卿罗伯特·布莱克（Robert Blake）宣布，在美国的政策中将强化中亚方向的重要性。① 美国的战略目标很明确，即借助于从阿富汗撤出的军事基础设施并将其转移到邻近的中亚国家，来加强自己在与中国和俄罗斯相邻地区的存在程度。俄罗斯科学院东方学研究所高级研究员亚历山大·克尼亚泽夫（АлександрКнязев）认为："美国正酝酿在中亚地区站稳脚跟的计划，而且美国地区政策的战略任务是在该地区各国建立军事基地网。对美国来说，中亚地区在战略上极为重要。美国可以在此同时遏制三个大国——中国、俄罗斯和伊朗。"②

经过艰难的谈判，2014 年 9 月 30 日美国与阿富汗签署了《双边安全协议》，规定到 2014 年底驻阿美军降低至 9800 人，到 2015 年底再降至 4500 人，到 2016 年底全部撤离，而且从 2015 年起驻阿美军的主要任务明确为反恐和帮助阿政府训练安全部队。在 2015 年 9 月 30 日普京出兵叙利亚对"伊斯兰国"展开空袭后，奥巴马在 10 月 15 日宣布了延缓阿富汗撤军计划。2015 年 11 月初，美国国务卿克里（John Forbes Kerry）出访中亚五国，在乌兹别克斯坦的撒马尔罕正式启动中亚"5 + 1"新机制（中亚五国 + 美国外长），提出了一系列新的援助计划，显示美国要加大对中亚的外交和经济投入。克里的中亚之行被华盛顿看作美国与中亚国家重新拉近关系的重要机会，进而抵消俄罗斯在该地区的影响力。针对克里的中亚之行，莫斯科国际关系学院专家沙尔巴图洛·索季科夫（Шарбатулло Содиков）指出，克里的目的就是阻止欧亚经济联盟向中亚扩展，同时将中亚国家的注意力从中国的"丝绸之路经济带"引到美国的"新丝绸之路"计划上来，而且美国在乌兹别克斯坦有独特的计划，两国正在讨论在乌境内驻扎美军的问题；俄联邦科学院东方学研究所专家绍赫拉特·卡

---

① Robert Blake, "Remarks at the Davis Center for Russian and Eurasian Studies Policy Conference on Islam in Eurasia", June 7th, 2013, http: // www. state. gov/p/sca/rls/rmks/2013/210405. htm.（上网时间：2018 年 5 月 20 日）

② США отходят на север Афганистана: Видный эксперт по региону о ситуациив Афганистане, намерениях США и целях России. [Электронный ресурс]. – URL: http: // www. rg. ru/2011/06/20/sever – site. html（дата обращения: 16. 06. 2018）.

德罗夫（Шохрат Кадыров）强调，现在美国“大中亚”战略的建立阶段结束了，下一阶段就是开始阶段，也即华盛顿要直接进入中亚来寻找可以依靠而且各方面满意的政治家。①

2017 年 8 月，美国总统特朗普宣布了新的阿富汗战略，宣称将加强对塔利班分子的军事打击力度，试图以此在阿富汗问题解决上取得突破。美国的新南亚战略倚重美印合作，进一步落实大国竞争的“印太战略”。同时，特朗普政府谋求与塔利班进行“直接谈判”，以结束阿富汗战争，标志着“美国在阿富汗政策的重大改变”。相应地，特朗普政府继续重视维持在中亚的战略存在，在中亚地区形势变化、阿富汗局势演变和俄美关系的影响下，其对中亚政策做出了调整：在安全上加大与中亚国家合作打击极端主义和恐怖主义的力度，在经济上缩减对中亚国家的经济援助规模，在合作对象上同时提升与哈萨克斯坦、乌兹别克斯坦两国之间的合作水平，在合作方式上以双边为基础，同时注重提升多边合作机制的效率。② 美国外交的重要武器是利用其竞争对手的邻国，邻国因恐惧心理会成为帮助美国遏制对手的潜在伙伴。2018 年 5 月，乌兹别克斯坦总统米尔济约耶夫（Ш. М. Мирзиеев）访问华盛顿，与特朗普举行会谈，两国签署《美乌：开启战略伙伴关系的新时代》联合声明。

2020 年 2 月 2—3 日，蓬佩奥访问乌兹别克斯坦，重申美国愿意支持乌独立、主权和领土完整，以及该国实行的政治、经济和人权改革。乌兹别克斯坦则表示全力支持美国的“中亚—美国”倡议（“C5 + 1”）。美乌在地区安全合作的一个重要方面是维持与阿富汗边界的安全，防止外国恐怖分子、毒贩和其他犯罪分子渗透到乌兹别克斯坦，同时不给守法人员和货物的流动造成障碍。乌兹别克斯坦高度重视美国在阿富汗的政策，因为美国在阿富汗的存在

---

① Виктория Панфилова. США могут реанимировать “Манас”: Джон Керри обещает инвестиции странам региона // Независимая газета. – 2015, 3 ноября.

② 陈亚州、曾向红，“特朗普政府的中亚政策：继承与调整”，《国际问题研究》，2018 年第 4 期。

是一个“稳定因素”，可以抑制恐怖主义、激进主义、极端主义、贩毒、犯罪和其他威胁。① 蓬佩奥在访问中承诺协助乌加入世贸组织，而塔什干也最终选择了以观察员国的身份参与欧亚经济联盟，而不是正式成员，这反映了乌新总统在美俄之间的平衡政策。但对乌兹别克斯坦来说，加入世贸组织更为迫切。2020年2月5日，美国国务院公布了新的中亚战略——《美国的中亚战略（2019—2025）：加强主权和促进经济繁荣》②。特朗普政府的新中亚战略肯定了中亚五国对美国的战略意义，强调支持中亚各国的主权、独立以及中亚的地区主义，认为美国与中亚五国的合作将促进美国的价值观并抵消区域邻国的影响，与中俄对抗的意味非常明确。值得注意的是，美国还将俄罗斯等在中亚有重要影响力的国家称为“邪恶势力”（malign actors），明确要在中亚地区加大遏制“邪恶势力”的力度。新战略不再提“中亚—南亚地区一体化”，而是将阿富汗纳入进来的中亚地区视为一个相对独立的地缘政治板块，期望中亚国家为美撤军阿富汗提供帮助。在政策手段方面，新中亚战略提出要发挥美国在国际金融机构和全球规范议程设置中的主导地位，以及拉拢欧盟等盟友为其推进目标提供助力。经过长达一年多的谈判，美国与塔利班签署了有关从阿富汗撤军的和平协议。特朗普政府的新中亚战略是对乌兹别克斯坦及中亚地区其他国家发生重大变革的反应。中亚变革的背景包括：国家领导人的变更、区域伙伴关系发展的新动力、极端主义意识形态和恐怖组织的威胁、中国和俄罗斯在该

① Marina Kozlova. Госсекретарь Помпео в Узбекистане (большой анализ с интересными фото). [Электронный ресурс]. - URL: https: // yep. uz/2020/02/gossekretar - pompeo - v - uzbekistane - bolshoj - analiz - s - interesnymi - foto/ (дата обращения: 16. 06. 2020)

② “United States Strategy for Central Asia 2019 - 2025: Advancing Sovereignty and Economic Prosperity (Overview)”, Feb. 5th, 2020, https: // www. state. gov/united - states - strategy - for - central - asia - 2019 - 2025 - advancing - sovereignty - and - economic - prosperity/. (上网时间：2020年5月20日)

地区的影响力将不断增强。① 哈萨克斯坦也顺利完成了权力交接，新总统托卡耶夫（К－Ж. К. Токаев）于2020年3月签署总统令，批准了《2020—2030年哈萨克斯坦外交政策纲要》。新纲要确定了对纳扎尔巴耶夫多元平衡外交政策的继承，坚持进一步发展与中美俄三国的战略伙伴关系。② 总之，美国中亚战略的主要目标并未发生大的改变，但美国不再打算依靠其军事力量，而是试图通过援助、胁迫和恐吓等手段加强在该地区的影响力。这样，美国的中亚新战略涉及更复杂的方法，其中一项便是利用中亚国家的困境来应对美国主要竞争对手，也即中国和俄罗斯的影响。

（二） 中国以反恐和能源合作为重心构筑与中亚国家的全面战略伙伴关系

对中国而言，无论从周边稳定，还是从能源安全角度考虑，与中亚五国建立起稳定的合作关系都具有重要的战略意义。中亚地区的稳定与繁荣同相邻的中俄两大国密切相关，在俄罗斯与中亚各国的关系中，不可能没有中国因素的存在。如果中亚这一连接东、西方的“桥梁”出现混乱，整个欧亚大陆政治经济合作的未来必将受到严重影响。因此，中国支持中亚国家为维护稳定与繁荣所采取的任何行动，反对任何旨在削弱这一稳定与繁荣的行为或趋势，并积极参与中亚地区的多边合作。

与俄罗斯在“9·11”后大幅度调整其中亚政策相比，中国对中亚的政策较为低调、谨慎而稳健。中国主张以上海合作组织为核心，积极推进多边合作，加大对恐怖主义的打击力度，以确保周边地区的稳定。与此同时，中国与

---

① Оновой Стратегии США по Центральной Азии. [Электронный ресурс]. – URL: http://uza.uz/ru/world/o – novoy – strategii – ssha – po – tsentralnoy – azii – 12 – 02 – 2020（дата обращения:16.06.2020）.

② Андрей Чеботарев. Особенности новой концепции внешней политики Казахстана. [Электронный ресурс]. – URL: https://cabar.asia/ru/osobennosti – novoj – kontseptsii – vneshnej – politiki – kazahstana/（дата обращения:16.06.2020）.

中亚国家共同努力，加快中亚国家能源和基础设施建设。在中国看来，减少局部战争和恐怖主义是中亚地区长期繁荣的一个必要前提。除了上海合作组织外，中国愿意与国际社会合作，以减少恐怖主义和毒品对中亚的影响。随着中国与哈萨克斯坦油气合作的深入发展，中哈输油管道的开通及中亚—中国天然气管道的开通和扩容，中国与中亚国家的能源合作取得重大突破。以项目工程为节点，推进与中亚各国的互利合作，是中国与中亚国家经济合作的主要特点之一。其中最令人瞩目的工程是管道建设，特别是连接土库曼斯坦和中国的天然气管道工程；此外，通过合作还改善了中亚地区的交通网络，例如塔吉克斯坦、乌兹别克斯坦与吉尔吉斯斯坦等国修建了新公路和隧道。在后金融危机时代，中国还通过向中亚国家提供低息贷款等方式帮助后者逐步摆脱危机的影响，同时寻求加强双边教育和文化合作，为双方全面战略伙伴关系的巩固和发展打下稳定的基础。随着习近平主席对中亚五国访问的完满成功，"丝绸之路经济带"建设再次成为国际关注的热点，中国与中亚国家的战略伙伴关系得到全面巩固和加强。这无论对联合打击"三股势力"确保西北边陲安全，还是缓解来自东部和南部海上的地缘战略压力，都具有重大的战略意义。俄罗斯战略研究所专家阿日达尔·库尔托夫（Аждар Куртов）认为，中国根据世界和地区局势来增强其在中亚地区的地位和影响力，通过在中亚的行动解决国内问题，促进新疆、西藏和内蒙古等西北部地区的发展。"而实现西北地区的经济崛起，必须建立与上海、广州、深圳等沿海地区相似的出口型经济体系。要建立新企业，原料和稳定的销售市场不可或缺。对达成该目标而言，中亚国家的角色最合适不过。"①

中国尊重中亚国家发展道路的选择，在提供优惠的贸易和贷款条件的同时避免插手中亚国家的国内问题。所以，尽管美欧很早就大力推动把中亚油气资源输往欧洲市场，但让中亚真正实现能源出口市场多样化的却是中国。中国国

① Виктория Панфилова. Душанбе берет курс на Пекин: Таджикистан сделал выбор в пользу сотрудничества с Китаем // Независимая газета. – 2013,22мая.

家主席习近平2013年9月初的中亚之行所取得的丰硕成果，引起全世界的瞩目。随之启动的联合项目的经济潜力，以及所签署的双边和战略伙伴关系协议，充分见证了中国在该地区的重要地位。[①] 在这一进程中，中国的中亚政策主要是借助双边协议进行，尤其是在经贸和能源领域。

中国与中亚需通过反对国际恐怖主义确保周边安全和在经贸特别是能源领域两方面加强合作。中亚反恐仍是一项长期任务，"东伊运"恐怖组织人员盘踞在南亚和中亚等地，与国际恐怖极端组织相勾结，对中国及中亚地区的安全构成严重危害。这些也是中亚国家所急需解决的问题。乌克兰危机以来，中国在中亚安全问题上的作用逐渐转为制度化。特别是自2016年以来，中国在与巴基斯坦、塔吉克斯坦和阿富汗的四方合作与协调机制的共同努力下部分解决了该地区的安全问题。四方同意加强彼此的反恐潜力、交换情报、遵守国际法原则、相互尊重主权和领土完整、不干涉彼此内政。

中国的"一带一路"倡议具有高度的包容性，与欧亚国家的发展战略有着良好的契合性。丝路经济带与欧亚经济联盟对接合作，实际上有两个层面：一是"一带一路"与整个联盟的对接，双方要进行谈判，达成相关协议、文件；二是"一带一路"与联盟成员之间的战略对接，这方面已经启动，例如："一带一路"和哈萨克斯坦"光明大道"对接，已经签署了总额240亿美元的合作协定，中国与白俄罗斯的"巨石"工业园项目。2015年，欧亚经济联盟和"一带一路"对接达成协议。2018年5月，中国与欧亚经济联盟及其成员国在哈萨克斯坦首都阿斯塔纳签署了《中国与欧亚经济联盟经贸合作协定》，推动双方在"一带一路"与欧亚经济联盟对接合作上取得了重要阶段性成果，标志着中国与欧亚经济联盟及其成员国经贸合作从项目带动进入制度引领的新阶段。欧亚经济联盟建议与中国共同为28个交通项目融资。对接框架下的最大项目是打造长度超过8000千米的"欧洲—中国西部"国际交通公路走廊，有

---

① Центральная Азия: новый этап большой игры. [Электронный ресурс]. – URL: http://newtimes.az/ru/economics/2137/ (дата обращения: 16.06.2020).

助于优化中国、俄罗斯、哈萨克斯坦以及中亚国家和欧洲国家之间的货运。俄罗斯联邦外长拉夫罗夫说，欧亚经济联盟与"一带一路"已经开始有效互补，进一步协调有助于为在欧亚大陆内形成新的地缘政治轮廓奠定基础。①

"一带一路"倡议也是影响中亚国家选择发展道路的重要外部因素之一。"一带一路"倡议提出后，中亚各国纷纷表达了支持立场。这一倡议具有吸引力的地方在于规则的灵活性，丝绸之路经济带沿线国家可以按照自身的需求加入该倡议。另一个特点就是该倡议的积极实用性。倡议提出，在区域内建立发达的社会基础建设和交通基础建设。而这正是地区发展薄弱的地方，基础建设也会促进新市场的扩大，保障出海口。这项倡议以必要的财政资源为支撑——丝路基金为400亿美元，亚投行的资本超过1000亿美元。

乌兹别克斯坦是最早与中国建立正式外交关系的中亚国家，也是较早明确表态支持并愿意共同落实"丝绸之路经济带"倡议的国家。相应地，乌兹别克斯坦相继签署了《中华人民共和国和乌兹别克斯坦共和国战略伙伴关系发展规划（2014—2018年）》和《关于在落实建设"丝绸之路经济带"倡议框架下扩大互利经贸合作的议定书》，以及《亚洲基础设施投资银行协定》。随着中乌合作示范园区——鹏盛工业园和卡姆奇克隧道项目的相继运营和完工，中乌关系提升到了全面战略伙伴关系的新高度。由中国铁路隧道集团公司承建的卡姆奇克隧道是乌战略性项目安格连—帕普铁路的关键工程，而"安—帕"铁路也是中—吉—乌铁路的重要组成部分，对于乌地区间互联互通及中国—中亚—西亚运输走廊建设都具有重要意义。近年来，乌兹别克斯坦全力支持共建"一带一路"，积极推动自身发展战略与"一带一路"倡议对接，使中乌两国的贸易、投资和跨境运输合作水平得到全面提升，助力中乌合作进入全面发展的新时期。

---

① Сергей Лавров. Партнерство, устремленное в будущее: Связи между российским и китайским народами уходят корнями в глубину столетий // Российская газета. – 2019, 26 сентября, № 216(7974).

哈萨克斯坦是中国重要的战略伙伴之一，其首先提出支持丝绸之路经济带的项目并制定了自己的新型经济战略“光明之路”与丝绸之路经济带对接。同时，哈萨克斯坦还签署了《关于欧亚经济联盟与丝绸之路经济带对接的协议》。在对接的框架下有具体的合作项目：工业合作项目（52 项）、投资合作、加入亚投行、建设交通基建、“霍尔果斯—东大门”经济特区建设等。丝绸之路经济带的主要交通线穿过哈萨克斯坦境内。从地缘战略的角度来看，与中国的合作是哈萨克斯坦平衡俄罗斯和美国影响的途径。哈萨克斯坦对于丝绸之路经济带的参与不仅是作为过境运输区，更是丝绸之路经济带上的一个经济实体。

吉尔吉斯斯坦没有制定参与丝绸之路经济带的针对性战略，其决策受俄罗斯和欧亚经济委员会的影响比较大。例如，由于吉尔吉斯斯坦加入欧亚经济联盟和提高关税，从中国经吐尔尕特山口通向吉尔吉斯斯坦的汽车运输线路虽已经改建但仍未投入使用。虽然其领导人均表态支持，但吉方尚未加入丝绸之路经济带的相关重大项目。但目前中国路桥公司承建的连通中国、吉尔吉斯斯坦及周边国家的道路修建、修复等项目都进展顺利。

塔吉克斯坦是签署《共同推进丝绸之路经济带建设的谅解备忘录》的首批国家之一，对“丝绸之路经济带”持完全支持立场，愿意加强双方在基础建设、贸易投资、文化交流等领域的对接。塔吉克斯坦政府出台了《2030 年塔吉克斯坦国家发展战略》，明确了政府工作重点为确保国家经济多样化，实现国家能源独立是保障国民经济各领域发展的核心。中国与塔吉克斯坦的合作有着一定的局限性，对丝绸之路经济带的参与因其地缘战略位置而具有一定难度，即中亚交通干线无法辐射到塔吉克斯坦。

中国在土库曼斯坦天然气向亚洲市场的输送过程中发挥着重要作用，在民间，该项目被称为“能源丝绸之路”。丝绸之路经济带与土库曼斯坦总统别尔德穆哈梅多夫关于复兴古老丝绸之路的国际倡议是完全相符的。如今，土库曼斯坦也作为过境运输地区参与到丝绸之路经济带中。哈萨克斯坦—土库曼斯坦—伊朗铁路干线投入使用能确保货物在中国与波斯湾的往返运输。丝绸之路经济带的倡议不只局限于东西方向，还包括南北方向。土库曼斯坦的中立地位以及远离军事政治集团和经济联盟对中亚地区的地缘政治互补性有重要的意义。

二、俄罗斯利用中亚安全脆弱性恢复传统影响

整个20世纪90年代，俄罗斯对中亚五国的政策一直犹豫不决。独立初期，俄罗斯认为中亚国家是一个经济包袱，后来当俄罗斯致力于恢复大国地位时，才认识到中亚国家在地缘政治上的重要性。即便如此，俄罗斯的中亚政策仍然是矛盾的：一方面，俄罗斯试图和中亚国家实现一体化并建立其在中亚的领导地位；另一方面，俄罗斯又尽力避免承担那些有损于它自身经济发展的种种义务。俄罗斯在中亚地区的利益主要出于战略和安全上的考虑。战略上的考虑包括两个层面：第一，在独联体内和中亚国家达成一体化并使中亚国家成为俄罗斯的亲密盟国；第二，不让外部强国获得进入中亚的战略途径。但俄罗斯和中亚国家对外部威胁的理解并不完全一致。俄罗斯认为外部强国对中亚的介入对莫斯科和中亚国家自身的国家利益和战略利益构成了威胁，但中亚国家却认为美国、北约、欧盟、土耳其、伊朗等对中亚事务的介入对它们的经济发展和安全有利。所以，在自身实力下降和外部势力介入之下，俄罗斯对中亚国家的影响已经减弱。就试图控制和影响中亚地区的两个不稳定因素——"塔吉克因素"和"乌兹别克因素"而言，俄罗斯并没有取得较好的效果。

在俄罗斯确定了优先发展与独联体国家关系的前提下，中亚国家与俄罗斯的关系出现明显分野，一类是主张建立欧亚经济联盟的国家，如愿意与俄罗斯接近的哈萨克斯坦、吉尔吉斯斯坦和塔吉克斯坦；另一类是依靠相对稳定的经济实力与资源优势，借助外部力量巩固其独立性、对俄罗斯相对较为疏远的国家，如乌兹别克斯坦与土库曼斯坦。1992年塔吉克斯坦爆发内战后，莫斯科积极介入并运用它的政治影响力促使交战双方签署和平协议。尽管俄罗斯会继续在塔驻军，但是从长远来看，俄罗斯对塔国内局势的影响力也在降低。"乌兹

别克因素”主要是塔什干有潜力成为中亚地区的强权国家，这样就会打破该地区的力量平衡，以及乌国内极端主义分子所制造的紧张复杂化局势。在这方面，俄罗斯在试图限制和抵消乌兹别克斯坦在中亚影响力的同时，也在与其合作反对宗教极端主义和国际恐怖主义。但从长远来看，俄罗斯对乌兹别克斯坦能够发挥的影响力仍面临挑战。至此，莫斯科在中亚地区影响力的下降是一个不争的事实。虽然俄罗斯仍然对中亚安全起着关键作用，但是由于外部力量的介入和中亚大国独立性的增强，俄罗斯作为中亚“安全保证者”的地位已经被削弱。尽管经济和政治的虚弱性使俄罗斯难以在中亚发挥主导作用，但它仍然认为中亚国家对其利益至关重要，无法接受其他国家对中亚经济、政治更别说军事上的影响。俄罗斯的政策就是要使中亚成为它自身安全的缓冲区，并试图利用中亚安全的脆弱性来扩展自己的利益。

随着中亚形势的复杂化，为保障俄在该地区的特殊地位，加上打击恐怖主义的需要，普京对俄罗斯的中亚政策进行了较大调整。俄罗斯一方面通过集体安全条约组织和欧亚经济共同体加强区域经济、安全和防务一体化整合；另一方面通过一系列双边条约和协定加强对中亚的军事介入，能源、经贸合作和人文交流。出于本国安全和经济上的需要，中亚的哈、塔、吉三国一直同俄罗斯保持良好关系。“乌兹别克斯坦伊斯兰运动”的极端主义分子在乌吉塔三国交界的费尔干纳地区制造了大规模武装暴乱后（1999 年 7 月），宣布退出集体安全条约组织的乌兹别克斯坦在一定程度上不得不采取与俄罗斯合作的政策，并与俄、哈、塔、吉共同举行了以打击恐怖主义为目标的联合军事演习。当选总统后，普京首次出访就选择了乌兹别克斯坦。2000 年 3 月，俄、哈、吉、塔宣布在独联体框架内建立反恐中心。2000 年春，哈萨克斯坦打通了通向俄罗斯的 CPC 输油管道，西方舆论当时惊呼：“中亚领导人加强同莫斯科联系的态度已成为一种趋势。”① 但“9·11”恐怖袭击事件很快使中亚的地缘政治形势发生

① Konstantin syroezhin, “Central Asia Between the Gravitational Poles of Russia and China”, in Boris Rumer, ed. , Central Asia: A Gathering Storm? Armonk, NY: M. E. Sharpe, Inc. , 2002.

了逆转。

阿富汗战争打响后，美国对中亚的军事介入使俄罗斯的中亚政策发生了显著的变化。“9·11”使美国和俄罗斯找到了共同的敌人——恐怖主义，为俄罗斯改善因科索沃战争而陷入低谷的俄美关系提供了契机。普京表示无条件支持美国的反恐战争，同意美军为打击阿富汗恐怖主义势力而进入中亚地区。但美国驻军中亚不仅是打击恐怖主义这么简单，更有其长远的战略考虑。美国在中亚的战略目标不仅与俄罗斯的地缘战略依托目标形成冲突，而且美国在中亚的军事存在对俄罗斯的安全构成了严重威胁。虽然美国一再表示其对中亚无军事上的兴趣，但鉴于中亚地区在美国全球战略中的重要地位，美国驻兵中亚正呈长期化趋势。随之，俄罗斯同美国在中亚地区争夺势力范围的较量全面展开。

自沙俄和大英帝国在中亚展开“大博弈”以来，俄罗斯对任何试图在该地区扩大影响的西方大国都抱有疑虑，对与自己有过近半个世纪冷战对峙的美国更是如此。面对中亚地缘政治日趋国际化的严峻现实，普京加快了通过集体安全条约组织强化与中亚军事合作的速度，推进安全与防务一体化的整合。相应地，“独联体集体安全条约”升格为正式组织，“上海五国”也定型为上海合作组织。在俄罗斯的推动下，2002 年 11 月的集体安全条约组织国防部长会议通过了加强中亚地区军事安全的决定。从保证独联体南部边界稳定与安全出发，集体安全条约组织正式组建了中亚快速联合反应部队。该部队的组建是独联体集体安全条约合作机制下军事领域合作的突破性进展，也是独联体范围内第一支多国联合常备武装力量，对保障独联体南部边界稳定和安全具有重要战略意义。同时，中亚快速联合反应部队的组建，标志着独联体国家向集体安全条约组织确定的第二阶段统一武装力量建设迈出了关键性的一步。到 2004 年，快速反应部队已拓展到 10 个营，每年都组织代号为“防线”的司令部机关推演，构成了中亚地区联合部队集团的基础。2003 年 10 月，俄罗斯首个海外军事基地——坎特空军基地，在吉尔吉斯斯坦正式启用，作为快速反应部队的航空基地。在北约看来，俄罗斯的坎特空军基地就是为了牵制部署在马纳斯空军基地的美军。英国《泰晤士报》指出，这是自苏联解体后，俄罗斯在外国土地上建立的首个军事基地。[①] 2004 年 1 月，集体安全条约组织统一的军事指挥机构——联合司令部开始运作。

美国在 2005 年中亚地区“颜色革命”中受挫后，俄罗斯重新夺回了主动权。通过援助，俄吉关系得以稳定。重新与俄罗斯靠近的乌兹别克斯坦把美军赶出了汉纳巴德空军基地。为维护地区稳定和应对美国在欧洲部署导弹防御系统，在俄罗斯的提议下，独联体集体安全条约组织在 2007 年和 2009 年分别通过了组建“维和部队”和集体快速反应部队的决定。集体安全条约组织建立用于境外派遣的“维和部队”（2009 年组建完成，总人数近 4000 人），彰显了俄罗斯恢复在苏联国家中的影响力、形成抗美合力的意图。而拥有“集体”军事打击力量，是该组织由相对比较松散状态向完全的军事政治联盟转变而迈出的重要一步，显示了进攻性，标志着成员国的合作进入了新的阶段。[②] 同时，独联体集体安全条约组织正由单一“安全”职能向多功能方向拓展，并在俄罗斯建立了信息安全技术中心。2011 年 12 月，该组织成员国达成协议，任何成员国要想在其领土上建立外国军事基地，必须得到所有成员国同意。这一协议旨在限制美国在独联体国家驻军，是该组织成立以来首次在如此敏感的问题上共同发声。2012 年 5 月 15 日，独联体集体安全条约组织成员国首脑在莫斯科举行该组织成立 10 周年纪念峰会并发表宣言。成员国在宣言中就欧洲反导系统、叙利亚局势、阿富汗问题及伊朗核问题表达了共同立场。集安组织就如此众多的重大问题共同发声实属罕见，表明其作用和凝聚力正在增强。2012 年 9 月，集安组织秘书长博尔久扎（Н. Н. Бордюжа）在埃里温举行的各委员会主席协调会议期间发表声明称，有必要联合所有现有机构，以便成立一支集安组织的

---

① James Kilner,“Russia jets into first new foreign base”, The Times（London）, Oct. 24th, 2003.

② Виктор Литовкин. ОДКБ переходит в атаку // Независимая газета. – 2009, 26 августа.

军队。他说："我们建议成立集体安全条约组织军队，联合现有的部队。这包括维和部队、快速反应部队、两方面联军和中亚地区集体快速反应部队。此外还可以成立集体空军，即在有必要解决冲突期间一个可以运送部队人员并提供空中武力支持的空军。"① 他指出，鉴于世界局势发展，应当采取更有效和积极的措施，加强军事合作。2012 年和 2013 年集安组织维和部队先后在哈萨克斯坦和俄罗斯境内举行了"牢不可破的兄弟情"系列演习，以检验在制止成员国国内骚乱时协调行动的能力。与此同时，独联体国家国防部长峰会通过了有关独联体空天防御系统一体化的决定，俄罗斯为此提供了资金支持。

与此同时，俄罗斯与中亚国家的双边合作进一步深化。2013 年 1 月，俄罗斯与哈萨克斯坦最终签署了共建统一防空系统的协议。俄哈两国国防部长指出，两国军事合作是战略性的，不仅是为了保障邻邦稳定与安全，也是出于维护地区稳定的目的。② 现在，俄罗斯军方在哈萨克斯坦经常进行导弹测试，并决定向哈萨克斯坦提供"格洛纳斯"卫星导航系统军用信号。更为重要的是，俄罗斯与塔吉克斯坦和吉尔吉斯斯坦就俄军事基地达成协议。俄罗斯和塔吉克斯坦签署协议，将第 201 基地租期延长至 2042 年。作为该协议的一部分，俄罗斯免去塔 3.3 亿美元的债务，承诺在未来 5 年内向塔吉克斯坦投资大约 20 亿美元。③ 两国还签署了高达 2 亿美元的军事援助协议。俄罗斯此举意在抗衡美国在中亚的军事存在。俄罗斯与吉尔吉斯斯坦还就俄驻吉军事基地问题达成协议：一直到 2032 年之前都可以维持基地的存在，期满后还可再延长 5 年。相应地，吉废除了美军驻玛纳斯空军基地。随后，俄吉正式达成协议，莫斯科将向比什凯克提供 10 亿美元的军事援助。至此，在俄罗斯的强大"攻势"下，美

---

① Генсек предлагает объединить все военные подразделения ОДКБ. [Электронный ресурс]. – URL: https://ria.ru/20120918/753295163.html (дата обращения: 20.09.2018).

② Сомкнуть воздушные щиты: Москва и Астана договорились о слиянии своих ПВО //Взгряд. – 2013, 30 января.

③ Alexander Sodiqov, "Russia Keeps Military Basein Tajikistan Until 2042", Consulta realizada el, Oct. 2012.

国通过免除部分债务、承诺购买某些资源、帮助修建水坝等方法来获取吉租赁军事基地的做法已经再也行不通了。俄罗斯政治研究中心副主任阿布扎洛夫（Д. Г. Абзалов）的分析称："美军撤出阿富汗后，吉国保障费尔干纳盆地的安全将变得异常困难。因此，它需要加强与俄罗斯这个盟友在军事等领域的合作。吉国未来希望通过加入关税同盟获得俄罗斯的支持，以确保国家的安全，同时有助于稳定国内局势。"① 同时，俄罗斯 S－300PS 防空导弹系统已于 2019 年进入俄在塔吉克斯坦的第 201 军事基地部署，而且，俄罗斯还计划在吉尔吉斯斯坦的俄军事基地部署无人机部队和防空武器系统。当然，俄罗斯也要付出较大的成本来维系与吉、塔的同盟关系，包括在水资源开发上的支持。这也是乌兹别克斯坦一直不满俄罗斯的重要原因，因为塔什干在水资源开发上与以上两国有着深刻的矛盾。在与吉、塔的水资源争夺中，乌兹别克斯坦力求主导协商进程，并时常以军事冲突相威胁。在这种情况下，吉、塔只有寻求俄的帮助，乌则转而与美国拉近关系。② 俄罗斯是乌最大贸易伙伴，占其贸易额的近 1/4。所以，尽管宣布退出集体安全条约组织，但乌兹别克斯坦还是签署了独联体自由贸易区协定。这样，第三任总统任期以来，普京对国际事务倾注了更多的注意力。所签署的各种双边和多边协议、所发生的一系列事件，以及从克里姆林宫发出的各种声明，都明确无误地表明俄罗斯要全力以赴将美国势力从中亚驱逐出去。③

---

① Екатерина Ермакова. Базой меньше: Появился документ о денонсации договора США и Киргизии о центре 'Манас' // Взгряд.－2013,21мая.

② Dmitry Shlapentokh, Regional Realignments In Central Asia? 28 November 2012. http://old.cacianalyst.org/? q = node/5889.（上网时间：2020 年 5 月 20 日）

③ Farooq Yousaf, "Russia's Central Asia Power Play", Sept. 2nd, 2013, http://thediplomat.com/the－editor/2013/09/02/russias－central－asia－power－play/.（上网时间：2020 年 4 月 20 日）

三、欧亚经济联盟的建立与挑战

俄罗斯在中亚的战略目标是维持东南战略方向的安全，确保地区安全和维系欧亚经济联盟一体化。俄罗斯为此使用政治、经济和军事等资源实施这一持久战略。俄罗斯将中亚邻国视为亲密伙伴，并与之保持着各个级别定期接触。乌克兰危机后，为应对美欧的制裁和压力，普京全力推进欧亚经济联盟顺利落地。为加强在欧亚大陆整合中的话语权，在推动欧亚经济联盟与相关国家自由贸易协定谈判的同时，普京又抛出"大欧亚伙伴关系"计划，引起国际社会极大关注。

（一） 普京欧亚联盟方案出台的大背景

在2005年4月发表的国情咨文中，普京把苏联解体描述为20世纪最大的地缘政治灾难。但他也说，恢复苏联的想法是幼稚和不现实的，"那些不对苏联解体感到歉意的人是没有心的，而那些梦想重建苏联的人更是愚蠢的"。① 这种表述既迎合了苏联理念的支持者，又肯定了新俄罗斯的发展方向，更隐含着普京的治国理念：那就是在全球化的时代，俄罗斯的重新崛起，既需要类似于苏联的地缘政治结构和经济联系，也需要全新的经济管理模式和对世界经济的积极参与。所以，在安全领域，俄罗斯努力推动独联体集体安全条约组织的形成和发展，尤其是加快集体维持和平和快速反应部队的建设，以保护其成员免于来自不同方面的威胁。在经济领域，俄罗斯主推的欧亚经济共同体致力于促进和形成一个统一的经济制度，通过降低关税和清除其他阻碍经济交流的因素，以加强国家之间的经济和贸易关系。这方面的既定目标，包括建立一个自由贸易区，一个共同的对外关税制度，与世界贸易组织和其他国际经济组织协

① "Послание Президента России Владимира Путина Федеральному Собранию РФ" // Российскаягазета. – 2005 ,25 апреля.

调成员的关系，促进统一的交通运输网络和一个共同的能源市场，协调民族教育和法律体系，推进成员的社会、经济、文化、科学发展与合作。由于未能建立起有效的跨国监管机构、成员国地位与加入 WTO 的复杂整合难度，最终哈萨克斯坦、白俄罗斯和俄罗斯决定单独组建关税同盟和统一经济空间。

俄、白、哈三国关税同盟的启动（自 2010 年 7 月起正式启动）大大提升了普京整合后苏联空间的信心，而席卷全球的金融危机在对西方的自信心造成冲击的同时，客观上提升了新兴经济体的国际地位。为配合从阿富汗撤军和保持在中亚影响力的长期存在，奥巴马政府出台了新的中亚战略，其核心就是“新丝绸之路”倡议。美国的战略目标很明确，即借助于从阿富汗撤出的军事基础设施这一契机，将其军事存在转移到临近的中亚国家，以此来加强自己在与中国和俄罗斯相邻地区的存在程度，甚至可以同时实现对三个大国（中国、俄罗斯和伊朗）的遏制抑或平衡。① “新丝绸之路”倡议与俄罗斯的中亚政策和利益显然背道而驰。正是在以上大背景下，普京正式提出了欧亚联盟构想。

2011 年 10 月初，普京在俄《消息报》发文，明确提出以俄、白、哈三国关税同盟为基础，联合其他独联体国家甚至区域组织创建欧亚联盟的构想。在谈到关税联盟和统一经济空间时，普京说：“我们不会就此止步，我们给自己提出了更加宏伟的任务，走向下一个更高的一体化阶段，建立欧亚联盟。”普京强调，首先要吸收原联盟的各成员国加入，通过协调在外交、经济和其他领域的政策，提高全球影响力。普京否认任何重建苏联的企图，但强调可以利用原联盟所遗留的有用“遗产”，包括专业的生产设备、共同的语言、科学和文化空间所决定的共同利益追求，以推动新的现代国家间联盟的构建。在谈到欧亚联盟的定位时，普京说“任何恢复或复制过去的东西的企图都是幼稚和不成熟的。但是，在新的政治经济基础上推动更加紧密的融合，并创建全新的价值体系是当前时代的迫切需要”；“这将是一种强有力、超国家的联盟模式，其有

---

① Артем Вит. Евразийский союз большого формата. [Электронный ресурс]. – URL：http：//topwar. ru/50562 – evraziyskiy – soyuz – bolshogo – formata. html（дата обращения：20. 06. 2020）.

潜力成为多极世界当中的一极"。① 总体上，普京的欧亚联盟构想主要包含了以下内容：第一，欧亚联盟绝不是试图恢复苏联，而是世界经济政治发展的客观要求；第二，欧亚联盟将建立在自由价值观、民主和市场等公认的一体化原则之上；第三，后苏联空间在经济、语言、文化与民族上的互补和相通性，将成为进一步整合的重要推动力；第四，欧亚联盟以俄、白、哈关税同盟为基础，首先是吸引其他独联体国家加入，条件成熟后也可以向区外扩展；第五，借鉴欧盟与东盟等的经验，欧亚联盟将具有超国家性，首先要协调成员国的经济和货币政策，最终发展成为一个具有独立的地缘经济和政治结构的联盟，作为多极世界中的重要一极而存在；第六，欧亚联盟能够把欧洲和亚洲太平洋地区有效地连接起来，有利于欧亚大陆的繁荣和稳定。

对于普京的欧亚联盟方案，媒体和专家有着不同的解读，多数观点认为普京此举更多追求的是政治目的，而非经济目的。② 也有人提出，尽管该方案的前景并不乐观，但这标志着普京重掌权杖后俄罗斯对外政策的重新调整，其中欧洲和西方将不再是外交重点。③ 在欧亚主义地缘政治专家亚历山大·杜金看来，普京将把创建"欧亚联盟"作为俄罗斯的主要外交政策方向，而且从地缘政治角度而言，此举就是在"重建苏联"。④ 普京的欧亚联盟构想，从长远看有以欧亚经济联盟为核心对欧亚大陆外交进行系统整合的考量，当然难度是可想而知的。从时间节点上看，欧亚联盟构想的提出，恰值苏联解体二十年之

---

① Владимир Путин. Новый интеграционный проект для Евразии – будущее, которое рождается сегодня // Известия. – 2011, 4 октября.

② Анастасия Башкатова, Михаил Сергеев. Манифест о светлом интеграционном будущем // Независимая газета. – 2011, 5 октября.

③ Robert M. Cutler, "Putin Declares 'Eurasian Union' Goal of Russian Foreign Policy", Oct. 19th, 2011, http://www.cacianalyst.org/publications/analytical-articles/item/12375-analytical-articles-caci-analyst-2011-10-19-art-12375.html.（上网时间：2020 年 5 月 28 日）

④ См.: Путин готов воссоздать СССР, не копируя то, что "уже осталось в прошлом"? [Электронный ресурс]. – URL: http://www.nakanune.ru/articles/15834/ (дата обращения: 20.06.2020)

际，是最终实现一个经济政治联盟的“普京主义”，还只是一个选举的噱头，抑或是真的要恢复苏联，种种猜测都有。“恢复苏联”是不可能实现的幻想，对于有着较高支持率的普京而言，这种动作对选举的加分意义也不大。所以，最大的意义就在于，普京要在接下来的任期内为俄罗斯真正恢复世界大国地位构建一个以“心脏地带”为地缘政治核心的经济政治联盟。更现实的意义在于，这种倡议旨在确保中亚经济政治中的俄罗斯影响力，以弥补其在该地区经济主导地位的下降和机会的流失。不管这种倡议的结果如何，但普京准确把握了俄罗斯民众对强大国家的渴望和恢复世界大国地位的期许。

其实，早在 1994 年，哈萨克斯坦总统纳扎尔巴耶夫就曾提出组建“欧亚联盟”的设想，呼吁建立具有统一的议会、政府、军队和货币等的联盟。但是，纳扎尔巴耶夫的这个想法立即遭到乌兹别克斯坦和乌克兰的反对，认为这是“苏联的复辟”。尽管纳扎尔巴耶夫在独联体峰会上屡次呼吁，而且召开了诸多的研讨会和圆桌讨论，但这种想法一直没有获得足够的推动力。2004 年 4 月，纳扎尔巴耶夫在莫斯科大学演讲时，再次建议创建一种联盟，用一个明确的政治和经济框架取代独联体。在纳扎尔巴耶夫访问俄罗斯之后，哈萨克斯坦外交部还就此起草了正式文件转发给所有的独联体国家。纳扎尔巴耶夫主张五个中亚国家和白俄罗斯、俄罗斯及乌克兰共同组成一个联盟，加强在能源、交通、生产领域的合作。阿斯塔纳也曾多次尝试在中亚地区和整个后苏联空间实现更紧密的一体化。从 20 世纪 90 年代中期呼吁组建联盟开始，哈萨克斯坦一直希望在中亚形成一个经济共同体，但不断被乌兹别克斯坦拒绝，而欧亚经济共同体的成立（2000 年 10 月，俄、白、哈、吉、塔五国签署条约，决定将五国关税联盟改组为欧亚经济共同体），很大程度上是莫斯科全力推动的结果。在普京抛出欧亚联盟方案后，卢卡申科和纳扎尔巴耶夫很快也在《消息报》相继发文，在基本同意普京方案的同时，他们强调了联盟成员的平等地位，并表达了自己的担心。[1] 在2011年10月25日于《消息报》发表的文章中，纳扎尔巴耶夫基于自己的原有方案，详细概述了有关欧亚联盟的基础性问题[2]：第一，整合应根据经济实用主义进行，未来欧亚联盟的基础是一个共同的经济空间，主要致力于独联体国家联合发展的广大地区；第二，整合必须是自愿的，每个国家都应该独立并意识到自身的重要性；第三，欧亚联盟承认国家间关系的平等原则，不干涉他国事务，尊重主权，以及承认国家边界的不可侵犯性；第四，欧亚联盟应该建立超国家机构，在协商一致的基础上，对各成员国的利益加以考虑，但这并不意味着政治主权的移交；第五，联盟中的每个国家都应该首先致力于其国内的发展，制定有效的国家经济、金融、社会政策（纳扎尔巴耶夫原来的方案中没有该条款）。纳扎尔巴耶夫同时指出，应以俄、白、哈三国关税同盟及统一经济空间为基础组建欧亚经济联盟，作为一个全球性、开放性的组织，其在与欧盟进行广泛的合作的同时，也应该乐见中国的经济增长，而不是采取抵制性的政策；欧亚联盟应该是一个能够连接欧洲大西洋和亚洲的发展地区，有必要加强与欧盟、中国、日本、印度和东盟的互动；欧亚联盟必须建立在广大公众支持的基础之上，有必要扩大公共社团的数量，如欧亚实业家、企业家协会或商会等的积极参与。

（二） 欧亚经济联盟的建立

事实证明，欧亚联盟构想已经成为指导普京总统新任期外交工作的重要理念。2012年初，普京在媒体上连续发文，系统阐述了自己的政策主张。[3] 普京

---

① А. Лукашенко. О судьбах нашей интеграции // Известия. – 2011, 17октября.

② Нурсултан Назарбаев. Евразийский Союз: от идеи к истории будущего // Известия. – 2011, 25 октября.

③ Владимир Путин. Россия сосредотачивается – вызовы, на которые мы должны ответить // Известия. – 2012, 16 января.; О наших экономических задачах // Ведомости. – 2012, 30января.; Демократия и качество государства // Коммерсант. – 2012, 6 февраля.; Быть сильными: гарантии национальной безопасности для России // Российская газета. – 2012, 20февраля.; Россия и меняющийся мир // Московские новости. – 2012, 27февраля.

就任总统后很快通过了新的《俄罗斯联邦对外政策构想》（以下简称《构想》）① ——不成文的惯例是，新任总统都要出台该项战略文件，这不仅已经成为俄罗斯政治生活的一部分，而且也是国际社会观察俄罗斯外交走向的重要风向标。无论是对俄罗斯的国际地位还是国际责任的认识，新《构想》都明显反映了克里姆林宫的大国目标和心态。在世界大国战略目标指导下，新构想确立了融入欧洲、建立欧亚联盟和实施亚太外交的三大战略布局构想。就地区外交而言，在四个外交重点地区中，唯一对独联体外交用了“优先方向”的提法，而且在《构想》全部 104 条中用了多达 13 条来阐述对独联体国家外交，表明了其在俄罗斯外交中的核心地位。新《构想》提出，对独联体外交的“首要任务是建立欧亚经济联盟，其可以作为未来独联体一体化的发展模式，并将进一步成为连接欧洲和亚太的枢纽”。由此，后苏联空间被俄罗斯视为重新崛起的地缘战略依托，在与独联体国家发展双边关系的同时，积极推进次区域的不同速度、不同领域的合作和一体化，重点发展关税同盟、欧亚经济共同体和集体安全条约组织，最终建立欧亚联盟。

独联体是莫斯科传统势力范围的后院，加强与后苏联地区国家的合作，符合俄罗斯的国家利益与经济发展需要。为保障在该地区的特殊地位，普京对俄罗斯的独联体政策进行了相应调整。莫斯科不再过于强调后苏联空间的一体化合作，而是对独联体国家依据不同情况给予区别对待，以集体安全条约组织和关税同盟为核心带动独联体一体化的发展，以恢复和维持俄罗斯的传统影响力。利用后苏联空间安全上的脆弱性和俄罗斯的传统影响，一方面，俄罗斯通过集安组织和关税同盟加强区域经济、安全和防务一体化整合；另一方面，通过一系列双边条约和协定，俄罗斯加强了与独联体国家的军事、能源、经贸合作和人文交流。

---

① См.：Концепция внешней политики Российской Федерации. Утверж-денаВ. Путиным，12февраля2013г. [Электронный ресурс]. – URL：http：// www. mid. ru/brp_4. nsf/newsline/6D84DDEDEDBF7DA644257B160051BF7F（дата обращения：15. 06. 2020）.

在加强军事和安全整合的同时，为加快推进经济一体化进程，俄、白、哈三国决定在欧亚经济共同体框架内成立关税同盟，逐步实现对外关税统一，并取消了相互之间的海关税。随着普京重新入主克里姆林宫，加快推进对后苏联空间的整合成为俄罗斯对外战略的最主要方向，借助独联体集体安全条约组织和关税同盟加快对后苏联空间的军事、政治和经济整合，最终为俄罗斯的重新崛起奠定地缘政治经济基础。[1] 自 2012 年 7 月 1 日起，俄、白、哈关税同盟正式过渡为统一经济空间，进一步扩大了产品销售市场。三国致力于 2015 年前统一与关税同盟和统一经济空间相关的各项法律，并在此基础上建立欧亚经济联盟。再次出任总统后，普京首访就选择了明斯克。普京和卢卡申科强调，俄罗斯与白俄罗斯在国家间合作的所有领域的关系都具有战略性质，认为欧亚经济联盟将是强大、有影响力的地缘政治组织，对赞同欧亚一体化构想的其他国家具有吸引力，欧亚一体化能促进从里斯本到符拉迪沃斯托克的新经济合作结构的形成。[2] 随后，普京在北京参加完上海合作组织峰会后，直飞阿斯塔纳，开始对哈萨克斯坦进行正式访问。纳扎尔巴耶夫表示，过去 20 年的合作成果表明，哈萨克斯坦和俄罗斯的关系已经成为后苏联地区最成功、最有效的合作模式，堪称睦邻、盟友关系之典范，哈俄两国在关税同盟、统一经济空间内密切协作，目前正着手共建欧亚经济联盟。2012 年 12 月，纳扎尔巴耶夫在国情咨文中表示，哈萨克斯坦发展与俄罗斯、中国、中亚国家、美国和欧盟伙伴关系的优先方向不会改变，将继续巩固关税同盟和统一经济空间，哈外交政策的近期目标是建立欧亚经济联盟。[3] 针对外界猜测哈萨克斯坦与北约、美国加强

---

① Владимир Путин подписал Указ "О мерах по реализации внешнеполитического курса Российской Федерации". [Электронный ресурс]. – URL: http://kremlin.ru/news/15256 (дата обращения: 15.06.2020).

② Первый президентский визит // Рязанские ведомости. – 2012, 2 июня.

③ "Стратегия 'Казахстан – 2050': новый политический курс состоявшегося государства". [Электронный ресурс]. – URL: http://ru.government.kz/site/news/2012/12/65 (дата обращения: 15.06.2018).

合作意味着阿斯塔纳正逐步疏远莫斯科的说法，哈官方表示，哈萨克斯坦是独联体集体安全条约组织成员国，这决定了俄罗斯在哈军工业中扮演着重要角色，哈萨克斯坦不会脱离俄罗斯的“政治轨道”。

乌克兰危机爆发后，通过艰难的讨价还价，2014 年 5 月 29 日，俄罗斯、白俄罗斯和哈萨克斯坦三国最终完成了签约，宣告欧亚经济联盟的正式建立。按照条约规定，自 2015 年 1 月 1 日起，欧亚经济联盟正式启动，到 2025 年将实现商品、服务、资金和劳动力的自由流动；三国将在能源、工业、农业、交通等主要经济领域推行协调一致的政策；作为一体化主要机构的欧亚经济联盟委员会将留在莫斯科，欧亚法院将设在明斯克，金融监管机构将设在阿拉木图。① 从规模上看，欧亚经济联盟的国内生产总值达 2.2 万亿美元，拥有涵盖 1.7 亿人的巨大区域市场和包括占全球 1/5 的天然气和近 15% 的石油的庞大能源储备。不久，亚美尼亚和吉尔吉斯斯坦加入到欧亚经济联盟之中。同时，欧亚经济联盟还与越南签署了自由贸易协议，并与伊朗达成建立自由贸易区临时协议，接下来将与塞尔维亚签署自贸协议，而且还正在推进与新加坡、印度、埃及和以色列签署自由贸易区协议的相关工作。

（三） 欧亚经济联盟面临的挑战

在欧亚经济联盟条约的谈判中，俄罗斯与哈萨克斯坦和白俄罗斯在能源和农产品出口补贴，医药、医疗器械、烟草及酒类等商品的市场限制上仍存在较大分歧，但普京决定搁置分歧（各方同意撤销争议条款），积极推动按时签署条约。同时，在极为困难的情况下，俄罗斯仍出资 20 亿美元支持白俄罗斯摆脱财政困境，目的就是顺利完成签约。随着欧亚经济联盟的正式建立，普京所一直致力推动的对后苏联空间进行整合的战略切实迈出了关键性的一步。尽管如此，但考虑到一系列制约因素的存在，一个更广泛和更深入的类似于欧盟的

① Договор о Евразийском экономическом союзе. [Электронный ресурс]. – URL: http://www.nomad.su/? a = 3 – 201405300028 (дата обращения: 10.06.2020).

区域性集团难以出现在后苏联空间。

第一，是乌克兰的欧洲选择。鉴于乌克兰的战略地位和在独联体中仅次于俄罗斯的影响力，如果关税同盟把基辅纳入其中，无论其在内部市场规模还是国际影响力上都将上升到一个新高度。乌克兰已与欧盟签署了联系国协定，甚至有很大的可能性加入北约，这对普京的欧亚整合战略而言显然是一个重大挫折。失去乌克兰，不仅意味着西部战略空间和庞大军工潜力的丢失，还意味着失去一个4000万人口的市场和经济多样性的机会。同时，中亚国家因克里米亚一事对俄罗斯一直保持警惕，尽管俄罗斯方面认为克里米亚只是特例，有关俄扩张主义复活和对邻国领土完整构成威胁的担忧纯属臆想。此外，由于俄罗斯受到制裁而经济停滞，现在又面临着能源价格暴跌和严重新冠肺炎疫情暴发的双重打击，俄罗斯经济进入衰退已是不可避免，从而严重制约莫斯科对欧亚整合的"输血"能力，除非俄罗斯经济能够显著改善。①

第二，欧亚经济联盟的进一步扩员潜力有限。尽管普京宣布欧亚联盟对所有后苏联地区国家开放，但除了亚美尼亚和吉尔吉斯斯坦选择加入，其他国家或选择欧洲和美国（格鲁吉亚、阿塞拜疆和摩尔多瓦），或仍在犹豫之中（塔吉克斯坦），或保持中立政策（土库曼斯坦），而具有标志性的国家乌兹别克斯坦在与美国关系明显改善的同时，最终选择成为该联盟观察员国。2020年3月6日，乌兹别克斯坦政府通过了以观察员国身份加入欧亚经济联盟的方案，随后议会通过表决议案。乌兹别克斯坦这一决策是基于平衡外交的考量，拟在提升在欧亚地区参与度的同时，又维系与西方伙伴的合作关系。而由于自身的实力和地位，亚美尼亚和吉尔吉斯斯坦的加入对欧亚经济联盟影响力的提升有限。

第三，条约的签署并不意味着欧亚整合发生了实质性变化。欧亚经济联盟

---

① Andreas Umland, "Crimea Could Become an Expensive Liability for Putin", June 9th, 2020, https://www.atlanticcouncil.org/blogs/ukrainealert/crimea-could-become-an-expensive-liability-for-putin/.（上网时间：2020年6月18日）

的成立基本上没有改变现状，因为大部分规则在统一经济空间成立后就已经开始实施。在管理体制上，原来统一经济空间的机构设置基本得以沿用，而且与关税同盟相比，欧亚经济联盟的关税和贸易政策也并没有大的变化，三国关税收入的分配比例也没有改变（俄罗斯 87.97%、哈萨克斯坦 7.33%、白俄罗斯 4.7%），新成员加入后，到 2018 年 8 月调整为亚美尼亚 1.22%、白俄罗斯 4.56%、哈萨克斯坦 7.055%、吉尔吉斯斯坦 1.9%、俄罗斯 85.265%，但白俄罗斯一直要求公证分配。① 同时，整合的动力仍表现为对俄罗斯主动推动和"诱导"的依赖。2013 年 9 月，亚美尼亚宣布了加入关税同盟的决定，意味着停止与欧盟签署联系国协定的谈判，其从俄罗斯进口的天然气价格很快从每千立方米 270 美元下调至 189 美元；俄罗斯为按时签约，向白俄罗斯提供了 20 多亿美元的贷款；对加入联盟的亚美尼亚和吉尔吉斯斯坦也是同样的方法，前者在与阿塞拜疆有关"纳卡"问题争端中更依赖于莫斯科的支持，而俄罗斯要向吉尔吉斯斯坦国家发展基金投入 12 亿美元。

第四，普京的欧亚整合面临来自后苏联空间现有跨国组织的牵制。尽管俄罗斯强调欧亚联盟不会重复或代替现有的多边区域组织，但没有表明如何处理欧亚联盟与现有国际组织，特别是上海合作组织和欧洲联盟的关系。许多其他独联体国家想和中国或欧洲发展关系，以平衡俄罗斯的影响。例如，欧盟通过"东部伙伴关系计划"加强在后苏联空间的影响，与相关国家之间的联系国和自由贸易区协定正在落实，虽然表态短期内不会提供正式成员国地位，但欧盟仍然可以提供可观的经济和其他援助，从而对欧亚联盟方案形成极大的牵制（乌克兰危机即是明证）。

第五，中亚地区自主性增强的影响。近年来，乌兹别克斯坦新总统米尔济约耶夫大幅调整外交政策，把与中亚地区合作作为最优先的方向。在与中亚国

---

① Распределение таможенных пошлин в ЕАЭС: Минск требует справедливости. [Электронный ресурс]. – URL: https://nmnby.eu/news/analytics/6910.html (дата обращения: 10.09.2019).

家大幅改善和提升双边关系的同时，还力图推进地区一体化进程。在米尔济约耶夫的倡议下，在2018年和2019年两次中亚元首峰会的举行及其机制化，宣示中亚各国准备有意识地增加其作为国际关系主体的作用，承担起对本地区政治、经济和社会结构形成的责任。2018年3月，中亚地区首届峰会在阿斯塔纳举行（13年来首次），宗旨是整合中亚地区，挖掘地区合作潜力。2019年11月底，第二届元首峰会在塔什干举行，重点关注于经贸投资、交通物流基础设施建设和水资源利用等区域合作问题。米尔济约耶夫还建议在塔什干举办中亚国家投资论坛、各国企业家年会及"中亚旅行"国际旅游论坛，希望加快成立地区交通运输委员会。乌哈关系是区域稳步发展的重要保障，乌、哈双中心正成为该地区多边合作发展的动力。在两国元首共同努力下，《中亚无核武器区条约》生效，有利于促进核裁军与防止核扩散、世界及地区的和平与安全。哈首任总统纳扎尔巴耶夫当选为第二届中亚首脑协商会议名誉主席，哈方还提出了缔结《关于在21世纪中亚发展睦邻友好合作条约》的构想。几乎所有中亚事务的外部参与者都对这种互动感兴趣，因为没有人希望中亚发生危机，但客观上也对俄罗斯的影响力形成制衡。

第六，欧亚经济联盟仍面临观念上的挑战。对于任何成功的一体化，都必须有协调一致的法律和经济政策，建立具有真正权力和权威的超国家机构和机制。在欧亚经济联盟条约谈判中，俄罗斯和白俄罗斯曾提出包括统一护照和货币、共同议会、共同边境力量、共同经济外交政策以及边界安全等内容，但哈萨克斯坦只赞同加强经济联系的相关提议，强调欧亚经济联盟只是一个经济项目，不涉及政治主权问题。俄、白、哈商定推行统一的宏观经济、反垄断、货币和金融政策，但并未提到统一货币问题，只是强调在2025年前成立统一的金融管理机构。即使在外贸政策上，条约也只是规定了三国应协调外贸政策，而不是统一。同时，欧亚经济联盟条约规定，三方拥有完全平等的权利，在联盟所属机构中拥有平等的表决权。对于成功的经济一体化，需要一个经济强国，在需要和紧迫的时候，能够并愿意领导和资助这个机构，像德国在欧盟中一样。但在欧亚经济联盟的整合中俄罗斯是否有能力和有意愿扮演这个角色？西方制裁导致俄罗斯经济下滑，若这种情况持续下去，可能会对整个联盟的发展产生负面影响，因此，俄罗斯必须提高自身经济增长率以加强整个联盟经济增长活力。

第七，欧亚经济联盟面临着诸多技术难题。针对欧亚经济联盟发展中面临的诸多困境，2017 年 4 月，欧亚经济委员会发布了欧亚经济联盟存在障碍的“白皮书”。该“白皮书”梳理出阻碍欧亚经济联盟内部商品、服务、资本和劳动力自由流动的壁垒、限制和保留措施共有 60 个，其中 17 个是壁垒，34 个是限制，剩下的 9 个是保留措施。阻碍建立共同市场的各种障碍在成员国有多达 200 多项，每个国家都有超过 40 个，其中俄罗斯有 48 个、哈萨克斯坦有 44 个、白俄罗斯有 43 个。① 2018 年 4 月，白俄罗斯总统卢卡申科在发表国情咨文时表示，欧亚经济联盟成立以来，很多计划和项目并没有得到落实，在营造公平营商环境、消除双边贸易壁垒限制、解决技术规范、卫生和检疫问题等方面总体进展不大；涉及联盟发展的一些重要问题解决极其缓慢且低效，部分成员国言行不一，单边保护主义盛行。卢卡申科呼吁，要切实研究欧亚经济联盟存在的问题，拿出具体措施，坚决贯彻执行。②

第八，成员国之间的内部纷争。俄罗斯与哈萨克斯坦之间有棘手问题需要面对。哈方批评俄罗斯对哈萨克斯坦和白俄罗斯两国的商品实施非关税性贸易壁垒，导致俄罗斯对哈萨克斯坦和白俄罗斯的贸易均出现了较大顺差，对哈、

---

① 《欧亚经济联盟目前存在 216 项要素自由流动障碍》，中华人民共和国商务部，2017 年 4 月 12 日，http://mofcom. gov. cn/article/tongjiziliao/fuwzn/oymytj/201704/2017042556419shtml.（上网时间：2021 年 8 月 26 日）

② Послание президента Беларуси народу и парламенту – 2018. Онлайн – репортаж. [Электронный ресурс]. – URL: https: // yandex. com/turbo/s/naviny. by/article/20180424/1524553230 – poslanie – prezidenta – belarusi – narodu – i – parlamentu – 2018 – onlayn – reportazh（дата обращения:16.06.2018）.

白的货币稳定和经济发展形成很大压力。① 在人文领域，哈萨克斯坦决定实行字母拉丁化成为一个标志性事件，文化影响力的衰微将成为俄罗斯在后苏联空间面临的最大挑战。另外，哈萨克斯坦的多元平衡外交政策，特别是大国平衡外交对俄罗斯一直形成一种制衡作用。现在，美国是哈萨克斯坦最大的外资来源国，在哈直接投资总额有望超过500亿美元，双方在能源领域建立了良好的合作关系。

俄白之间争吵不断。一直以来，白俄罗斯"正名"事件的争吵折射出俄白关系的复杂性。而随着时间的推移，俄罗斯对白俄罗斯逐渐失去了耐心。2018年以来，俄罗斯有意加强与白俄罗斯的一体化，白俄罗斯总统卢卡申科则多次指责俄罗斯。2018年12月13日，双方在俄白联盟国家部长委员会会议上再次发生争执。俄总理梅德韦杰夫强势要求卢卡申科在以下两种方案中做出选择：一是，保持现有水平，不再执行联盟国家的相关协议，也即不再给白俄罗斯各种好处；二是，全面深化一体化合作，白俄罗斯的央行并入俄罗斯央行，统一使用俄罗斯卢布，而且统一法院、海关等执法机构。② 这让卢卡申科很生气，指责俄罗斯不诚信，不遵守协议，而白俄罗斯精英认为俄有意"吞并白俄罗斯"。同时，双方在石油、天然气领域仍存在巨大分歧。2019年1月1日，俄罗斯石油税改法案正式生效。白俄罗斯方面认为，在俄罗斯实施石油税改革期间（2019—2024年），其将因俄对白石油出口价格上涨而损失110亿美元。③

① Заседание Высшего Евразийского экономического совета прошло 24 октября в Минске. [Электронный ресурс]. – URL: http://www.cis.minsk.by/news.php? id = 2198 (дата обращения: 16.06.2013).

② Медведева в Беларусь Медведев рассказал о двух сценариях развития Союзного государства. [Электронный ресурс]. – URL: https://sputnik.by/politics/20181214/1039149530/Medvedev – rasskazal – o – dvukh – stsenariyakh – razvitiya – Soyuznogo – gosudarstva.html (дата обращения: 26.12.2018).

③ Минфин Белоруссии назвал потери от налогового манёвра РФ в 2020 году. [Электронный ресурс]. – URL: http://www.stoletie.ru/lenta/minfin_belorussii_nazval_poteri_ot_nalogovogo_manovra_rf_v_2020_godu_402.htm (дата обращения: 25.06.2020).

白俄罗斯甚至以退出集体安全条约组织、欧亚经济联盟为条件要求俄罗斯对此做出补偿，最终在2019年12月31日合同到期后至今没有续约。更令俄罗斯难以接受的是，近年来，卢卡申科在美俄之间“玩”起了平衡。2018年10月，美国主管欧洲和欧亚事务的助理国务卿米切尔（A. Wess Mitchell）访问白俄罗斯；2019年8和9月，时任美国国家安全顾问博尔顿（John Bolton）和主管政治事务的副国务卿黑尔（David Hale）相继访问白俄罗斯；2020年2月初，国务卿蓬佩奥（Mike Pompeo）访问白俄罗斯。同时，美国还开始向白俄罗斯输送石油，这意味着白俄罗斯和美国的战略合作再上一个台阶，自然使俄罗斯如鲠在喉。在新近的白俄罗斯选举示威中，俄罗斯方面选择支持卢卡申科，并宣布了15亿美元的援助，但接下来的局势发展仍面临极大挑战。

哈萨克斯坦与吉尔吉斯斯坦之间也有矛盾。2016年双方政府签署了协议，协议规定，为促进吉尔吉斯斯坦加入欧亚经济联盟的一体化进程，哈萨克斯坦向吉尔吉斯斯坦提供1亿美元的援助。2017年下半年，吉尔吉斯斯坦方面指责哈萨克斯坦政府试图干涉其总统选举进程，并废除与哈萨克斯坦在欧亚经济联盟框架下的援助协议。此后，哈萨克斯坦在与吉尔吉斯斯坦边界加强了安全措施，每日平均过境人数减少了60%。

俄罗斯是欧亚经济联盟和独联体国家的最大市场，受新冠肺炎疫情持续扩大的影响，俄罗斯的进口急剧下降，直接造成独联体国家的外部需求显著减少。尤其是俄罗斯经济恢复缓慢，所需劳动力人数急剧减少导致大量移民失业回国，势必将增加这些国家的社会紧张局势。从短期和中期看，欧亚经济联盟对成员国的经济和政治议程的影响力将会降低，联盟本身的发展也会降速。

总之，为克服独联体离心倾向和加强在欧亚大陆的竞争力，俄罗斯需要构建一个更具吸引力的地缘政治经济集团。原则上，这一目标要求莫斯科的欧亚整合计划通过共享更大的影响力的集体机构和采取更温和的方法处理与邻国的争端。在实践中，俄罗斯也必须通过国内的现代化和其他改革的努力使自己成为一个更具吸引力的经济和政治合作伙伴，通过与独联体国家的贸易和相互投资，俄罗斯取得更大的成功。即便如此，普京的欧亚联盟方案所面临的困难和挑战仍是显而易见的。

四、“大欧亚伙伴关系”计划

“对俄罗斯地缘政治特征的分析可以找出使其能够迅速从苏联解体之后长达十年的政治与社会不稳定及经济紊乱状态中恢复过来的固有优势。重获作为控制‘心脏地带’中心强国地位，可让俄罗斯得以对‘心脏地带’外围施加压力及影响，进而再次对全球施加影响。”① 无论是欧洲—大西洋主义，还是新欧亚地缘政治思想，都是对冷战结束以来俄罗斯所面临的诸多问题，特别是地缘政治挑战的积极回应，以及从不同视角对俄罗斯地缘政策走向的理论思考。总体而言，每种构想都有其独立性，但在某些方面又是相通的，特别是欧亚倾向的几种地缘政治构想之间尤其如此。相对来看，仍把俄罗斯视为后苏联空间的“文明主导”，只能说明它的过去，其排他性的地缘政治方案只会增加冲突和纷争；具有扩张倾向的“杜金方案”则过于激进，更加危险和不切实际，因为任何把俄罗斯国家的地理边界向大陆周边地带推进的企图都可能引起新的冲突。而强调欧亚大陆经济合作、稳定和安全的方案，反映了后冷战时期欧亚大陆地缘政治面临的新挑战和新需求。该构想主张切实推进各方能够接受的欧亚战略，在加强对后苏联空间整合的同时，还为在更广泛的欧亚大陆创建集体安全机制描述了愿景。由于这一构想更具包容性，所以在俄罗斯的外交实践中也体现得较为充分。

苏联解体后，俄罗斯曾渴望融入西方，但又难以放弃主权与安全以服从西方地缘政治目标。在俄格武装冲突和乌克兰危机后，俄罗斯转而力求成为独立

① ［美］索尔·科恩著，严春松译：《地缘政治学—国际关系的地理学》，上海社会科学院出版社 2011 年版，第 236—237 页。

的欧亚权力中心并扩大世界影响力。随着与美欧矛盾和分歧的不断扩大，普京外交的重中之重就是对后苏联空间的整合，以为俄罗斯的重新崛起打造地缘政治基础。伴随着对欧亚大陆整合步伐的加快，俄罗斯和欧盟都把矛头指向了乌克兰，最终在欧洲引发了冷战结束后最大的一场地缘政治危机。克里米亚公投入俄后，美欧对俄罗斯的经济制裁和政治孤立不断加码。在强大的压力之下，普京搁置分歧，推动俄罗斯、哈萨克斯坦、白俄罗斯三方就建立欧亚经济联盟达成条约。随着与西方关系恶化的不可避免，俄罗斯学界在 2015 年提出了“大欧亚”的概念，并由普京总统在 2016 年的圣彼得堡国际经济论坛中引申为“大欧亚伙伴关系”计划，引起国际社会的极大关注。

2016 年 6 月，俄罗斯总统普京在圣彼得堡国际经济论坛全体会议上明确提出了启动“大欧亚伙伴关系”计划。普京表示，“大欧亚伙伴关系”计划成员包括欧亚经济联盟成员国，以及中国、印度、巴基斯坦与伊朗等同俄罗斯关系紧密的国家和组织，并将很快与中国磋商相关事宜，这是建立“大欧亚伙伴关系”的第一步，同时愿意就欧亚经济联盟与欧盟实现对接问题展开对话。普京表示，有很多国家和组织有意愿与欧亚经济联盟进行合作，合作可以将统一和简化行业合作、投资、卫生、海关、知识产权保护等领域的规范和标准作为突破口。① 普京的“大欧亚伙伴关系”涵盖了欧亚经济联盟、上海合作组织、东盟，甚至欧盟，在地缘经济和地缘政治意义上都相当及时，有助于积极应对来自美国的挑战。② 俄罗斯专家认为，这是对美国当时推动的 TPP 和 TTIP 的有力回应，其能够让欧亚大陆重新焕发生机，但考虑到这些经济体的巨大差异，这

---

① Путин призвал создать большое Евразийское партнерство. [Электронный ресурс]. – URL: http://tass.ru/pmef – 2016/article/33762951(дата обращения: 16.04.2020).

② В. Сумский. Расширение интеграционного контура в Евразии. [Электронный ресурс]. – URL: https://www.fondsk.ru/news/2016/06/20/rasshirenie – integracionnogo – kontura – v – evrazii – 40972.htmll(дата обращения: 26.06.2016).

种整合将是十分困难的。① 俄罗斯国家杜马国际事务委员会第一副主席列昂尼德·卡拉什尼科夫（Л. И. Калашников）说：“我认为，这是对美国举动的巧妙回应。美国打着政治民主的幌子，暗中进行经济扩张……俄罗斯明白，美国在试图孤立我们……既然我们都看清了这一点，就应该团结起来应对。”② 随后，对这一构想出台起到重要推动作用的谢尔盖·卡拉加诺夫（С. А. Караганов）等人对“大欧亚伙伴关系”进行了详细论述，定位了俄罗斯在“大欧亚”中的角色和地位：应夯实俄罗斯作为欧亚大陆中心的有利的地缘经济和地缘政治地位，使其成为“大欧亚”的中心之一，同时维持与中国友好和建设性的平衡关系。显然，“大欧亚伙伴关系”计划是一个长远战略，针对的是整个欧亚大陆地缘经济和地缘政治变化的基础进程，已经具备了形成的基本条件，俄罗斯拥有必要的经验和能力来处理发展过程中产生的风险和挑战，包括借鉴中国等国家的成功经验，启动经济增长的信心、维护政治稳定、推进现代化治理、建立有效的公共机构，最终通过内部协作和社会力量确保俄罗斯在欧亚及世界上的应有地位。③ 在亚历山大·卢金（А. В. Лукин）看来，“大欧亚”的主要特征包括：一是中俄在欧亚经济联盟和丝绸之路经济带对接的基础上组建一个新的国际统一实体；二是其他非西方组织和团体将在这一过

---

① Михаил Мошкин, Андрей Резчиков. Глобальное евразийское партнерство составит конкуренцию проектам США. [Электронный ресурс]. – URL: https: // vz. ru/politics/2016/6/17/816620. html(дата обращения:26. 06. 2016); Агеев А. И. Борталевич С. И., Логинов Е. Л. Большое евразийское партнерство: проект, встречный Транстихоокеанскому партнерству // Экономические стратегии. – 2016. № 6; Дмитрий Верховцев. Большое Евразийское партнёрство в противовес мировой торговой экспансии США. [Электронный ресурс]. – URL: https: // www. ritmeurasia. org/news – –2016 –07 –08 – – bolshoe – evrazijskoe – partnerstvo – v – protivoves – mirovoj – torgovoj – ekspansii – ssha –24562(дата обращения:26. 07. 2016).

② Михаил Мошкин, Андрей Резчиков. Глобальное евразийское партнерство составит конкуренцию проектам США. [Электронный ресурс]. – URL: https: // vz. ru/politics/2016/6/17/816620. htmll(дата обращения:26. 07. 2016).

③ Сергей Караганов. С Востока на Запад, или Большая Евразия // Российская газета. – 2016, 24 октября; Дмитрий Ефременко. РождениеБольшойЕвразии // Россиявглобально йполитике. – 2016. № 6.

程中发挥重要作用；三是“大欧亚”还只是一种基于非西方国家共同利益的伙伴关系，不是正式组织；四是所触及的共有政治和经济两种利益类型，经济利益可以作为广泛伙伴关系的基础；五是“大欧亚”作为伙伴关系将对所有国家开放，但将立足欧亚大陆，按照多元化和多极化的原则运作。同时，“大欧亚”的想法为俄罗斯提供了许多优势：首先，有利于俄罗斯成为世界政治中的独立一极，对应于俄罗斯的历史角色；其次，“大欧亚”与俄罗斯的经济体系非常接近，要求国家在经济中发挥积极作用；第三，“大欧亚”有利于发展俄罗斯的西伯利亚和远东地区；第四，“大欧亚”能够为和平的政治和经济发展建立友好的外部环境。尽管“大欧亚”提出后，得到了中国、中亚国家及印度的积极回应，但俄罗斯能否成为自治一极，首先取决于其国内发展的成功程度。①

对此，有中国学者研究认为：“大欧亚伙伴关系”是俄罗斯官方和学界相互配合而有计划、有步骤地提出的概念，本质上是俄欧亚战略思想的延续和现实表达，应审慎对待②；普京提出“大欧亚伙伴关系”，不仅在于应对西方的制裁和挑战，还要解决欧亚经济联盟所面临的发展困境，更大范围上还将构建新的国际秩序③；俄罗斯需要规模更大、权利结构更加平衡、凸显俄罗斯及其盟友地位的机制，而“大欧亚伙伴关系”不仅是一个欧亚经济联盟的“升级版”，也是一个含有地缘政治色彩的长远战略，普京此举有绝地反击和被动应对的一面，更有高瞻远瞩和主动布局的一面④；“大欧亚伙伴关系”是俄罗斯的宏观区域战略设想，其在概念上对欧洲主义和“转向东方”都是一种修正，中国应与俄罗斯共同推进大欧亚合作，并对其内涵进行丰富和发展，使之增加

① Alexander Lukin,“Sino – Russian Cooperation as the Basis for Greater Eurasia”, Human Affairs, Vol. 30, No. 2, 2020, pp. 174 – 188.

② 庞大鹏，“俄罗斯的‘大欧亚伙伴关系’”，《俄罗斯学刊》，2017 年第 2 期。

③ 李自国，“大欧亚伙伴关系：重塑欧亚新秩序?”，《国际问题研究》，2017 年第 1 期。

④ 王树春、朱燕，“大欧亚伙伴关系—多维视角下的深度解析”，《俄罗斯研究》，2017 年第 2 期。

中国元素①。无论如何，随着"大欧亚伙伴关系"这一新范畴的提出，今后的欧亚大陆东侧的地缘政治与经济形势将逐步发生大变化，值得人们密切关注。

从俄方的初步设想看，"大欧亚伙伴关系"就是要通过合作使俄罗斯成为欧亚大陆的经济中心，进而稳定后苏联空间。但普京的目标显然不止于此，通过构建"大欧亚伙伴关系"，不仅可以实现地缘经济合作，还要借此解决地缘政治困境。很多俄罗斯学者也毫不隐讳地指出了普京借"大欧亚伙伴关系"应对美国制裁和战略压力的意图。当然，"大欧亚伙伴关系"还只是处于概念阶段，其发展目标、原则、机制、框架等都还不清晰，面临很多的不确定性。现在，最大的问题是对是否会导致更大规模的地缘政治对抗的担心。俄罗斯急需战略突围，而通过对大欧亚的整合能够扩大与西方抗衡的平台，增强抗衡的资本。把奉行"大国平衡"政策的东盟拉入，有利于形成新的亚太安全多边对话机制，以对冲美国的印太战略。而普京表示欢迎欧盟加入（特别是德国），在英国"退欧"的背景下，如果这一构想有所推进，将在很大程度上符合杜金的组建"欧亚大陆"联盟对抗"海洋联盟"的思想。

推进欧亚经济合作符合该地区国家的利益，但考虑到欧亚大陆地缘政治的现实，如何切实推进经济合作取得进展而又要确保这种整合不掉入地缘政治对抗的陷阱，对俄罗斯、中国及其他主要国家和区域组织都是一个巨大的考验。不仅丝绸之路经济带与欧亚经济联盟对接的进展难如人意，"大欧亚伙伴关系"与"一带一路"倡议的对接需要在相关原则、范围、路径等问题上进行必要的澄清和深入的沟通与协商，而这绝非一朝一夕之功。无论是概念还是实践上，"大欧亚伙伴关系"仍处于构建和发展过程中，其未来的变化值得关注。"大欧亚伙伴关系"计划与"一带一路"倡议有许多契合点，拓展了两国合作的空间，但对于"全面欧亚伙伴关系"的设想还需要进行深入研究和系统评估。

---

① 赵华胜，"中国与大欧亚伙伴关系"，《国际问题研究》，2017 年第 6 期。

第三章 “兄弟阋墙”
——俄罗斯与乌克兰决裂

苏联解体后，在民族身份构建的过程中，外部的地缘政治争夺和内部的权力之争把历史和文化分歧无限放大，使乌克兰与俄罗斯从纠葛到排斥，最终因克里米亚事件而走向决裂。事实是，俄罗斯与乌克兰之间一直存在着深层次的、难以解决的问题，2014 年初的冲突升级说明这些问题发展到了临界点。对普京来说，克里米亚事件是一次重要的意识形态转变。而在乌克兰与俄罗斯纷争的背后，是俄罗斯与西方之间难以调和的文化和价值观分歧，以及地缘政治矛盾。对乌克兰而言，与俄罗斯决裂加快了其民族身份构建和“西进”的脚步，但加入欧盟是以长期现代化为前提的，西方短期内无法为乌克兰国内积重难返的各类现实问题提供一个立竿见影的解决方案。相应地，因此事件，莫斯科面临的外部压力也瞬间增大，普京及其继任者将长期面临相应的地缘政治挑战。

一、从分手到纠葛（1991—1999 年）

苏联解体后，俄罗斯与乌克兰在“分手”之余，很快因原联盟财产分割、能源债务及核武器处置等问题而纠葛不断。相应地，身份建构和国家走向问题也成为困扰着俄罗斯与乌克兰关系的重要议题，而使双方关系复杂化。

（一） 俄罗斯对独联体外交的困境

1991 年 8 月 24 日，乌克兰政府发表国家独立宣言，正式宣布脱离苏联独立。12 月 8 日，乌克兰与俄罗斯、白俄罗斯三国领导人共同签署了“别洛韦日协定”，宣布停止苏联作为国际法主体和地缘政治现实的存在，同时成立独立国家联合体（简称“独联体”）。1991 年 12 月 21 日，俄罗斯、白俄罗斯、乌克兰、中亚五国及阿塞拜疆、亚美尼亚、摩尔多瓦等 11 国首脑签署了《阿拉木图宣言》和《关于武装力量的议定书》等六份文件，宣告苏联不复存在和成立独立国家联合体，总部设在明斯克。[①] 独联体的成立是苏联解体的结果，其特点是通过苏联各共和国之间的互动致力于寻求彼此间的一个新法律框架，也是最初俄罗斯为重新融入国际社会所做的适度努力。[②] 作为一个区域协调组织，独联体只是这些加盟共和国进行“文明离婚的手段”[③]。的确，独联体创立的最初目的具有双重性，即一方面，后苏联各共和国的领导人有必要创设一种准法律程序，向各国民众交代苏联解体是集体行动的结果；另一方面，苏联解体后，需要一个继续发展各国之间的经济和文化联系的纽带，也要让民众安心，而独联体恰好充当了这一角色。

尽管独联体的一些创始人并不打算创建一个更有组织性的政治联盟，但不可否认，俄罗斯对推动组建独联体却有自己的考量，其主要目的还是想通过外

---

① 目前，独联体有 9 个成员国：格鲁吉亚于 1993 年 12 月加入独联体，2008 年 8 月俄格武装冲突爆发后宣布退出，2009 年 8 月正式退出；2005 年，土库曼斯坦宣布退出独联体，致力于成为中立国；2014 年 3 月克里米亚事件后，乌克兰启动退出独联体程序，正式宣布退出独联体。Алма – Атинская декларация（1991）.［Электронный ресурс］. – URL：https：//ria. ru/20161221/1483973102. html（дата обращения：26. 12. 2016）

② Rilka Dragneva and Kataryna Wolczuk, “Between Dependence and Integration: Ukraine's Relations With Russia”, Europe – Asia Studies, Vol. 68, No. 4, pp. 678 – 698, 2016, p. 683.

③ Jennifer D. P. Moroney and Stacy R. Closson, “NATO's Strategic Engagement with Ukraine in Europe's Security Buffer Zone”, pp. 199 – 230, in Charles Krupnick (Ed.), Almost NATO: Partners and players in Central and Eastern Europe Lanham, MD: Rowman and Littlefield, 2003, p. 224.

交和制度安排，将乌克兰和其他苏联加盟共和国与俄罗斯以某种形式“捆绑”在一起。在1993年1月第八次独联体首脑会议通过的《独联体宪章》的第三部分“集体安全与军事政治合作”中就规定：会员国在国际安全、裁军和军备控制、武装部队建设等方面维持共同政策，包括组建军事观察员小组和维和部队在独联体中维持安全；如果一个或多个会员国的主权、安全和领土完整或国际和平与安全受到威胁，会员国将立即启动互访机制，协调立场，采取措施消除威胁，包括根据《联合国宪章》第51条中关于个人或集体自卫权利的规定行使维和行动和使用武装部队；每个会员国都采取适当措施，确保独联体成员国的外部边界稳定，在相互同意的基础上，会员国协调边境部队和其他主管部门的活动，这些部队负责监督和执行会员国外部边界的规定。① 这样，在西方一些评论者眼中，独联体就成为俄罗斯地区野心的表现和工具。客观而言，西方的很多评论言过其实。当时国内改革倾注了叶利钦政府的主要精力，而外交重心也在美欧身上，对后苏联国家不愿承担过多的责任，很多计划和政策都停留在口头上，有“甩包袱”的嫌疑。由于缺乏完整的战略构想，俄罗斯与乌克兰等独联体各国纠缠于“分家”而来的各种问题，造成国家间关系的疏离，恶化了俄罗斯的地缘政治环境。在北约确定东扩的大背景下，俄罗斯的对外政策才开始全面调整，1995年9月叶利钦总统批准了《俄罗斯联邦对独联体国家战略方针》②，该战略方针首次把发展与独联体国家的关系置于俄罗斯对外政策的优先地位，旨在巩固俄罗斯在后苏联空间新形成的政治经济体系中的领导地位，为重新崛起打造地缘政治基础。同时，俄共占多数的国家杜马还通过决议，宣布苏联解体无效，尽管这样并没有真正的政治影响。③ 作为外交政策调整的标志，具有欧亚主义倾向

---

① УСТАВ Содружества Независимых Государств. [Электронный ресурс]. – URL:http://www.cis.minsk.by/page.php? id = 180 (дата обращения:26.08.2016)

② Стратегический курс России с государствами – участниками Содружества Независимых Государств // Дипломатический вестник. – 1995. №10.

③ Михаил Малаев. Кто сомневался в законности распада СССР //“Коммерсантъ” – 2015,30 июня.

的普里马科夫取代了亲西方的科济列夫的外长职位，强调要"防止任何外来势力企图离间俄罗斯与独联体国家之间的关系，当前尤其突出的任务是加强和乌克兰、白俄罗斯、哈萨克斯坦、乌兹别克斯坦、阿塞拜疆与格鲁吉亚的关系"①。

不仅如此，俄罗斯的独联体外交还面临政策工具单一和后苏联国家在民族及国家身份构建中纷纷推行"去俄罗斯化"的挑战，致使俄罗斯与其他独联体国家关系的发展总是磕磕绊绊，很多国家更愿意绕过莫斯科以及向区域外发展关系。这一时期，俄罗斯手中掌握的外交政策手段是军事和政治，被在与后苏联国家的关系中频繁地使用，其次为能源政策工具。起初，这种政策工具产生了效果。1992 年 5 月，俄罗斯、哈萨克斯坦、吉尔吉斯斯坦、乌兹别克斯坦、塔吉克斯坦和亚美尼亚在塔什干签署了《独联体集体安全条约》。在俄罗斯出兵干预和介入调停阿布哈兹和纳戈尔诺—卡拉巴赫冲突后，格鲁吉亚和阿塞拜疆加入了独联体以及集体安全条约。② 在塔吉克斯坦，俄罗斯的军事政治干预也产生了效果。③

---

① ［俄］E·普里马科夫，焦广田译：《大政治年代》，东方出版社 2001 年版，第 187 页。

② 早在苏联时期，阿布哈兹的知识分子和自治共和国的领导人就曾请求从格鲁吉亚划归俄罗斯联邦。1992 年 7 月，阿布哈兹宣布独立而引发战争，直到 1994 年 5 月，在俄罗斯的积极参与下冲突终于得到解决，独联体的维和人员（主要是俄罗斯伞兵）部署在阿布哈兹。2008 年 8 月俄格武装冲突后，俄罗斯正式承认阿布哈兹独立。1989 年 6 月，"纳卡"当局宣布独立，亚阿两族爆发冲突。苏联解体后，纳卡冲突演变为阿塞拜疆和亚美尼亚战争。在俄罗斯等国调停下，双方实现停火，目前仍时有冲突出现。阿塞拜疆和格鲁吉亚先后于 1993 年 9 月、10 月加入独联体集体安全条约，但在 1997 年两国都没有续签。

③ 塔吉克斯坦独立后，政局持续动荡。1992 年 5 月，反对派组织的民兵与政府的国民卫队发生武装冲突。同时，伊斯兰复兴党等反对派在地方开始武装夺权，导致局势失控。1992 年 11 月，在俄罗斯、乌兹别克斯坦等国帮助下，塔吉克斯坦首都基本上恢复秩序，拉赫莫诺夫（Э. Ш. Рахмонов）当选为国家元首。相应地，俄罗斯的 201 摩托化步兵师作为维和部队的核心驻扎在塔吉克斯坦首都和边境地区，但塔内战实际上仍在延续。1993 年和 1994 年，逃到阿富汗的伊斯兰极端主义武装人员在塔阿边界挑起严重冲突，造成大量人员伤亡。随后，在联合国的介入下，塔吉克斯坦政府加快了与反对派民族和解进程，但冲突并没有停止。1997 年 6 月，双方在莫斯科签署了《关于在塔吉克斯坦建立和平与民族和睦总协定》，但冲突和暗杀仍在继续。1998 年 1 月，反对派一度宣布暂时退出民族和解委员会，原因是政府在落实双方的协定方面未采取任何行动。2000 年 3 月，历时两年半的塔吉克斯坦民族和解委员会在顺利举行总统大选后结束了自己的历史使命，宣布停止活动。

俄罗斯还在非武装对抗的情况下采用了“武力立场”，对纯粹的经济问题提出了非经济要求，并认为其他独联体国家无法摆脱对自己的军事依赖。这种情况在经济和政治上都是俄罗斯的损失。阿布哈兹因素迫使格鲁吉亚向俄罗斯屈服，但这也成为争吵的焦点，导致两国关系疏远，迫使第比利斯寻求其他保障和贸易伙伴。同样的事情也发生在阿塞拜疆，其以车臣战争为借口关闭了俄罗斯与阿塞拜疆的边境，同时还积极寻求避开俄罗斯的领土把天然气输往欧洲市场，因为莫斯科拒绝了该国出口天然气收入的份额。俄罗斯还试图阻止哈萨克斯坦与美国雪佛龙公司开发 Тенгиз 油田的协议，拒绝提供输油管道过境运输便利，结果，哈萨克斯坦和雪佛龙协商通过阿塞拜疆、格鲁吉亚和伊朗运输石油。而在与乌克兰关于核武器、克里米亚及黑海舰队的纷争中，俄罗斯更是从一开始就利用了能源封锁手段。

此时，近邻国家不愿意与俄罗斯打交道，除了俄的外交政策，还有其国内政治的不稳定因素。俄罗斯日益激烈的权力斗争与总统叶利钦的身体状况都带来了诸多的不确定性。亚美尼亚总统彼得罗相（Л. А. Тер – Петросян）就曾表示，如果共产党在俄罗斯获胜，便将在没有俄罗斯的情况下成立独联体。① 由于俄罗斯政策的不现实性，考虑到彼此的经济利益，其他独联体国家更愿意在相对较平等的权重体系内，在平等互利的基础上建立关系。例如，仅在 1996 年就有：乌兹别克斯坦、土库曼斯坦和阿塞拜疆签署了建立跨高加索运输走廊的协议，后来哈萨克斯坦和格鲁吉亚也很快加入其中；乌克兰和立陶宛同意建立波罗的海和黑海国家间的经济空间；乌兹别克斯坦和立陶宛签署了贸易协定；乌克兰和格鲁吉亚签署了贸易协定，以及一系列的双边军事和政治协议。而与此相对应，截至 1996 年，独联体范围内所达成的多边协议有 1300 份，但绝大部分都没有生效。

西方地缘政治经济利益的诱惑也是影响俄罗斯与其他后苏联国家关系的重

---

① Азер Арифович Мурсалиев. СНГ без России – Несоветские союзы // Журнал “Коммерсантъ Власть”. – 1996. №39 от15октября.

要因素。随着北约战略定位的完成和俄罗斯对外政策的调整，后苏联空间逐渐成为北约战略利益的一部分。这样，一直对俄罗斯驻军不满的格鲁吉亚找到了“靠山”。① 格鲁吉亚反对派指责莫斯科支持分裂分子，要求俄罗斯军队撤出阿布哈兹，并拆除俄罗斯在格境内的军事基地。俄罗斯与格鲁吉亚的关系大体反映了俄罗斯与其他多数后苏联国家关系的总体趋势。北约通过“和平伙伴关系计划”实现了对后苏联地区的全面渗透，对俄罗斯的地缘战略利益形成了严重挑战。北约对格鲁吉亚局势高度关注，公开表示其在该地区的战略利益是非常具体的，认为俄罗斯维和任务的效率很低，当地民众对俄罗斯维和人员的信任正在丧失。俄罗斯方面则指出，没有俄罗斯的参与，北约无法实现高加索地区的稳定。在北约的推动下，乌克兰和格鲁吉亚就边界问题达成了协议，基辅支持格鲁吉亚在阿布哈兹问题上的立场。同时，克拉夫丘克政府签署了北约和平伙伴计划，成为独联体国家中的第一个，让莫斯科大为忧虑。北约的介入加剧了独联体国家的离心倾向，使俄罗斯与其他独联体国家的关系更趋复杂化。这一点在俄罗斯与乌克兰的关系上体现得最为明显。

（二） 俄乌之间的纠葛与争吵

俄乌双方有着深厚的语言、历史文化渊源。独立之初，俄罗斯和乌克兰的外交重点都在美欧身上，两国在战略核武器、黑海舰队归属及克里米亚等问题上随即产生了一系列矛盾和分歧。

1992 年 5 月，美国与俄罗斯、乌克兰、白俄罗斯、哈萨克斯坦达成《里斯本协议》，规定乌、白、哈三国把核武器转交给俄罗斯销毁，乌克兰以非核国家加入《核不扩散条约》。② 乌克兰在签署《里斯本协定》时提出了附加条件：

---

① 1993 年，格鲁吉亚政府在与阿布哈兹分裂分子的战争中失利后，俄罗斯部队被以独联体维和部队的名义派往阿布哈兹。1994 年 2 月，格鲁吉亚政府与俄罗斯就驻扎在格鲁吉亚境内的俄罗斯部队、军事基地地位等问题签署协定，但未得到格鲁吉亚议会的批准。

② Договоры СНВ – 1 и СНВ – 2. История вопроса. [Электронный ресурс]. – URL: https: // ria. ru/20091205/197064278. html (дата обращения: 26. 08. 2018)

在《第一阶段削减战略武器条约》（START－1）① 批准前美俄要对乌提供书面安全保障和经济补偿，后又扩大到五个核大国提供安全保障。俄罗斯对此极为不满。显然，“在裁军谈判席上，核导弹的作用是以其破坏力的大小来衡量的。而在乌克兰，则越来越多的是以美元和受重视的程度来衡量的。”② 1994 年 1 月，美、俄、乌三国达成关于乌解除核武器及经济和安全问题的三方协定，使这一争端得以解决。该协议满足了基辅的一些要求，美国继续提供援助，而俄罗斯则答应提供核电站所需要的燃料。③

黑海舰队对于俄罗斯具有重要的地缘战略意义④，而塞瓦斯托波尔更是俄罗斯人眼中的“荣耀之城”⑤。苏联解体后，俄罗斯曾要求拥有乌克兰境内所有的军事基础和设施。⑥ 基辅则认为，乌克兰境内的黑海舰队当然归自己所有。

---

① Протокол к Договору между Союзом Советских Социалистических Республик и Соединенными Штатами Америки о сокращении и ограничении стратегических наступательных вооружений. [Электронный ресурс]. – URL: https://www.armscontrol.ru/start/rus/docs/start1/lisb – agr.txt(дата обращения:10.06.2020)

② Serge Schmemann, "Ukraine Finds Nuclear Arms Bring a Measure of Respect", New York times, Jan. 7th, 1993.

③ Steven Woehrel, "Ukraine: Current Issues and U.S. Policy", CRS Report for Congress, Sept. 21th, 2000, 96 – 245F.

④ 俄罗斯之所以没有将庞大的苏联海军转移到其黑海东部海岸，是因为那里没有便利的港口。为确保俄罗斯的安全，1991 年 12 月，在苏联正式解体之前，苏联中央海军司令部将苏联唯一的一艘全尺寸航空母舰从黑海转移到北海，但是有数百艘其他型号的船只仍留在黑海舰队。

⑤ 当独立的乌克兰离开苏联时，它实际上带走了俄罗斯文化地图上一些著名的帝国圣地。它们包括传统的所有俄罗斯的宗教崇拜和朝圣场所，如基辅的洞穴修道院和圣索菲亚大教堂，以及与 18、19 世纪俄罗斯帝国黄金时期历史有关的地方，如波尔塔瓦和塞瓦斯托波尔。基辅、敖德萨和塞瓦斯托波尔在苏联时期也曾是政府赞助的朝圣地，当时苏联的市政当局授予他们“英雄城市”的称号，以纪念第二次世界大战期间保卫者的英雄主义。Serhii Plokhy, "Ukraine & Russia: Representations of the Past", Toronto, Buffalo, London: University of Toronto Press, 2008, p. 184.

⑥ Sherman Garnett, "Keystone in the Arch: Ukraine in the Emerging Security Environment of Central and Eastern Europe", Carnegie Endowment for International Peace, Washington, DC.: Carnegie Endowment for International Peace, 1997, pp. 61 – 68; David E. Mark, Eurasia Letter: Russia and the New Transcaucasus, Foreign Policy, No. 105, pp. 141 – 159, 1996/1997, pp. 153 – 155; David W. Rivera, "Engagement, Containment, and the International Politics of Eurasia", Political Science Quarterly, Vol. 118, No. 1, pp. 81 – 106, 2003, pp. 92 – 93.

叶利钦措辞强硬地指出，黑海舰队过去、现在、将来都属于俄罗斯。这样，1992 年伊始，双方就黑海舰队归属问题展开的谈判很快破裂。无奈之下，双方只能达成暂时妥协，确定在黑海舰队基础上组建乌克兰海军和俄罗斯舰队，在到 1995 年底的 3 年过渡期内共同管理黑海舰队，按 1：1 比例共有。但双方在分割比例上仍互不相让且冲突风险仍在。① 随后，莫斯科通过能源债务施压，并于 1993 年 9 月达成协议，迫使乌克兰将其所有的黑海舰队中 32% 的舰只卖给俄罗斯，并同意租借塞瓦斯托波尔。

苏联解体后，克里米亚成为乌克兰的自治共和国，但其对俄罗斯的战略地位和象征意义不言而喻。第一，克里米亚作为力量投射平台，特别是塞瓦斯托波尔，其深水港对俄罗斯在黑海地区开展海军行动的能力非常重要。② 第二，作为通往黑海的出口之一，克里米亚半岛可以为海港、航运线路和海上通行提供便利通道。第三，这个半岛是抵御外部势力入侵东黑海、刻赤海峡和亚速海的有利屏障。③ 第四，这里还驻扎有俄罗斯大国地位象征之一的黑海舰队。克里米亚同俄乌之间在黑海舰队问题上的争端密切相关。在黑海舰队归属问题谈判破裂后，俄罗斯议会便提出克里米亚问题，并希望借此施压乌克兰放弃对黑海舰队的要求。对此，乌克兰最高苏维埃也通过决议，重申克里米亚是乌克兰

---

① 1992 年 7 月 21 日，黑海舰队一艘护卫舰逃往乌克兰港口，舰队派军舰拦截，乌克兰派飞机接应，险些发生武装冲突。同时，乌克兰开始在港口城市敖德萨建设自己的小规模海军力量，1993 年护卫舰"格特曼·萨盖达奇内"（Гетьман Сагайдачний）号开始服役，并成为乌克兰海军的旗舰。

② Igor Delanoë, "After the Crimean Crisis: Towards a Greater Russian Maritime Power in the Black Sea", Southeast European and Black Sea Studies, Vol. 14, No. 3, pp. 367 – 382, 2014, p. 370; Paul N. Schwartz, "Crimea's Strategic Value to Russia", March 18, 2014, Center for Strategic and International Studies (online), http://csis.org/blog/crimeas – strategic – value – russia（上网时间：2020 年 5 月 20 日）; William Varettoni Crimea's Overlook Instability, Washington Quarterly, Vol. 34, No. 3, pp. 87 – 99, 2011, p. 90.

③ Michel Chossudovsky, "Crisis in Ukraine: Russia Extends its Control over the Black Sea and Strategic Waterways", Montreal: Centre for Research on Globalization, 2014, http://www.globalresearch.ca/russia – extends – its – control – over – the – black – sea – and – strategic – waterways/5374021（上网时间：2020 年 7 月 2 日）.

不可分割的一部分。1992 年 5 月，俄罗斯议会又通过决议，认为 1954 年苏联最高苏维埃关于把克里米亚转交给乌克兰的决议无效，要求举行俄、乌、克三方代表参加的谈判，并鼓励克里米亚的俄罗斯人自由表达意愿。乌克兰强烈谴责了俄罗斯议会的举动，认为其违反了两国间的条约和国际协定。随着有关黑海舰队的争吵不断升级，俄罗斯对克里米亚分离分子的支持也更加明显。俄罗斯议会甚至通过决议，宣布塞瓦斯托波尔为俄罗斯城市，但被联合国安理会声明无效。1994 年 4 月，乌克兰军队进入并控制了塞瓦斯托波尔。由此，俄罗斯人占多数的克里米亚出现了分裂主义和亲俄运动，呼吁独立建国或重返俄罗斯。在 1994 年 6 月的总统大选中，作为乌克兰民族主义代名词的克拉夫丘克在克里米亚仅有 8.9% 支持率（在塞尔斯托波尔更仅有 6.5%）。①

能源供应及债务纷争。乌克兰经济上严重依赖俄罗斯，能源上更是如此。俄罗斯利用能源供应及债务在黑海舰队和核武器问题谈判中向乌克兰施压，而乌克兰则回应以提高过境费用，甚至关闭管道及截留能源。1994 年初，俄罗斯提出在乌克兰建造能源基础设施，如天然气储存设施和管道等，抵偿乌能源债务。但出于担心莫斯科控制欧洲能源出口路线，基辅拒绝了拟议中的债务抵押协议。② 为此，俄罗斯加大了对乌克兰的外交和经济压力，包括要求按期偿还债务并对乌克兰货物征收新关税，还切断了乌克兰与俄罗斯之间的电网。

乌克兰刻意与俄罗斯主导的独联体保持距离。从保持主权独立出发，克拉夫丘克同意在独联体框架内不威胁其主权的情况下才加入其中。乌克兰政府内

① Gwendolyn Sasse, "the Crimea Question: Identity, Transition, and Conflict", MA: Harvard University Press, 2007, p. 171.

② Margarita Balmaceda, "Gas, Oil and the Linkages Between Domestic and Foreign Policies: The Case of Ukraine", Europe - Asia Studies, Vol. 50, No. 2, pp. 257 - 286, 1998, pp. 261 - 263; Paul D'Anieri, "Dilemmas of Interdependence: Autonomy, Prosperity, and Sovereignty in Ukraine's Russia Policy", Problems of Post - Communism, Vol. 44, No. 1, pp. 16 - 26, 1997, p. 19; Daniel W. Drezner, "The Sanctions Paradox: Economic Statecraft and International Relations", Cambridge: Cambridge University Press, 1999, pp. 205 - 207; Oles Smolansky, "Ukraine's Quest for Independence: The Fuel Factor", Europe - Asia Studies, Vol. 47, No. 1, pp. 67 - 90, 1995, pp. 82 - 84.

部是由亲俄和亲西方两种的不同政治派别组成，但是，"无论是亲俄还是亲西方的政治派别，对独联体及其衍生项目的政策均保持了惊人的一致性"。① 针对《独联体宪章》② 的第一条款，乌克兰提出诸多修正案，其中重要一项涉及"从协调到协商"③，以此来降级独联体国家联合外交活动能力。虽然是独联体的创始国，由于乌克兰议会没有批准《独联体宪章》，所以，其一直作为联系国参与独联体活动，包括没有参加 1992 年设立的独联体经济法院，这也证实了基辅对独联体内任何可能的严厉法律约束持有谨慎立场。④ 乌克兰没有参与被视为可能要让渡一部分主权的无限期承诺，而是有选择地在经济联盟一揽子框架内签署具体执行协议。自 20 世纪 90 年代中期以来，俄罗斯一直致力于在独联体内部建立一个更紧密的经济和政治联盟，实现能源和贸易相挂钩，这让乌克兰保持警惕。乌克兰关心的核心是与俄罗斯/独联体之间实现自由贸易，且仅此而已。⑤ 乌克兰这种不参与俄罗斯主导的全面一体化项目，而是通过双边和范围狭窄的多边自由贸易协定参与简单和灵活的框架，导致其经济成本不断上升。乌克兰开始抱怨俄罗斯歧视性保护主义贸易政策、施加不可预测性的限制以及操纵实际的关税壁垒等。尽管加入了 2012 年 9 月正式生效的独联体自

---

① Serhy Yekelchyk,"The Conflict in Ukraine: What Everyone Needs to Know", New York: Oxford University Press, 2015, p. 66.

② УСТАВ Содружества Независимых Государств. [Электронный ресурс]. – URL: http://www.cis.minsk.by/page.php? id = 180 (дата обращения: 10.01.2020).

③ 参见 Roman Solchanyk,"Russia, Ukraine, and the Imperial Legacy", Post – Soviet Affairs, Vol. 9, No. 4, pp. 337 – 365, 1993; Paul D' Anieri,"Dilemmas of Interdependence: Autonomy, Prosperity, and Sovereignty in Ukraine's Russia Policy", Problems of Post – Communism, Vol. 44, No. 1, pp. 16 – 26, 1997; Roman Wolczuk,"Ukraine's Foreign and Security Policy, 1991 – 2000", London: Routledge, 2003, pp. 57 – 61.

④ Rilka Dragneva, Antoaneta Dimitrova,"Patterns of Integration and Regime Compatibility: Ukraine between the CIS and the EU", in Katlijn Malfliet, Lien Verpoest and Evgeny Vinokurov (eds), The CIS, the EU and Russia: The Challenges of Integration, Basingstoke: Palgrave Macmillan, 2007, p. 176.

⑤ Rilka Dragneva and Kataryna Wolczuk,"Between Dependence and Integration: Ukraine's Relations with Russia", Europe – Asia Studies, Vol. 68, No. 4, pp. 678 – 698, 2016, p. 684.

由贸易协定，但总体上乌克兰在参加独联体机构和协定方面力求灵活性，希望通过有组织的定期对话，实现一种明确的政治上的、软性的法律参与，也即其往往只是参与国际立法进程的政治象征。①

与俄罗斯的关系对乌克兰的国家安全和经济发展形成了掣肘。从乌克兰切身利益出发，库奇马在1994年7月当选总统后开始执行所谓“多头外交”，希望在俄罗斯与西方之间维持平衡，对莫斯科政策也由抵制转为务实。库奇马指出：“客观地说，乌克兰的地缘政治地位要求理性地在西方和东方之间实现经济和政治平衡。在东方，我们需要积极合作，确保我们在苏联领土的利益，可以与独联体独立国家深化双边合作，也不回避独联体范围内的各种形式的多边主义合作，我们具有广泛的光谱。”② 库奇马“东西方平衡外交”的基本逻辑是：在以回归欧洲目标深化与西方合作的同时，努力改善与东方近邻俄罗斯的关系，最终实现经济与安全的双赢。

随着乌克兰政权的改变和对外政策的调整，俄罗斯与乌克兰的关系逐步改善。这种改善突出体现在两国关系中最为棘手问题的解决或缓解。1996年7月，各方压力之下的乌克兰将境内的核弹头运到俄罗斯，并开始销毁液体燃料导弹及其发射装置。库奇马宣布废除“克里米亚宪法”，并通过法律确定了克里米亚的行政区域自治地位。而俄罗斯从改善俄乌关系的大局出发，对克里米亚议会的帮助请求则表现出了克制和冷淡。在这种情势下，克里米亚议会被迫取消举行全民公决的决定。黑海舰队及其基地问题的解决是两国关系中的另一重要进展。库奇马上台之初，双方在这个问题上仍在争吵。在1995年6月于索契签署的协议中，确定了分割黑海舰队的方案（乌克兰愿意只保留18.3%的舰

① Rilka Dragneva and Antoaneta Dimitrova, “Patterns of Integration and Regime Compatibility: Ukraine Between the CIS and the EU”, in Katlijn Malfliet, Lien Verpoest and Evgeny Vinokurov (eds), The CIS, the EU and Russia: The Challenges of Integration, Basingstoke: Palgrave Macmillan, 2007, p. 177.

② Андрей Капустин Леонид Кучма о внешне политическом курсе в Киеве прошли консультации по приднестровской проблеме// Независимая газета. – 1996, 17июля.

只，其余转让给俄罗斯），两国海军分别驻扎塞瓦斯托波尔。但俄罗斯坚持租借整个塞瓦斯托波尔港99年，并将其与叶利钦访乌及签订友好关系条约挂钩。为配合施压，俄联邦政府否定了乌克兰提出的取消对乌出口俄商品征收20%增值税和降低输乌能源价格等建议①，同时国家杜马还通过了《停止划分黑海舰队法》。最终，双方在叶利钦出访前达成分割协议，俄罗斯控制了黑海舰队超过80%的舰队和潜艇，获得克里米亚（包括塞瓦斯托波尔的深水港口）一系列重要的海军设施为期20年的租用权，租赁费用与乌所欠部分天然气债务相互抵销。这份协议使俄罗斯有权在克里米亚保留海军及相关的地面部队。作为回报，莫斯科将基辅的能源债务减少了5亿美元。② 此外，乌克兰还对俄罗斯反对北约东扩的立场表示理解，认为所有有关问题应与俄、乌共同协商解决，而且应该在中、东欧建立无核区。随后，叶利钦实现了对乌克兰的访问，双方正式签署了《俄乌两国友好合作伙伴关系条约》，两国关系终于有了新的法律基础框架。条约规定："双方不参加或不支持反对双方之另一方的任何活动，保证不同第三国缔结反对另一方的任何条约，缔约双方中任何一方都不允许利用自己的领土损害另一方的安全。"③ 1998年2月，库奇马也实现了独立以来乌克兰最高领导人对俄罗斯的首次访问，表示乌克兰不打算加入北约，两国友好合作伙伴关系可以升级到战略伙伴关系。相应地，俄罗斯和乌克兰就苏联财产和债务的分割达成"零点方案"，并就自由贸易、边界口岸、避免双重征税、

---

① Daniel W. Drezner, "The Sanctions Paradox: Economic Statecraft and International Relations", Cambridge: Cambridge University Press, 1999, pp. 203 - 206.

② Yaroslav Bilinsky, "Endgame in NATO's Enlargement: The Baltic States and Ukraine", Westport, CT: Praeger, 1999, pp. 58 - 62; Tyler Felgenhauer, "Russia, Ukraine, and the Black Sea Fleet (WWS Case Study 2/99)", Princeton, NJ: Woodrow Wilson School of International Affairs, 1999, http://www.dtic.mil/dtic/tr/fulltext/u2/a360381.pdf（上网时间：2020年7月2日）; James Sherr, "Russia - Ukraine Rapprochement? The Black Sea Fleet Accords", Survival, Vol. 39, No. 3, pp. 33 - 50, 1997.

③ См.: Полный текст договора о дружбе, сотрудничестве и партнерстве между Украиной и РФ. [Электронный ресурс]. - URL: http://kiev1.org/text-dogovora-13.html (дата обращения: 10.05.2020).

成立国际航空发动机工业金融集团及公路运输等签署多份文件，成立了由双方总理担任委员会主席的经济合作混合委员会，还签署了《俄乌 1998—2007 年经济合作协定》及一系列政府间合作文件。同时，乌克兰与俄罗斯共同发表了关于进一步发展独联体国家合作关系、推进独联体经济一体化的联合声明。

尽管如此，但乌克兰的地缘政治地位决定了其必然采取防御战略并走国际路线，而与俄罗斯的分歧国际化也是乌克兰的优选项。这就是库奇马“平衡外交”的另一面。显然，乌克兰与北约走近的话，俄罗斯渴望在周边保留缓冲地带的愿望就要落空，其主要城市都将处于战略导弹和战术飞机的打击范围内。事实是，库奇马一直致力于以最小的承诺来最大限度地维护乌克兰的利益，而一直与俄罗斯主导的一体化保持一定的距离。这样，库奇马继续向北约示好，将其作为他的“多元”外交政策的一部分。[①] 在乌克兰官方宣布与北约的合作进入“深化和扩大合作”阶段的同时，库奇马在日内瓦国际会议上正式宣布“乌克兰原则上不反对北约扩大”[②]。1997 年 7 月，北约批准了与乌克兰的《特殊关系宪章》，确定在乌克兰认为其领土完整、政治独立和安全受到威胁时，可立即启动与北约磋商机制。[③] 同时，北约在基辅成立了全球首家信息中心，并指定乌克兰亚沃里夫（Yavoriv）为“和平伙伴关系计划训练中心”。正是在这种背景下，库奇马政府不仅拒绝加入独联体集体安全条约，还参与组织了“古阿姆”集团。

20 世纪 90 年代，俄罗斯与乌克兰达成的一些协议可以被其视为胜利，但

---

① Paul D' Anieri, "Dilemmas of Interdependence", Problems of Post – Communism, Vol. 44, No. 1, pp. 16 – 26, 1997, pp. 21 – 23; Eric A. Miller, "To Balance or not to Balance: Alignment Theory and the Commonwealth of Independent States", Burlington, VT: Ashgate, 2006, p. 106.

② Леонид Кучма:《Будущее украины не обязательно должно быть внеблоковым》. [Электронный ресурс]. – URL: https://zn.ua/POLITICS/leonid_kuchma_buduschee_ukrainy_ne_obyazatelno_dolzhno_byt_vneblokovym.html(дата обращения: 15.05.2020).

③ Хартия Об Особом Партнерстве Между Организацией Североатлантического Договора И Украиной. [Электронный ресурс]. – URL: https://www.nato.int/cps/ru/natohq/official_texts_25457.htm(дата обращения: 15.01.2020).

也在某种程度上促使乌克兰加强了与北约的合作，这应该归咎于俄罗斯的战略评估。俄罗斯的对乌政策存在瑕疵，并在一定程度上加剧了双方之间的敌意，而莫斯科对北约的战略意图也日趋警惕。这种现象很好地说明了军事力量的相互作用、地理上的亲近程度以及对意图的不确定性都影响了莫斯科的威胁评估，进而决定了俄乌关系的复杂性。

二、从回归到排斥（2000—2009 年）

21 世纪初，俄罗斯通过对乌克兰的支持使其重回俄罗斯的“怀抱”。但很快发生的“橙色革命”使乌克兰走上了与俄罗斯的对抗之路。

（一） 短暂回归与相互排斥

在整个 20 世纪 90 年代，俄罗斯根据具体情况处理与乌克兰的经济问题，这样使俄罗斯更有筹码实现其政治、外交等方面的目标，但很明显，俄罗斯对乌克兰还是缺乏一个具有协调性的政治策略。① 普京上台后，俄罗斯在处理与乌克兰关系的问题上就显得更明确和坚定。随着俄罗斯经济的复苏，普京把独联体国家对于俄罗斯在能源、贸易、信贷和劳动力移民等方面的依赖性视为重新整合后苏联空间的工具。

“9·11”所带来的俄美关系转暖是短暂的，北约并没有停止东扩的脚步，目标很快指向格鲁吉亚、乌克兰和摩尔多瓦，这让莫斯科愈加担心北约的东部议程。随着外部压力水平的不断上升，俄罗斯被迫采取措施加以回应：首先，对格鲁吉亚和摩尔多瓦施加经济压力；其次，加强对两国具有分离主义倾向势力的支持；再次，创建由莫斯科领导的军事联盟，把独联体集体安全条约上升为独联体集体安全条约组织（ОДКБ）；最后，利用能源和政治等各种手段，加

① Tor Bukkvoll, “Off the Cuff Politics – Explaining Russia's Lack of a Ukraine Strategy”, Europe – Asia Studies, Vol. 53, No. 8, pp. 1141 – 1157, 2001.

大对乌克兰国内事务的影响，阻止其全面倒向西方。

发展与独联体国家关系是普京外交的绝对优先方向，这是应对独联体内分离倾向和北约东扩压力的必然选择。乌克兰和北约关系日益密切将对俄乌关系产生消极影响，这是俄罗斯精英阶层中大多数人的观点。① 普京在就任之初就发起了旨在“重振俄罗斯大国地位”② 的首个重大区域一体化项目——欧亚经济共同体（ЕврАзЭС）③。对于这一项目而言，乌克兰的参与将具有重大战略意义。随即，普京先以停止电力和能源供应施压，迫使库奇马更换了亲西方的外长塔拉修克（Б. И. Тарасюк），后又多次施以援手（包括同意能源债务延期等）帮助库奇马度过国内政治危机。作为回报，库奇马同意俄罗斯公司参与乌克兰私有化，并利用议会争斗迫使美国支持的总理尤先科辞职。普京还任命与库奇马私人关系较好的俄前总理切尔诺梅尔金（В. С. Черномырдин）出任驻乌大使，并将一直由俄总统担任的独联体元首会议主席一职让给库奇马。俄罗斯的投资和经济运作预计给乌克兰带来 4 亿—4.5 亿美元的收益。④ 为加深文化交流，俄乌在 2002 年和 2003 年相继举办“国家年”活动。在这种气氛烘托下，库奇马宣布乌克兰有意成为欧亚经济共同体的观察员，俄罗斯是比任何国家都

① М. Пашков, В. Чалый. Украинский центр экономических и политических исследований:Должна быть в стране какая - то загадка, 11 - 17марта 2000г. Оборотная сторона стратегического партнерства, Зеркалонедели. - 2000, 3 - 9 апреля.

② Bobo Lo, "Russian Foreign Policy in the Post - Soviet Era: Reality, Illusion, and Mythmaking", New York: Palgrave Macmillan, 2002; Roger E. Kanet (Ed.), "Russia: Re - Emerging Great Power", New York: Palgrave Macmillan, 2007.

③ 欧亚经济共同体的前身是俄罗斯、白俄罗斯、哈萨克斯坦和吉尔吉斯斯坦于 1996 年 3 月协议成立的四国关税联盟，塔吉克斯坦于 1999 年 2 月加入。2000 年 10 月，俄、白、哈、吉、塔五国签署条约，决定将关税同盟改组为欧亚经济共同体，秘书处设在莫斯科和阿拉木图。2014 年 10 月，各成员国签署了关于撤销欧亚经济共同体的协议，欧亚经济联盟自 2015 年 1 月 1 日起成立。

④ Совместная пресс - конференция с Президентом Украины Леонидом Кучмой. [Электронный ресурс]. - URL: http://kremlin.ru/transcripts/21598 (дата обращения: 15. 05. 2019).

重要的战略伙伴。[①] 俄罗斯方面则表示，俄乌是"互为优先的"和"最主要的伙伴"，与乌克兰经济一体化是俄罗斯政策极为重要的方向，希望乌克兰能够加入欧亚经济共同体，以简化两国的贸易方式。[②] 然而，库奇马与普京交好的目的只是希望为乌克兰带来具体的经济利益，改善与西方因内部政策不睦而造成的困境。因此，库奇马仍极力避免对加入俄罗斯主导的一体化项目做出全面承诺，仅签署了观察员地位协议，没有正式的定义或明确的承诺。例如，在2004 年 5 月于雅尔塔举行的独联体首脑会议上，在讨论统一经济空间时，普京提议第一批协议应包括有关外贸、关税和商业环境等文件，而哈萨克斯坦总统纳扎尔巴耶夫更建议直接纳入关税同盟，但乌克兰仍坚持以自由贸易区作为统一经济空间的初步阶段，尽管基辅也批准了相关的协定。而随着"橙色革命"后亲西方的尤先科上台，乌克兰的态度出现大反转。

与此同时，在乌克兰国内，得到西方支持的反对派利用寡头政治经济垄断所引发的政治争斗和社会不满而迅速崛起，其中当属尤先科领导的"我们的乌克兰"运动最为突出。在 2004 年的乌克兰大选中，俄罗斯公开支持来自东部的时任总理亚努科维奇。相应地，在格鲁吉亚"玫瑰革命"成功后，西方把重点也转向了乌克兰，以取消援助和重审双边关系为筹码要求选举"合法"进行，并通过一些非政府组织派出竞选专家及提供资金支持反对派领导人尤先科。在这种背景下，西方不承认亚努科维奇当选，支持以尤先科和季莫申科为首的反对派发动"橙色革命"。经过重新选举，尤先科当选总统，这也成为乌克兰与俄罗斯关系的重要分水岭。在选举前，俄罗斯政治评论员斯坦尼斯拉夫·贝尔科夫斯基（Станислав Белковский）就强调，如果出现亲西方的乌克兰，这意味着俄罗斯作为后苏联空间调停人的地位崩塌。[③] 尽管在 20 世纪 90

---

① Eric A. Miller, "To Balance or not to Balance: Alignment Theory and the Commonwealth of Independent States", Burlington, VT: Ashgate, 2006, p. 110.

② Леонид Кучма культурно отдохнул в Москве //Независимая газета. – 2002, 9декабря.

③ Владимир Ворсобин. Последнее танго в Киеве. [Электронный ресурс]. – URL: http://www.kem.kp.ru/daily/23209/26379/ (дата обращения: 25.05.2018)

年代末，库奇马宣布加入欧盟是乌克兰的战略目标，但在经济利益的考量下，其没有完全拒绝俄罗斯的要求。但西方一手推上台的尤先科自然极为排斥俄罗斯，明确寻求通过有约束力的承诺与北约和欧盟建立更密切的关系，从而实现无限制的全面一体化，结果就是与俄罗斯关系的长期紧张。

有着“民主突破”[①] 之称的尤先科上台加剧了乌克兰内部政治分歧[②]，更重要的是，尤先科政府宣布不会延长于 2017 年到期的俄黑海舰队在克里米亚军事设施的租约。同时，根据北约和平伙伴关系计划而在克里米亚半岛海域举行的年度“海上微风－2006”军事演习引发了克里米亚一系列反北约的集会和示威活动，一度蔓延到乌克兰东部地区。克里米亚议会宣布该地区为“无北约区”。[③] 事态发展已经威胁到俄罗斯在黑海地区的战略地位和国家安全。普京总统警告称，如果乌克兰加入北约，俄可能将战略核导弹对准乌克兰。[④] 俄外长拉夫罗夫也表示，俄罗斯将尽一切可能阻止乌克兰和格鲁吉亚加入北约。[⑤] 在 2008 年 4 月的布加勒斯特北约峰会上，普京宣称：“我们认为一个强大的军事集团出现在我们的边界……对我们国家安全构成直接威胁，所以，声称这一进

---

① Anders Åslund and Michael McFaul (ed.), "Revolution in Orange. The Origins of Ukraine's Democratic Breakthrough", Washington D. C.: Carnegie Endowment for International Peace, 2006.

② Taras Kuzio, "Strident, Ambiguous and Duplicitous: Ukraine and the 2008 Russo – Ukrainian war", Demokratizatsiya: The Journal of Post – Soviet Democratization, Vol. 17, No. 4, pp. 350 – 372, 2009.

③ James Greene, "Russia's Responses to NATO and EU Enlargement and Outreach" (Briefing Paper), Russia and Eurasia Program, London: Chatham House, 2012, https://www.chathamhouse.org/sites/files/chathamhouse/public/Research/Russia% 20and% 20Eurasia/0612bp_greene.pdf.（上网时间：2020 年 5 月 20 日）

④ Путинпригрозил Украинеракетами, еслитавступитв НАТО. Буш едет в Киев. [Электронный ресурс]. – URL: https://www.newsru.com/russia/13feb2008/nonato.html (дата обращения: 25.05.2019).

⑤ Richard Weitz, "Global Security Watch – Russia: A Reference Handbook", Santa Barbara, CA: Praeger, 2010, p. 90.

程不是针对俄罗斯的说法是不能令人信服的，国家安全不是基于承诺。"[①] 随后的俄格武装冲突中，乌克兰站在了格鲁吉亚、美国、北约和欧盟一边，反对俄罗斯承认阿布哈兹和南奥塞梯独立，甚至还向格鲁吉亚提供武器支持。尤先科政府一度阻止俄黑海舰队参战舰只返回塞瓦斯托波尔港，后来乌军警还采取各种手段干扰克里米亚半岛上的导航设施，并以"未事先通报"为由扣押俄军驶往塞瓦斯托波尔港的装甲车和导弹运输车，甚至驱逐负责协调黑海舰队在塞瓦斯托波尔港驻扎问题的俄驻乌外交高级参赞。2009 年 7 月，美国副总统拜登访问基辅，明确表态支持乌克兰加入北约。尤先科则回应说："我相信，对（乌克兰）政治安全的最佳反应方式是发展与欧洲大西洋的对话。"[②] 在俄罗斯方面看来，驱逐俄罗斯外交官是尤先科当局反俄罗斯政策的高峰。作为回应，俄罗斯拒绝了乌克兰设立驻圣彼得堡总领事馆的请求，还再次提高天然气价格。这样，自"橙色革命"以来，乌克兰声明承诺深化合作甚至加入北约，要求撤回关于黑海舰队的声明，向格鲁吉亚提供"廉价武器"，导致乌俄关系持续低迷。

对于尤先科政府的一系列举动，莫斯科表达了强烈不满和批评。2009 年 8 月 11 日，俄罗斯总统梅德韦杰夫在视频博客中发布"公开信"，激烈地批评了尤先科的政策，并宣布推迟向乌派驻新任大使。[③] 在"公开信"中，俄罗斯总统谈到了两国关系的现状和问题，批评了乌克兰向格鲁吉亚出售武器和加入北约的计划，认为乌克兰偏离了 1997 年两国关系基本条约的原则，而且正在使

---

① Владимир Путин выступил на заседании Совета Россия – НАТО. [Электронный ресурс]. – URL: http://www.kremlin.ru/events/president/news/44078 (дата обращения: 25.05.2020).

② Последний день пребывания Байдена в Украине: политики продолжают спорить о целях его визита. [Электронный ресурс]. – URL: http://rus.newsru.ua/ukraine/22jul2009/bajden_ukr.html (дата обращения: 25.05.2020).

③ 2009 年 8 月，祖拉博夫（Михаил Зурабов）被正式任命为俄罗斯驻乌克兰大使，但两国关系紧张而延迟赴任。2010 年 1 月 19 日，祖拉博夫才赴任驻乌大使，同时他也是俄总统发展对乌经贸关系特别代表。

双边关系继续恶化，希望乌克兰新的政治领导层在两国之间建立一种真正符合人民的愿望、符合欧洲安全利益的关系。① 对此，乌总统新闻处主任薇拉·乌里扬年申科（ВераУльянченко）立即发表声明，认为俄总统指责乌外交政策的言论不是针对乌总统个人，而是对乌克兰人民的挑衅。② 俄罗斯克里姆林宫办公厅副主任阿列克谢·格罗莫夫（Алексей Громов）则反驳说，俄罗斯总统致函对象是乌总统本人，而不是乌克兰人民。③ 对此，尤先科总统并没有评论，只有乌克兰外交政策部门进行了回应，并对俄新大使推迟抵达感到失望。在这种背景下，尽管两国关系还没有决裂④，但关系紧张对两国经贸交往还是造成较大冲击。乌克兰与俄罗斯 2009 年 1 月的贸易额为 35.39 亿美元，同比下降 60.6%。相互贸易的减少主要发生在化学品、金属、汽车、设备、车辆和其他非大宗商品的供应方面。⑤

（二） 俄罗斯坚决打出能源牌

新世纪以来，能源政治升温客观上将俄罗斯推到了国际政治舞台的中心，能源在其外交政策中从未扮演过如此重要的角色。俄罗斯能源外交不同于一般的能源发展战略，更侧重于从国家间政治的向度去确保和实现能源作为战略资

① Послание Президенту Украины Виктору Ющенко. [Электронный ресурс]. – URL: http://www.kremlin.ru/events/president/news/5158 (дата обращения: 25.05.2020).

② Заявление главы секретариата президента Украины Веры Ульянченко. [Электронный ресурс]. – URL: https://vz.ru/information/2009/8/12/316753.html (дата обращения: 25.05.2020).

③ Послание Медведева направлено лично Ющенко, а не украинцам – Кремль. [Электронный ресурс]. – URL: https://ria.ru/20090812/180635141.html (дата обращения: 25.05.2020).

④ 2007 年 6 月，两国总理共同签署了俄罗斯与乌克兰 2008—2010 年经济合作计划；1997 年签署的《乌俄两国友好合作伙伴关系条约》也从 2008 年 10 月开始自动延长 10 年。

⑤ Отношения России и Украины на современном этапе. [Электронный ресурс]. – URL: https://ria.ru/20090811/180506200.html (дата обращения: 25.05.2020).

源的利益与效用。① 对严重依赖俄能源的独联体国家，莫斯科通过以优惠价格提供能源等手段，收购当地能源企业和管道系统，以保障对欧洲能源出口通道的顺畅。

尤先科坚决推动乌克兰加入北约进程，寻求西方保护，导致乌克兰与俄罗斯在能源、黑海舰队驻军、克里米亚及边境划界等问题上再次发生激烈争执。在俄罗斯公司提高了在乌克兰销售的燃油和石油产品及核燃料价格的同时，普京宣布，俄气公司将把对乌供气价格从每千立方米 50 美元提高到 220—230 美元。② 但在谈判中，乌克兰则坚持 75—80 美元。当双方价格谈判陷入僵局时，在 2006 年伊始出现了“断气危机”。这就是双方的第一次天然气之争。结果是，通过谈判双方签署了为期 5 年的相关合同，俄气公司以 230 美元的价格将天然气出售给“俄乌能源”公司，该公司再将其与来自中亚的天然气混合后以 95 美元的价格出售给乌克兰；俄罗斯经乌克兰的天然气过境费则提高至 1.6 美元（每千立方米天然气输送 100 千米）。对此，乌反对党强烈指责尤先科政权，议会在听取政府天然气问题报告后解散了政府。此后，双方在天然气价格和债务偿还问题上依然争执不断，俄罗斯不仅要求大幅提高对乌供气价格，还拒绝为中亚天然气输往乌克兰提供管道方便。2005 年，土库曼斯坦曾与乌克兰以 44 美元/千立方米的价格签署了约 400 亿立方米天然气的供应合同，但俄气公司拒绝发放过境运输许可，使合同未能履行。同样地，谋求加入北约的格鲁吉亚也要支付 230 美元的市场价。

对此，华盛顿自然不甘示弱，为支持尤先科，美国在乌议会选举（2006 年 3 月）前正式承认其为市场经济国家。但亚努科维奇领导的“地区党”仍旧胜出，并与社会党和乌共联手组建议会反危机联盟，形成议会多数派，亚氏本人

---

① 冯绍雷，“俄罗斯能源外交的内涵与走势”，《解放日报》，2006 年 10 月 29 日。

② Yakovlev Golani，“Two decades of the Russian Federation’s Foreign Policy in the Commonwealth of Independent States：The Cases of Belarus and Ukraine”（Working Paper），Jerusalem：The European Forum at the Hebrew University of Jerusalem，2011，http：//www. ef. huji. ac. il/publications/Yakovlev%20Golani. pdf.（上网时间：2020 年 5 月 20 日）

再次出任总理。尤先科主张乌克兰加入北约和欧盟，而亚努科维奇则主张与莫斯科建立更加紧密的关系，使乌克兰权力争斗进入新阶段。“断气危机”促使欧盟加快制定“共同能源政策”，对北欧天然气管道不满的波兰更是提议建立“能源北约”与俄抗衡。2006 年 11 月底，北约里加峰会讨论了“能源安全”议题，提出通过集体安全框架来确保能源稳定供应的设想。俄罗斯外长拉夫罗夫则直接回应：“我不认为，在任何没有俄罗斯参与的框架内讨论能源安全问题的尝试能取得成效和促进能源安全。”① 相应地，普京提出了组建上合组织“能源俱乐部”的构想，并对伊朗提出的“天然气欧佩克”设想表示认可。普京还把“能源安全保障”设定为圣彼得堡八国峰会的核心议题，就是向国际社会表明俄罗斯要通过出口石油、天然气、核燃料及相关技术在世界范围内确立其大国地位。②

2007 年 2 月 10 日，普京在慕尼黑安全政策会议上发表讲话，他强烈抨击了美国毫无节制地在世界上滥用武力、谋求建立单极世界的企图，其中北约东扩严重威胁了俄罗斯安全。③ 与此同时，美国国会通过法案，计划从 2008—2012 年拨款 3000 万美元，帮助格鲁吉亚和乌克兰等五国按照北约标准进行改革。俄国家杜马随即通过法案，指责美国干预格、乌内政。季莫申科回国后就联合“我们的乌克兰”促使尤先科解散议会，引发新的政治危机，最终季莫申科仅以超半数 1 票当选总理。乌议会选举后，双方签署了新的天然气供应合同，2008 年的气价从 130 美元提高到 179.5 美元，而不是基辅所希望的 150 美元至 160 美元，过境运输费提高到 1.7 美元。季莫申科拒绝通过中间商（俄罗斯持有 50% 股份的俄乌能源公司）进口天然气，并坚决要求把过境费与供应价

---

① Андрей Терехов. Энергетический удар НАТО // Независимаягазета. – 2006, 30 ноября.

② ［日］古木朗，“以军事力量巩固能源大国地位”，《读卖新闻》，2006 年 6 月 11 日。

③ Выступление и дискуссия на Мюнхенской конференции по вопросам политики безопасности. [Электронный ресурс]. – URL: http: // special. kremlin. ru/events/president/transcripts/24034 (дата обращения: 25. 05. 2020).

格挂钩，表明了乌新政府仍相当"脆弱"。

在天然气债务问题谈判陷入僵局后，2008 年 3 月 3 至 4 日，俄气公司先后两次减少对乌供气量达 50%。尽管经过多轮谈判僵局暂时得以化解，但年底两国关于气价及债务争端又起。在俄气公司与乌石油天然气公司就 2009 年供气的谈判中，乌方坚持 201 美元，过境费不低于 2 美元；俄方则提出价格要提高到 250 美元，过境费仍为 1.7 美元。同时，乌克兰方面开始未经授权从过境管道中抽取输往欧洲的天然气。这样，俄方在 2009 年 1 月 1 日再次中断了对乌供气，还中断了经乌向欧洲的供气，理由是乌方无法保障天然气足量输往欧洲，双方出现第二次天然气之争。最终在半个月后，季莫申科与普京签署了 2009—2019 年天然气长期购销合同，只能接受涨价。随之，乌克兰、欧盟委员会以及世界银行、欧洲投资银行和欧洲复兴开发银行签署了关于乌输气系统现代化改造问题的联合宣言，希望天然气危机不要再重演。2009 年 11 月，双方同意修改天然气协议中的一些条款，形成了后来认为有争议的天然气合同。但好景不长，季莫申科不仅在 2010 年的总统大选中落败，其本人也被指控滥用职权干预乌俄天然气供应协议而入狱。由于天然气价格与石油价格挂钩的定价公式，到 2010 年，乌克兰支付的价格比德国和意大利等国高出 10% 左右，这是乌克兰难以承受的。在金融危机的冲击下，乌克兰的 GDP 在 2009 年缩水了 15%，其中与能源价格有一定的关系。俄罗斯断气导致橙色阵营和尤先科总统的声誉受损，加之乌克兰经济衰退严重以及对尤先科政府的腐败指控等，这些都能够给亚努科维奇赢得 2010 年总统选举创造"红利"。

三、从摇摆到决裂（2010—2020 年）

在后金融危机时代，俄罗斯与西方的关系依旧紧绷，俄美关系重启失败，地缘政治与经济竞争加剧推动欧亚地区加速整合，再加之乌克兰经济几近崩溃边缘，最终乌克兰危机及克里米亚事件使乌克兰与俄罗斯彻底决裂。

（一）亚努科维奇“二元选择”的空间有限

在经历了一段短暂的稳定后，乌克兰的政治重新回到了不稳定中，2010年总统大选是在经济危机和民众对“橙色”政党普遍失望的背景下举行的。亚努科维奇当选总统后恢复了库奇马的寡头国家模式，选择保持在俄罗斯和西方之间的政治平衡。但是，时代和环境都发生了变化，亚努科维奇的“二元选择”空间越来越窄。

乌克兰陷入危机的原因是其亲西方的自由主义路线、与欧盟及北约的密切合作，以及与俄罗斯的疏远。乌克兰与俄罗斯不仅有着诸多共同的历史记忆，而且有着紧密的经济联系。面对国内的经济困境，亚努科维奇当选后立即表示要重新调整对俄政策，同时搁置加入北约议题。俄罗斯也不失时机地利用一系列软实力工具来拉近与乌克兰的距离。第一，莫斯科不仅承诺为乌克兰提供优惠贷款和信贷，还提议注销乌克兰部分能源债务和提供低价天然气。第二，莫斯科与亚努科维奇政府在安全和军事领域建立了密切联系，包括两国一起在克里米亚半岛重新部署反情报人员和完成乌安全部门与俄联邦安全局之间的一项重大合作协议。第三，为巩固对乌克兰和其他邻国的影响，俄罗斯加快推进区域一体化项目。

随着亚努科维奇重回“二元选择”路线，乌克兰与俄罗斯的关系也逐步走出“阴霾”。2010年4月，双方就天然气价格和黑海舰队驻扎等问题达成重要协议（俄罗斯议会在克里米亚事件后单方面终止了该文件）。克里米亚的设施租期被延长至2042年，而作为交换条件，乌克兰获得了俄罗斯天然气30%的多年折扣。同时，乌克兰通过了《对内对外政策原则法》，确立了乌克兰的“不结盟地位”，禁止寻求加入北约，以此回报俄罗斯的善意。① 为保护亚努科

① Янукович подписал закон о принципах внутренней и внешней политики. [Электронный ресурс]. – URL: https://ria.ru/20100715/255046299.html (дата обращения: 26.05.2020).

维奇不受内部对手和动乱影响，俄罗斯帮助其改造和训练精英防暴警察部队——"贝尔库特"（Berkut）。[①] 俄乌签署了有关欧洲安全问题、黑海地区安全以及解决德涅斯特河左岸问题的联合声明，并就划界问题、使用和发展俄"格洛纳斯"全球卫星导航系统以及加强农业、军事工业、经济和科技等领域合作达成10多项合作文件。莫斯科趁热打铁提议基辅加入关税同盟、合并两国核能公司、建立合资飞机制造企业等。尽管如此，但这些并不意味着亚努科维奇完全倒向俄罗斯。在双方签署的文件中并没有核心的天然气价格议题，是否加入关税同盟问题也没有定论。而且，随着时代的变化，特别是俄罗斯与西方关系的恶化使亚努科维奇二元政策的空间被收窄，其在继续推进与西方项目的同时，已经无法再保持与俄罗斯的紧密关系。

一方面，俄乌围绕天然气价格争端再起。俄罗斯要求严格履行合同，而乌克兰认为价格过高给经济造成巨大伤害，威胁要诉诸国际仲裁法院。俄罗斯方面随后以签署俄气公司与乌石油天然气公司合并协议为降价条件，但乌方无法接受。亚努科维奇表示要调整合同，不然就减少进口。俄罗斯方面认为天然气合同合法，乌克兰的购气价格要低于波兰、匈牙利等国。2013年1月，俄气公司要求乌石油天然气公司补偿2012年未达到合同规定购气量造成的损失（共计70亿美元），但后者拒绝支付罚金。根据合同规定，从2010年到2019年，乌石油天然气公司应每年从俄气公司购买520亿立方米天然气，但可以减少20%的购买量，也就是每年不少于410亿立方米，否则就要支付罚金。事实是，乌克兰2012年从俄罗斯进口的天然气只有330亿立方米。[②] 乌公司认为，减少购气量的决定已提前通知，并按期足额支付了实际购气费，俄气的目的就是为施压建立天然气运输财团和为价格谈判争取筹码。为此，乌克兰打算从阿

---

① Taras Kuzio, "The FSB Returns to Ukraine", Eurasia Daily Monitor, Vol. 7, No. 100, May 24, 2010; Taras Kuzio, "Russia Takes Control of Ukraine's Security Forces", Eurasia Daily Monitor, Vol. 9, No. 55, 2012.

② Газ: Россия возобновляет спор с Украиной. [Электронный ресурс]. – URL: http://www.inosmi.ru/europe/20130129/205209078.html (дата обращения: 26.02.2013).

塞拜疆购气和开发本国页岩气，以及参与欧盟的“南部天然气走廊”计划。俄乌天然气之争不是简单的市场力量，其背后是地缘政治问题。

另一方面，乌克兰与欧盟的一体化即将迈出实质性的一步。“橙色革命”后，欧盟在承认了乌克兰市场经济地位的同时，双方相继启动了《联系国协定》和“深入和全面自由贸易区”（DCFTA）的谈判。在波兰、瑞典等国的积极推动下，2009 年 5 月欧盟出台了“东部伙伴关系”计划，欧盟与乌克兰关系迈向新法律框架的步伐明显加快。虽然被迫放弃了加入北约的选项，但亚努科维奇强调，乌克兰与欧洲一体化是历史的选择，也是社会各阶层和绝大多数政治力量的集体共识，其根源不仅在于地缘政治经济现实的需要，更深层次的因素还在于双方在历史、文化和价值观上的趋同。① 有对乌克兰民众的调查显示，尽管有近七成受访者反对加入北约，但赞成加入欧盟的超过一半。② 事实上，乌克兰与欧盟关于自由贸易和联系国协定中，不仅囊括了共同的经济利益，还包含了外交及军事上的合作，导致莫斯科愈发怀疑欧盟的真实意图。随着乌克兰与欧盟合作协定达成日期的临近（确定在 2013 年 11 月的维尔纽斯欧盟与“东部伙伴关系”国峰会正式签约），俄罗斯也加大了施压乌克兰加入关税同盟的力度。一方面，俄罗斯加强了海关监管，警告要取消贷款和双边自由贸易协定，以及设置贸易保护措施；另一方面，俄罗斯开出了包括降低供气价格和取消对乌出口石油关税，以及购买国债等诸多优厚条件。最终，亚努科维奇政府宣布暂停与欧盟签署联系国协定，导致更大的广场危机。在美欧鼓动下，亲西方的反对派推动的示威很快演变成暴乱并趁机达成了政权更迭。

---

① Вопреки критике Янукович уверен, что реформы в Украине проводятся по стандартам ЕС. [Электронный ресурс]. – URL: http: // korrespondent. net/ukraine/politics/1570268 (дата обращения: 26. 08. 2013)

② 70% украинцев против вступления в НАТО (опрос). [Электронный ресурс]. – URL: http: // www. unian. net/news/517712 – 70 – ukraintsev – protiv – vstupleniya – v – nato – opros. html (дата обращения: 26. 08. 2013)

（二） 基辅与莫斯科决裂

通常情况，某个特定时刻或是事件都可能促发一场旷日持久的冲突，乌克兰也不例外。2014 年 2 月，反对派在乌克兰夺权，新成立的议会第一个行动是废除 2012 年颁布的一项语言法令①，并且开始审查俄罗斯的多个主要卫星电视频道②，尽管经投票后被推翻，但这足以激怒乌克兰境内，尤其是东部讲俄语的民众。而克里米亚在人口构成上，超过 200 万人口中 58.5% 为俄罗斯人，24.4% 为乌克兰人，12.1% 为克里米亚鞑靼人（这是乌克兰国家统计局 2013 年 11 月公布的数据，而俄罗斯方面在 2014 年的对应数据分别为 68.3%、15.8% 和 10.6%）。③ 同时，欧盟和美国在乌克兰动乱中所扮演的角色也强化了俄罗斯的担忧。一方面，推翻亚努科维奇之后上台的基辅新政府明确表示要加入欧盟和北约，承诺签署与欧盟的联合协议并广泛与西方国家和机构建立密切关系。另一方面，俄罗斯政府担忧乌克兰新纳粹分子和其他极右翼组织对俄罗斯族和讲俄语的人实施暴力。在此局面下，2014 年 3 月 16 日，根据克里米亚地区全民公投结果，俄迅速接收该地区为新联邦主体。

相应地，乌克兰与俄罗斯的对抗也愈加激烈，曾经的兄弟也彻底决裂。

乌克兰与俄罗斯的决裂几乎表现在两国关系的所有领域。在交通领域，乌克兰与俄罗斯相继对对方关闭领空，莫斯科还建设了绕过乌克兰领土的"茹拉

---

① 除了乌克兰语以外，少数民族语言使用超过人口 10% 的地区，可以作为官方语言，即允许俄罗斯和其他少数民族语言等地方语言作为官方语言使用。许多讲俄语人数较多的区域和市政府采用俄语作为地区语言；废除语言法的威胁进一步加剧了人们对乌克兰新政府的看法，认为它对乌克兰境内（比如克里米亚）的讲俄语者和俄罗斯族构成了威胁。Michael Moser,"Language Policy and the Discourse on Languages in Ukraine under President Viktor Yanukovych (Feb. 28,2010 – Oct. 28,2012)",Stuttgart:ibidem – Verlag,2013.

② 这些频道的受众主要是在乌克兰讲俄语的人。Stephen Ennis,"Ukraine Hits Back at Russian TV Onslaught",BBC News,Mar. 12th,2014. http://www.bbc.com/news/world – europe – 26546083.（上网时间：2019 年 5 月 20 日）

③ Какизменился Крымвсоставе России:Перваяпятилеткав 20 графиках//"Коммерсантъ". –2019,18 марта.

夫卡—切尔特科沃”（Журавка - Миллерово）铁路线。① 而自2018年1月1日起，乌克兰正式实施关于外国公民出入境的新规定，适用于70个被认定为存在“移民风险”国家的公民。其中，对俄罗斯公民的过境规则更加严格，不仅需要在访问乌克兰之前进行电子登记，还需要至少在入境前一个月向乌外交部提供相应的个人信息、入境目的以及在乌计划行程。对此，俄罗斯外交部门表示，乌克兰有关俄公民持生物识别护照入境的新决议是在修建“新的柏林墙”，将切断两国数百万公民之间的联系。② 在经济联系方面，欧盟与乌克兰自由贸易协定已经开始生效（自2016年1月1日起），欧亚经济联盟也开始对乌克兰征收关税，莫斯科还对其实施粮食禁运。贸易限制导致2015年两国的贸易额下降了80%。2017年，乌克兰出口到俄罗斯的产品大幅下降到仅占乌出口产品的9%。③ 乌克兰危机后，俄气公司加紧推进绕开乌克兰通向欧洲的“北溪-2”天然气管道，引起基辅的强烈不满。这条管道比途经乌克兰的路线短2000千米，而且在生态上更安全。④ 但受到美国制裁的干扰，“北溪-2”管道建设被迫暂停。在法德的积极调节下，俄罗斯与乌克兰就困扰双方多年的能源诉讼纠纷和过境乌克兰向欧洲输送天然气达成协议。2019年12月3日，乌克兰石油管道运营商 Ukrtransnafta 和俄罗斯国家石油管道运输公司 Transneft 签署

---

① Как повлияла на районы Ростовской области ж/д ветка в обход Украины. [Электронный ресурс]. - URL: https://tass.ru/v-strane/4801537 (дата обращения: 12.12.2017).

② МИД: Попытки Киева от городиться “берлинской стеной” прискорбны. [Электронный ресурс]. - URL: https://rg.ru/2017/07/11/mid-popytki-kieva-otgoroditsia-berlinskoj-stenoj-priskorbny.html (дата обращения: 12.12.2017)

③ “Year's Balance: Thorny Road to Bright Economic Future”, Unian, Dec. 30th, 2017, https://economics.unian.info/2325981-weeks-balance-thorny-road-to-bright-economic-future.html.（上网时间：2019年5月20日）

④ Миллер:《Северный поток - 2》короче украинского маршрута поставок газа в Европу в 1,5 раза. [Электронный ресурс]. - URL: https://rns.online/energy/Miller-Severnii-potok-2-koroche-ukrainskogo-marshruta-postavok-gaza-v-Evropu-v-15-raza-2016-06-16/ (дата обращения: 18.06.2016).

了关于通过乌克兰领土提供石油运输服务的附加协议，有效期 10 年（从 2020 年 1 月 1 日至 2030 年 1 月 1 日）；12 月 19 日，俄罗斯和乌克兰就过境乌克兰向欧洲供应俄天然气达成 5 年期原则协议，其中 2020 年将供应 650 亿立方米，2021 年至 2024 年间年供应 400 亿立方米；12 月 20 日，俄罗斯天然气工业公司与乌克兰国家石油天然气公司签署了一项调解相互索赔的协议，前者将根据斯德哥尔摩仲裁法庭的最终裁决向后者支付包括滞纳金在内共 29 亿美元，而后者则放弃对前者提出索偿要求，之后双方撤销针对对方的所有诉讼，后者放弃对前者在乌资产的查封。这为乌克兰重新恢复从俄进口天然气创造了良好氛围，相关谈判已经在维也纳开始。对俄罗斯而言，其向欧洲输送天然气已经突破 2000 亿立方米，过境乌克兰输气对保证其在欧洲市场的绝对份额仍具有重要意义，特别是在"北溪 2 号"项目面临不确定的情况下。

四、没有回旋余地

苏联解体后，随着身份的转变，俄罗斯与乌克兰这两个曾经的"斯拉夫兄弟"需要重新构建一种全新的国家间关系。在这一进程中，乌克兰与俄罗斯之间发生了复杂的纠葛与冲突，其背后是历史经验及文化的差异，特别是乌克兰自身文化的分裂。乌克兰是一个具有两种文化的分裂的国家，几个世纪以来西方与东正教之间的文明断层线贯穿了它的中心地带。① 对乌克兰而言，其独立主张则从来都是一种亲西方的色彩，这是乌克兰历史经验的产物：作为一个国家，乌克兰正处于东西方分界线上，即东正教与天主教的分界线和中欧帝国和亚欧大陆帝国的分界线，也是这些帝国的不同政治实践和社会实践的分界线。②

① ［美］塞缪尔·亨廷顿著，周琪等译：《文明的冲突与世界秩序的重建》，新华出版社 2002 年版，第 179 页。

② ［美］浦洛基著，曾毅译：《欧洲之门——乌克兰 2000 年历史》，中信出版集团 2009 年版，第 490 页。

乌克兰在民族、语言与宗教上的东西部分化反映了两种不同的历史发展道路，即在很长的历史时期内乌克兰的东西部分别处于沙俄、苏联和波兰—立陶宛、奥地利等统治之下，最终结果就是东乌克兰人更倾向于与俄罗斯建立紧密的联系，而西乌克兰人倾向与欧盟、北约和美国建立紧密关系。① 所以，一直以来，乌克兰就存在反俄情绪，尤其是与波兰接壤的西部地区，这里曾经是波兰和奥匈帝国的一部分。自然，乌克兰东部在历史上与俄帝国关系密切，后成为苏联的重要工业中心，更有一半的居民是俄罗斯族人。在很多俄罗斯人的眼中，作为“小俄罗斯”的乌克兰从来都是与自己同宗同源的，在心理上不愿接受乌克兰的独立和“西去”。长期的共同历史经历、文化、宗教、语言及经济的联连结原本应该成为两国形成更紧密关系的基础，但在民族身份构建的过程中，外部的地缘政治争夺和内部的权力之争把历史和文化分歧无限放大，使乌克兰与俄罗斯从纠葛到排斥，最终因克里米亚危机而走向决裂。广场革命后的基辅新政府更明显抗拒俄罗斯，迫不及待地要投入西方的怀抱。也就是说，俄罗斯与乌克兰关系时断时续地剑拔弩张，更与乌克兰的战略地位和俄罗斯的自身定位密切相关。乌克兰的独立被认为是欧洲新政治版图最引人注目的态势之一②，鉴于乌克兰的地缘战略地位和在后苏联空间的影响力，“在很大程度上，与乌克兰的长期关系对塑造俄罗斯的大国和国际角色定位具有重要意义”③。无论如何，乌克兰都是俄罗斯重新崛起为世界大国最为重要的一块拼图，这一点已经被已故美国著名的地缘政治学家布热津斯基给予了充分论证。

---

① ［美］保罗·库比塞克著，颜震译：《乌克兰史》，中国大百科全书出版社 2009 年版，第 8—9 页。

② Sherman Garnett, “Keystoneinthe Arch: Ukraine in the Emerging Security Environment of Centraland Eastern Europe”, Washington, D. C.: Carnegie Endowment for International Peace, 1997.

③ Sherman Garnett, “Keystone in the Arch: Ukraine in the Emerging Security Environment of Central and Eastern Europe”, Washington, D. C.: Carnegie Endowment for International Peace, 1997, p. 7.

至此，乌克兰的历史和地缘政治地位决定了自己的命运，它需要在俄罗斯和西方之间维持一种艰难的平衡。相应地，这也是后苏联时代的俄罗斯的底线。乌克兰对于俄罗斯的重要意义不仅在于地缘安全和崛起的地缘政治基础，更在于在很多俄罗斯人眼中其一直就是俄罗斯历史及国家不可分割的一部分，包括索尔仁尼琴（А. И. Солженицын）和布罗茨基（Иосиф Бродский）等知名持不同政见者。索尔仁尼琴在 1998 年出版的著作中就曾预言：通过加强乌克兰来削弱俄罗斯是西方所需要的，当前乌克兰与北约的关系已经处于十分特殊时期，而在美国舰队进入黑海之前，使人很容易联想到 1915 年借助乌克兰民族独立运动瓦解俄国的帕尔乌斯计划；乌克兰已经前所未有地有了明显的分别（顿涅茨克地区和整个南部地区，以及克里米亚地区），而俄罗斯借助于强大军事实力会以任何形式夺取克里米亚地区，哪怕是冷酷地背叛数百万在乌克兰的俄罗斯人并放弃与他们的团结。① 纵观后冷战时代的乌克兰与俄罗斯关系，历史正在重演，预言也已成真：乌克兰已经成了美国遏制俄罗斯的"桥头堡"，而美国舰队也早已进入黑海，最终克里米亚也并入俄罗斯。

更重要的是，"乌克兰危机让俄罗斯与西方之间的进一步融合戛然而止，彼此的误解和对现实的迥然表述足够学者们忙上几十年"②。相应地，针对普京在乌克兰危机上的激烈反应，主要有三种观点。第一种观点认为，俄罗斯具有强烈的复仇心态，指责美国和欧洲未能接受 21 世纪的后西方秩序，并试图颠覆"自由世界"秩序的根基或在英、法、德等主要西方国家内部制造矛盾，凸显其作为世界政治中保守价值观的坚定推动者，在国际社会上扮演修正主义

---

① А. И. Солженицын. Славянская трагедия. Из книги《Россия в обвале》. М.: изд. "Русский путь", 1998 г.

② ［澳］波波·罗著，袁靖、傅莹译：《孤独的帝国：俄罗斯与新世界无序》，中信出版集团 2019 年版，第 43 页。Richard Sakwa, "Frontline Ukraine: Crisis in the Border Lands", London: I. B. Tauris, 2015, p. 205.

角色。①“民族主义、修正主义和领土扩张主义”的普京政权敌视西方自由主义秩序②，而乌克兰则是俄罗斯“帝国项目”可行性的试金石，俄罗斯“新帝国主义”符合执政的俄罗斯政治和军事精英的利益③。第二种观点认为，冷战结束以来，西方大国破坏稳定的鲁莽行为和不负责任地挑衅俄罗斯底线，迫使双方陷入对抗境地，因此，俄罗斯是一个防御者，致力于在现有秩序内实现渐进变革。④

① 参见 Paul Dibb,“Why Russia is a Threat to the International Order”,Barton:Australian Strategic Policy Institute,2016;Keith B. Payne,and John S. Foster,“Russian Strategy:Expansion,Crisisand Conflict”,Comparative Strategy, Vol. 36, No. 1, pp. 1 – 89, 2017; Frederick S. Starrand, Svante E. Cornell, “Tactics and Instruments in Putin's Grand Strategy” pp. 59 – 81, in Frederick S. Starrand, Svante E. Cornell(Eds.),“Putin's Grand Strategy:The Eurasian Union and Its Discontents”,Washington,DC:Central Asia – Caucasus Institute & Silk Road Studies Program at the Paul H. Nitze School of Advanced International Studies,2014;Roger E. Kanet,“Russia and Global Governance:The Challenge to the Existing Liberal Order”,International Politics,Vol. 55,No. 2,pp. 177 – 188,2018;Alina Polyakova,Marlene Laruelle,Stefan Meisterand Neil Barnett,“The Kremlin's Trojan Horses:Russian in Fluence in France,Germany,and the United Kingdom”,Washington,D. C. :Atlantic Council,2016;Maria Engström,“Contemporary Russian Messianism and New Russian Foreign Policy”,Contemporary Security Policy,Vol. 35,No. 3,pp. 356 – 379,2014;ElenaChebankova,“Contemporary Russian Conservatism”,Post – Soviet Affairs,Vol. 32,No. 1,pp. 28 – 54,2016.

② James Kirchick,“Russia's Plot Against the West”,Politico,Mar. 17,2017,https://www.politico.eu/article/russia – plot – against – the – west – vladimir – putin – donald – trump – europe/.（上网时间：2019 年 5 月 20 日）

③ Marcel H. Van Herpen,“Putin's Wars:The Rise of Russia's New Imperialism”,2014,Lanham:Rowman and Littlefield. p. 56.

④ 参见 Richard Sakwa,“Russia Against the Rest:The Post – Cold War Crisis of World Order”, Cambridge:Cambridge University Press,2017;Mark Kramer,“The Myth of a No – NATO – Enlargement Pledge to Russia”,The Washington Quarterly,Vol. 32,No. 2,pp. 39 – 61,2009;Mary Elise Sarotte,“1989: The Struggle to Create Post – Cold War Europe”,Princeton:Princeton University Press,2009;Joshua R. Itzkowitz Shifrinson,“Deal or No Deal? The End of the Cold War and the US Offer to Limit NATO Expansion”,International Security,Vol. 40,No. 4,pp. 7 – 44,2016;Tatiana Romanova,“Russia's Neorevisionist Challenge to the Liberal International Order”,The International Spectator,Vol. 53,No. 1,pp. 76 – 91,2018; John J. Mearsheimer,“Why the Ukraine Crisis Is the West's Fault:The Liberal Delusions That Provoked Putin”,Foreign Affairs,Vol. 93,No. 5,pp. 77 – 89,2014;Tom Casier,“From Logic of Competition to Conflict:Understanding the Dynamics of EU – Russia Relations”,Contemporary Politics,Vol. 22,No. 3,pp. 376 – 394,2016;Samuel Charap and Mikhail Troitskiy,“Russia,the West and the Integration Dilemma”,Survival,Vol. 55,No,6,pp. 49 – 62,2013;Thomas Gehring,Kevin Urbanski and Sebastian Oberthür,“The European Union as an Inadvertent Great Power:EU Actorness and the Ukraine Crisis”,Journal of Common Market Studies,Vol. 55,No. 4,pp. 727 – 743,2017.

约瑟夫·奈和基辛格认为，正是北约和欧盟固执地东扩、挤压俄罗斯的战略空间才导致乌克兰危机的爆发。基辛格指出，俄罗斯政府在过去的几年中推行的政策都是在尽力显示其先进性和正确性，普京的计划不可能是煽动乌克兰冲突，他只不过是在紧急状态下的紧急回应。[①] 西方的无限挤压引发俄罗斯对地区安全和自身地缘政治的担忧，特别是欧盟的防务和安全政策（ESDP）、共同外交政策（CFP）迫使俄罗斯面对其边界可能出现的一个团结、强大和美国有着密切联系的欧洲，这表明俄乌争端背后的实质是"大国竞争的回归"。[②] 第三种观点认为，俄罗斯是咄咄逼人的孤立主义者，在国际事务中扮演"搅局者"的角色，也即普京及其同僚故意将俄罗斯塑造为被西方层层围困的堡垒形象，进而增强其政权的国内合法性，获取民众的支持。[③] 同时，普京政府利用建构乌克兰威胁和其政府过度混乱来维护俄罗斯在乌克兰的利益。[④] 此外，国际问题专家、莫斯科卡耐基中心主任特里宁（Dmitri Trenin）认为，2013 年至 2014 年的乌克兰政局动荡"源于在西方支持下的乌克兰精英阶层最终切断了基辅与莫斯科之间的联系"，但乌克兰仍然是俄罗斯的重要邻国，莫斯科还是要

---

① Генри Киссинджер: Путин потратил $60 млрд на Олимпиаду не для того, чтобы разжигать конфликт на Украине. [Электронный ресурс]. – URL: https://www.kp.ru/online/news/1732048/ (дата обращения: 18.06.2014).

② Dmitri Trenin, "The Ukraine Crisis and the Resumption of Great – Power Rivalry", Carnegie Moscow Center, July 2014, http://carnegieendowment.org/files/ukraine_great_power_rivalry 2014.pdf.（上网时间：2019 年 5 月 20 日）

③ Ivan Krastev, Stephen Holmes, Russia's Aggressive Isolationism, American Interest, Vol. 10, No. 3, 2015, http://www.the – american – interest.com/2014/12/10/russias – aggressive – isolationism/; Aglaya Snetkov, From Crisis to Crisis: Russia's Security Policy under Putin, Russian Analytical Digest, No. 173, 2015, http://www.css.ethz.ch/content/dam/ethz/special – interest/gess/cis/center – for – securities – studies/pdfs/RAD – 173.pdf; Michael A. McFaul, "Confronting Putin's Russia", New York Times, Mar. 23th, 2014, https://www.nytimes.com/2014/03/24/opinion/confronting – putins – russia.html.（上网时间：2019 年 5 月 20 日）

④ John Biersack and Shannon O' Lear, "The Geopolitics of Russia's Annexation of Crimea: Narratives, Identity, Silences, and Energy", Eurasian Geography and Economics, Vol. 55, No. 3, pp. 247 – 269, 2014, p. 249.

设法重建与乌克兰的关系。① 显然，乌克兰危机的根源在于俄罗斯与西方关系，很多人把乌克兰问题视作摊牌，而危机的走势和影响自然成为关注的重点。其中，分别属于共和党与民主党的老牌政治家和战略家基辛格与布热津斯基均建议乌克兰应像芬兰一样保持中立，认为美俄妥协要好过敌对，进而担心中俄接近对美国不利。② 基辛格认为，乌克兰存在与发展的前提是不能成为俄罗斯与西方对抗的前哨，而是成为双方之间的“桥梁”，所以，各方应在以下四点上寻求达成“平衡的不满意”：乌克兰有权选择经济政治联盟，包括加入欧盟；乌克兰不应加入北约；乌克兰应该组建与民众意愿相一致的政府并实施地区和解政策，在国际上要明确宣示独立及在大多数领域与西方合作，同时避免对俄罗斯采取制度性的敌对态度；克里米亚事件不符合现有世界秩序的规则。③ 布热津斯基认为，普京的俄罗斯国家观念已经过时，他本质上是一个追求权力和势力范围的民族主义者，所以，乌克兰危机不会以哪一方完全胜利的方式结束，美国应该承诺乌克兰不加入北约以换取俄罗斯对乌克兰加入欧盟的谅解，也即乌克兰像芬兰一样奉行中立路线。④ 但令人遗憾的是，事态的发展要远比书斋中的理性设计复杂得多，现实是不仅乌克兰与俄罗斯的“兄弟决裂”已经没有回旋的余地，就是俄罗斯与西方的关系也走进了死胡同。

对俄罗斯来说，克里米亚事件是一次重要的意识形态转变。事实是，俄罗斯与乌克兰之间因克里米亚问题产生的矛盾贯穿了后苏联时代。这不仅仅与民

---

① Dmitri Trenin,“It's Time to Rethink Russia's Foreign Policy Strategy”, https://carnegie.ru/commentary/78990(上网时间：2020年6月18日).

② Дмитрий Минин. США – Россия: прислушаться к Киссинджеру и Бжезинскому. [Электронный ресурс]. – URL: https://www.fondsk.ru/news/2017/04/29/usa – rossia – prislus-hatsja – k – kissindzheru – i – bzhezinskomu – 43903.html/ (дата обращения: 18.06.2017).

③ Henry Kissinger,“How the Ukraine Crisis Ends”, https://www.washingtonpost.com/opinions/henry – kissinger – to – settle – the – ukraine – crisis – start – at – the – end/2014/03/05/46dad868 – a496 – 11e3 – 8466 – d34c451760b9_story.html.（上网时间：2019年5月20日）

④ Zbigniew Brzezinski,“America's Strategic Dilemma: A Revisionist Russia in a Complex-World”, CSIS, Mar. 9th, 2015, https://csis – prod.s3.amazonaws.com/s3fs – public/event/20151803_Brzezinski_Remarks.pdf.（上网时间：2020年6月18日）

族主义的克拉夫丘克总统有关，即使较为温和的库奇马与叶利钦签署一项包括承认俄乌边境的两国关系基础条约，也无法平息这一矛盾。俄罗斯与乌克兰之间一直存有深层次的、难以解决的问题，2014 年初的冲突升级说明这些问题发展到了临界点。自 21 世纪初开始，俄罗斯为了拉住乌克兰，使用了开发能源基础设施、增加投资机会等经济激励措施，更是在亚努科维奇政府危急关头为其提供了 30 亿美元支持。但是，这些措施收效甚微，乌克兰不但依然渐行渐远，渴望投入西方怀抱，两国关系的回旋余地也越来越窄。冷酷的现实让莫斯科意识到，尽管战略部署的经济动力工具能够带来长期利益，但无法承受受援国政治环境突变所带来的压力，也无法采取有效的危机应对措施。所以，在经济手段难以奏效的情况下，侧重安全、规范、思想和地缘政治考量就成为现实的选择。同时，战争和冲突一直在国家身份和民族国家的形成中发挥着重要作用，因为两者都需要民族团结、征兵和聚焦入侵的他者。① 在现代社会，尽管自身身份标记与政治观点之间的联系有所减弱，但身份认同仍是推动政治态度转变的重要动力，而不是相反。2014 年以来，普京在克里米亚的军事行动已经广泛削弱了俄罗斯的软实力。② 有民调显示，2012 年有 53% 的乌克兰人对普京持正面看法，而到 2016 年这一比例跌至 10%，在支持欧盟成员国身份的乌克兰民众中更有高达 96% 的人对其持否定态度。③ 俄罗斯软实力下降的另一个显著标志是乌克兰东正教获得独立，导致俄罗斯东正教失去了对乌克兰宗教及社

---

① 参见 AnthonyD. Smith, "War and Ethnicity: The Role of War Fare in the Formation, Self - images and Cohesion of Ethnic Communities", Ethnic and Racial Studies, Vol. 4, No. 4, pp. 375 - 97, 1981; Michael Howard, "War and Nations", in John Hutchinson and Anthony D. Smith (eds), "Nationalism", Oxford: Oxford University Press, 1994, pp. 254 - 258.

② Ammon Cheskin, "Russian Soft Power in Ukraine: A Structural Perspective", Communist and Post - Communist Studies, Vol. 50, No. 4, pp. 277 - 287, 2017.

③ Отношение украинцев к мировым лидерам. Январь 2016. [Электронный ресурс]. - URL: http://ratinggroup.ua/ru/research/ukraine/otnoshenie_ukraincev_k_mirovym_lideram_yanvar_2016.html (дата обращения: 18.02.2016)

会的影响力。①

在乌克兰与俄罗斯纷争的背后，是乌克兰不断加快的“西进”脚步，使俄罗斯地缘政治环境迅速恶化。尽管俄罗斯成功地保住克里米亚的海军基地，并为介入乌克兰事务确立了自己的抓手，但在对乌克兰的影响力及与西方的关系方面，俄罗斯要为自己的行为付出沉重代价。② 随着《联系国协定》中政治、经济条款的相继达成和乌克兰—欧盟自由贸易区的运转，乌克兰正按照欧洲标准制定国家法律，其产品也大量进入欧洲市场。③ 同时，欧盟支持乌克兰能源供应和政府执政能力建设，以及职业教育改革。④ 此外，乌克兰的入盟“申请国”地位得到了北约的认可，并提出在2020年前完成武装力量与北约的兼容，这对莫斯科而言无疑是巨大的负面消息。⑤ 随着泽连斯基上台，双方剑拔弩张的关系有所缓解。俄罗斯交还了在刻赤海峡冲突中扣押的乌克兰炮艇，有关乌东问题的诺曼底谈判模式也得以重启，双方还就天然气争议调解方案、天然气过境运输条件等问题初步达成一致。⑥ 在新冠肺炎疫情期间，乌克兰问题三方

---

① 自17世纪末以来，乌克兰东正教会一直作为俄罗斯东正教会的一个分支而存在。2018年10月，乌克兰东正教会获得君士坦丁堡牧首批准，脱离莫斯科宗主教区，成立自主教会，终止从属关系。2018年12月，乌克兰自主东正教会闭门投票宣布成立独立教会，脱离俄罗斯东正教会，并选出了自己的东正教新领袖。

② Michael E. Aleprete,“Minimizing Loss: Explaining Russian Policy Choices during the Ukrainian Crisis”,The Soviet and Post - Soviet Review,Vol. 44,No. 1,pp. 53 - 75,2017,p. 73.

③ Порошенкозаявил,что подпишет экономическую часть соглашения о бассоциации с ЕС 27 июня. [Электронный ресурс]. – URL: https://tass.ru/mezhdunarodnaya - panorama/1267309(дата обращения:28.06.2014).

④ Могерини встретится с Гройсманом в Брюсселе 17 декабря. [Электронный ресурс]. – URL: https://tass.ru/mezhdunarodnaya - panorama/5900701(дата обращения:28.12.2018).

⑤ НАТО предоставила Украине статус “страны - аспиранта”. [Электронный ресурс]. – URL: https://ria.ru/20180310/1516076632.html? in = t(дата обращения:28.03.2018).

⑥ 2019年12月20日，俄乌双方签署天然气合作备忘录，在2020年将过境乌克兰向欧洲供应650亿立方米天然气，2021年至2024年间每年供应400亿立方米天然气；俄气按照斯德哥尔摩仲裁法庭裁定向乌油气支付29亿美元，并约定撤销针对对方的所有诉讼，俄气还将与乌克兰政府签署和解协议，解决74亿美元反垄断诉讼问题。

联络小组仍通过在线形式讨论了顿巴斯的法律地位、向该地区居民供水以及交换俘虏等问题。但不论会议进展如何，俄乌两国关系都仍然深陷泥潭之中，僵局很难打破。①

① Ольга Пылова. Конфликт на Донбассе:Не стоит ждать перемен. [Электронный ресурс]. – URL: https://www.ipg-journal.io/mnenie/statja/show/ne-stoit-zhdat-peremen-1081/ (дата обращения:10.06.2020).

第四章　“柔软的腹部”
——俄罗斯地缘战略中的外高加索

外高加索（也称南高加索）位于大高加索山脉的南面，伊朗阿拉克斯河的北面，土耳其的东北部，包括阿塞拜疆、亚美尼亚和格鲁吉亚三个国家。冷战时期，高加索地区一直是被人们遗忘的角落。但苏联解体之后，该地区的地缘政治形势发生巨大变化。原联盟解体，外高加索地区出现三个新独立国家后，俄罗斯不得不重新确定自己的角色或保护原有的地位。随着对独联体政策的转变，俄罗斯与外高加索三国关系也走过了一个相当曲折的发展历程，其前景仍存在相当大的变数。

一、俄罗斯对外高加索事务的介入

外高加索地处欧亚大陆交界处，是东西走向的交通要道和连接亚洲、欧洲、南北国家的纽带。对俄罗斯而言，外高加索地缘战略地位尤其重要，它不仅是俄罗斯通往南方的重要门户，也是确保俄罗斯在黑海、里海地区传统利益的战略要地，更是保证俄罗斯南部边界安全与稳定的一道天然屏障。

（一）俄罗斯对外高加索政策的调整

外高加索地区是组成独联体的一个极为重要的地缘政治板块，所以，俄罗斯的外高加索政策调整与其对独联体政策的转变相一致。

苏联解体后，当时在俄精英阶层中有一种观念非常流行，认为苏联的各加盟共和国依靠俄罗斯生存，阻碍了俄罗斯的发展，其他加盟共和国"不仅是经济上的负担，而且对于俄罗斯来说，也是文化上、精神上和政治上的异类疆域"。[①] 所以，俄罗斯应该彻底甩掉对其他原加盟共和国社会和经济发展所承担的高昂的代价和责任，全面转向西方寻求俄罗斯的重新振兴之路。与此相适应，不仅是俄罗斯，就连其他加盟共和国均普遍认为接近西方发达国家、疏远其他加盟共和国，并不妨碍自身的发展。所以，独联体成立之初，俄罗斯没有也不愿意阻止独联体内部离心倾向的发展，甚至认为独联体国家发展同第三国关系是客观的、有益的，甚至可以减轻俄罗斯对苏联地区担负的沉重负担。这样，俄罗斯的外高加索政策基本上是消极的或者说是一种"甩包袱"政策。除亚美尼亚外，虽然格鲁吉亚和阿塞拜疆领导人都参加了 1991 年底的阿拉木图独联体成立首脑会晤，但因复杂的民族冲突两国并没有加入独联体。格鲁吉亚以观察员的身份参加会议，而阿塞拜疆虽然在《阿拉木图宣言》上签字，但 1992 年"人民阵线"掌权后的总统埃里奇别伊（А. Г. Эльчибей）拒绝加入独联体。

事与愿违，后苏联地区很快出现的一系列领土、民族冲突和地区动乱不仅直接损害了当地俄罗斯人的利益，而且造成大量难民流入俄罗斯境内，甚至有俄边境居民参与其中。从维护地区稳定出发，1992 年 5 月，俄罗斯与亚美尼亚、哈萨克斯坦、乌兹别克斯坦、吉尔吉斯斯坦、塔吉克斯坦等六国共同签署了《独联体集体安全条约》。时任俄罗斯外长科济列夫指出，俄罗斯对独联体

---

① Eugene B. Rumer, "Russia and Central Asia After the Soviet Collapse", in J. C. Snyder, ed, "After Empire: The Emerging Geopolitics of Central Asia", Washington, D. C.: National Defense University Press, 1995, p. 49.

政策的主要方针“是在独联体内部调节和防止冲突，保护独联体的外部边界，进一步建立条约法律基础，解决军事和政治上的相互协作问题，在现有的经济联系形式的基础上建立互利经济合作，保证少数民族的权利”。① 在对外政策调整中，俄罗斯逐步把加强与独联体国家的关系作为重点。1993 年以后，俄罗斯对外高加索国家的基本政策首先是使阿塞拜疆和格鲁吉亚成为独联体成员国，用经济和政治的手段使三国重视俄罗斯的利益和要求，试图将外高加索三国纳入俄罗斯的国防体系。此外，俄罗斯在该地区还有一项重要任务，就是尽力阻止外部势力对该地区的渗透和西方石油公司对里海能源开发的介入。

（二） 俄罗斯介入外高加索地区冲突

外高加索地区是一个多民族地区，苏联时期强制实行“消除民族认同”政策，尤其是在斯大林时期，苏联政府采取的“民族大调动”政策，设立强制性边界，使外高加索地区各民族之间的历史恩怨越积越深。在“民主化”“公开性”的鼓动下，20 世纪 80 年代末期在苏联爆发了大规模的民族分离主义运动。1988—1989 年外高加索地区爆发的民族间流血冲突，形成了位于阿塞拜疆境内的纳戈尔诺—卡拉巴赫、位于格鲁吉亚境内的阿布哈兹和南奥塞梯三个“热点”。

独立之初的俄罗斯因忙于国内的政治经济问题和国际上的各种事务，在处理同外高加索国家关系上一度比较消极和被动。在亚阿、格阿（阿布哈兹）、格南（南奥塞梯）冲突加剧并且有可能国际化的形势下，俄罗斯感到自己在这里的利益和地位将受到损害，于是开始转变态度，力图在解决外高加索“热点”问题上发挥主导作用，加强自身在该地区的存在和影响。

苏联解体后，格鲁吉亚境内阿布哈兹共和国和南奥塞梯自治州要求独立的活动很快导致 1991 年年底的内战。1992 年 1 月，格鲁吉亚加姆萨胡尔季阿

① А. Козырев: Внешняя политика России // Российская газета. – 1992, 3 декабря.

（З. К. Гамсахурдиа）政权垮台，3 月，曾任苏联外长的谢瓦尔德纳泽（Э. А. Шеварднадзе）回国当政。由于俄罗斯的北奥塞梯直接参与了同格鲁吉亚政府军的战斗和对格封锁，俄罗斯首先对南奥塞梯冲突出面干预。在俄罗斯的干预下，1992 年 6 月底，俄罗斯和南、北奥塞梯及格鲁吉亚四方领导人在达戈梅斯达成协议，规定在冲突地区设置 15 千米宽的隔离区，由俄罗斯维和部队进驻。与此同时，由于格鲁吉亚拒绝俄罗斯加强驻阿布哈兹军队力量，两国矛盾突出，格鲁吉亚与阿布哈兹分离主义武装冲突到 1993 年初仍旧时断时续。虽然在俄罗斯的调解下，冲突双方于1993 年 7 月达成停火协议，由俄罗斯派观察员和军队监督停火协议。但 9 月阿布哈兹武装发动进攻，俄罗斯除口头警告外没有采取实际措施。10 月初，格前总统加姆萨胡尔季阿的支持者也展开军事行动，使格政府军腹背受敌。困境中的格鲁吉亚总统谢瓦尔德纳泽被迫向莫斯科求助。叶利钦提出了格鲁吉亚加入独联体并允许俄军进驻的条件，使俄军以独联体维和部队名义进入冲突地区，先后建立了 4 个军事基地（分别位于瓦济阿尼、古达乌塔、阿哈尔卡拉基和巴统）。1993 年 12 月，格鲁吉亚在塔什干签署并加入《独联体集体安全条约》。1994 年 2 月，叶利钦对格鲁吉亚进行首次正式访问，双方签署了包括两国友好合作条约在内的共 11 项协定；3 月，格鲁吉亚加入独联体；5 月，在俄罗斯的积极斡旋下，阿布哈兹冲突双方在莫斯科签署了停火和隔离双方武装力量的协定。

苏联解体后，在阿塞拜疆民族主义者的强烈要求下，俄罗斯驻阿军队到 1992 年底基本撤回本国。随着俄罗斯对独联体政策的调整，俄罗斯开始积极介入阿塞拜疆和亚美尼亚之间的“纳卡”冲突。1993 年 5 月，俄罗斯与土耳其、美国一道提出了包括亚美尼亚撤军、停火等内容的和平协议。1993 年 6 月，阿塞拜疆爆发政治危机，导致亲土耳其的“人民阵线”垮台，老阿利耶夫（А. Г. Алиев）取代埃利奇别伊执掌政权。8 月底，“纳卡”冲突双方接受俄罗斯的建议，草签了停火协议，但冲突并未停止。阿利耶夫成为阿领导人后不久，很快于 9 月初出访俄罗斯，提出要把两国关系提高到一个“新水平”；同月，阿塞拜疆加入独联体，俄国防部长明确表示帮助阿塞拜疆收拾在“纳卡”冲突中的败局，下决心独立接管“纳卡”和平进程。1994年初，俄国防部长与阿、亚两国国防部长签署备忘录，规定自1994年3月1日起全面停火。但亚美尼亚军队无视停火协议，连续发动猛攻，阿塞拜疆被迫请求俄罗斯出面调节。5月初，由俄罗斯召集阿、亚和“纳卡”地区的代表在比什凯克举行谈判，在以往调解中非常活跃的欧安会明斯克小组被排斥在外。根据几次谈判达成的协议，冲突各方首先实现了全面停火。相应地，俄罗斯与因“纳卡”冲突而对俄一直冷淡的阿塞拜疆签署了《俄阿友好合作与相互安全条约》。该条约明确规定“双方承认不支持分离主义运动，禁止和消除在一方建立旨在反对另一方独立和领土完整的集团和组织”。①

外高加索三国中，由于自身经济较弱和对俄罗斯能源的严重依赖，亚美尼亚始终是俄罗斯的战略盟友。在独联体国家中，亚美尼亚第一个同意俄在其领土上设立军事基地，两国于1996年达成了包括在外高加索地区组建两国联合部队等一系列双边军事合作协议。“纳卡”冲突和经济上的脆弱性迫使亚美尼亚积极谋求与莫斯科建立密切关系，除参加集体安全条约外，1997年8月29日两国签署了《友好、合作和相助条约》，取代1991年12月29日签署的《友好、合作和相互安全条约》，初步形成联盟关系。

这样，随着对外高加索政策的调整，以及外高加索国家对平息内部冲突的需求，截至20世纪90年代中期，俄罗斯与外高加索国家关系有所恢复，同亚美尼亚形成同盟关系。由于外高加索地区的冲突并未最终解决，外部势力的逐渐渗透，该地区形势出现了进一步国际化的复杂态势。

（三）外高加索地区形势日趋国际化

因为重要的地缘战略地位，特别是里海油气资源的大发现，外高加索地区

① Договор о дружбе, сотрудничестве и взаимной безопасности между Российской Федерацией и Азербайджанской Республикой. [Электронный ресурс]. – URL: http://docs.cntd.ru/document/8305322 (дата обращения: 10.06.2020)

日益受到国际重视，各种外部势力展开了对该地区主导权的争夺。俄罗斯在外高加索地区最早的对手是土耳其和伊朗。土耳其人与阿塞拜疆人同属突厥语族，文化上彼此亲近，又与美国保持着军事同盟关系；伊朗则可以利用宗教、地理及跨界民族方面的优势。但由于自身经济、政治和军事实力有限，在俄罗斯、美国及欧盟等外部主要力量加大介入的背景下，到20世纪90年代中期以后，土、伊在外高加索的影响力开始下降。

在里海连续发现大油田后，西方国家对外高加索表现出极大兴趣。里海的石油储量虽无法与海湾地区相提并论，但它对21世纪全球能源安全的意义却非同小可。① 里海位于欧亚大陆的交汇处，举足轻重的地缘战略地位使丰富的能源资源必然被涂抹上浓重的地缘政治色彩。随着俄罗斯在该地区的影响减弱，以美国为首的西方国家趁机向外高加索地区进行渗透，西方石油公司纷纷进入里海地区，参与各项能源开发项目。在争夺对新油田的开采权和新石油管道的控制权方面，各种外部力量空前活跃。1994年9月，全球各大石油公司在阿塞拜疆的古利斯塔签署"世纪合同"，② 拉开了里海能源开发的序幕。此后，美、英、法、土耳其等国的石油公司陆续成为阿石油财团的大股东，使得俄罗斯与其他外部势力在外高加索的争夺出现一种复杂的局面 。一方面，俄罗斯同外高加索三国都保持着相对"特别友好"的关系；另一方面，美、英、法、土等国不愿看到俄罗斯单独主导外高加索地区，要积极参与外高加索的事务。

美国等西方国家对外高加索政策与其对俄罗斯政策密切相关。苏联解体之初，美国对独联体政策以俄罗斯为重点，虽然也意识到外高加索地区的地缘战略意义，但具体政策并不明确。随着美俄关系的趋冷和民族、宗教、毒品犯

---

① 里海地区拥有丰富的石油和天然气资源，是仅次于波斯湾和西伯利亚的世界第三大油气产区。已探明的石油储量中的60%到70%集中在靠近阿塞拜疆和哈萨克斯坦的里海大陆架。

② 1994年9月20日，阿塞拜疆与美欧多家大石油公司签署了对本国油田进行开发的所谓的"世纪合同"，协议金额约75亿美元，美英资本控制的阿塞拜疆国际业务财团是该项目的主要协调人。

罪、跨国犯罪等问题使外高加索地区安全受到威胁，尤其是在里海油气资源日益引起各国重视的情况下，美国的外高加索政策开始渐趋明朗。美国很清楚，只要占据里海，既可以挤压俄罗斯的战略空间，又能左右阿富汗及整个西亚地区的局势，还能增强美国21世纪的能源安全。由此，20世纪90年代中期以来，美国开始创造条件以加强对外高加索国家的经济和政治影响力，并积极插手里海油气资源的开发和分配，以争夺战略主导权。1997年，美国国务院将中亚和高加索列为特别关注的地区。

美国里海能源战略的核心是确定一条避开俄罗斯的能源出口管线，让哈萨克斯坦和阿塞拜疆的里海原油经过格鲁吉亚运往土耳其，这就是巴库—第比利斯—杰伊汉管线。“只有在一个油气管道和交通运输网络通过地中海和阿拉伯海以及陆地把这个地区直接与世界经济活动的主要中心连接起来的时候，地缘政治的多元化才能变成一个持久的现实。因此，必须反对俄国为垄断进入该地区的途径而作的努力，因为这不利于这一地区的稳定”。[①] 尽管俄罗斯坚持要阿塞拜疆的石油经过巴库到俄新罗西斯克港向外输送，但在美国的压力下，阿塞拜疆、格鲁吉亚和土耳其三国总统于1999年11月的伊斯坦布尔欧安组织峰会期间，签署了关于巴库—第比利斯—杰伊汉石油管道的一揽子协议，使里海的石油可以不经过俄罗斯和伊朗运往出海口。美国承诺为管道建设提供资金担保。与此同时，阿塞拜疆、土耳其、格鲁吉亚、哈萨克斯坦还签署了支持该管道建设的《伊斯坦布尔宣言》，美国以观察员身份也在宣言上签了字。

就外高加索国家而言，出于历史原因和经济发展考虑，阿塞拜疆和格鲁吉亚独立以来就一直执行较为亲西方的政策。在国内冲突得到缓解后，格、阿两国为了使自身的独立得到更多的国际保证，开始不断调整对俄关系，竭力摆脱受制于莫斯科的不利处境。正如俄著名政治家安·米格拉尼扬（А. М. Мигранян）所言：“为抵消俄罗斯在该地区所发挥的积极性，它们千方百计地鼓励

① ［美］兹比格纽·布热津斯基：《大棋局——美国的首要地位及其地缘战略》，上海人民出版社1998年版，第197、198页。

民族冲突的国际化进程，从而降低俄罗斯的调解人作用。吸引外资的里海超级项目的实现，帮助这些国家在解决自己的军事政治领域中的问题过程中，得到西方国家更加积极支持的保障。"① 从1994年9月到1996年12月，阿塞拜疆先后与西方国家的石油公司签署了4项关于开采里海石油的合同，并与俄罗斯在解决里海法律地位等问题上公开对抗。1996年3月，在世界银行和欧洲开发银行的资助下，从巴库到格鲁吉亚港口波季的管道动工兴建；9月，巴库—波季陆路交通线率先开通，当月运出39万吨阿塞拜疆的石油制品。美、法等国还试图将亚美尼亚拉入这项计划中。在外高加索国家，主要是格鲁吉亚和阿塞拜疆积极向独联体以外寻求支持和寻找新的贸易伙伴的情况下，俄罗斯在外高加索的影响力很快下降。到1996年9月，俄在格鲁吉亚外贸额中仅占不到9%，与阿塞拜疆所签的40项经贸协议大都没有执行。与此同时，外高加索三国不仅都参加了北约"和平伙伴关系"计划，阿塞拜疆和格鲁吉亚还声明不加入俄罗斯牵头的对北约东扩的抵制行动，并组建自己的陆、海军，从美国、土耳其等国接受军事援助，同时要求俄罗斯撤出维和部队，改由欧盟派出的多国部队到冲突地区执行和平使命，两国还于1999年退出独联体集体安全条约。1998年3月，美格签署了军事合作计划，双方计划在年内举行23项各类军事演习，美还答应向格赠送两艘护卫舰以"确保格海上战略利益"和提供最新电子通信设备及1.2亿美元的援助。

至此，苏联解体后，俄罗斯在该地区政治、经济和思想文化上的优势已大大削弱。围绕黑海经济区、大陆架划分以及石油管道线路的争夺，一定程度上使俄罗斯在该区域的经济地位和政治影响很快下降。在与美欧围绕里海油气资源的控制权和高加索战略主导权的争夺中，由于实力的下降、手段的有限，俄罗斯的优势地位已经不再。随着美国倡导的巴库—第比利斯—杰伊汉管线的开通，以及跨安纳托利亚天然气管道建设的启动，俄罗斯在里海能源开发和利用

---

① ［俄］安德兰尼克·米格拉尼扬，徐葵等译：《俄罗斯现代化之路——为何如此曲折》，新华出版社2002年版，第359页。

上的优势地位已不复存在。在美国、北约对外高加索加强军事介入的背景下，即使俄罗斯在该地区（亚美尼亚、阿布哈兹和南奥塞梯）还设有军事基地和驻军，其在外高加索的战略地位也已经处于被动状态。当然，这种态势的出现有其客观必然性，但与俄罗斯决策者的错误也有着直接的联系。20 世纪 90 年代，外高加索地区新独立的三个国家都没有能力解决由于领土、资源、民族争端而出现的相互敌对和冲突，促使它们不得不向外寻找强大的盟友以帮助解决地缘政治问题。在这种背景下，俄罗斯退出后的地缘政治真空，很快被美国和北约所填补。事实上，由于过多地关注内政，俄罗斯对外高加索地区的问题重视不够，任由各种各样的冲突和危机扩大。这样，由于外高加索三国彼此之间的敌意，主要国际力量和周边有影响力的国家及集团很快被吸引过来。格鲁吉亚竭尽全力将美国拉入到外高加索地区，而阿塞拜疆则竭力与美国、土耳其、北约及欧盟靠近，以对抗倒向俄罗斯的亚美尼亚。至此，在外高加索地区形成了复杂的军事和政治集团、能源网络，而俄罗斯却已经失去了在外高加索地区的威望和影响。①

二、俄罗斯与格鲁吉亚关系的困境及前景

对俄罗斯而言，格鲁吉亚的战略地位十分重要，无论是抗衡北约，还是在高加索甚至中东地区发挥影响力，以及对北高加索地区的稳定，都具有重要意义。格鲁吉亚历来被认为是俄罗斯的传统势力范围，但苏联解体后，两国关系长期不睦，21 世纪以来更是急转直下，直至在军事冲突后完全断交。

（一）外部势力介入致使俄格关系长期不睦

独立后的格鲁吉亚很快因民族分裂而陷入内战，虽然在俄罗斯的干预下实

① Andrey Yepifantsev, Russia in Transcaucasia: What's Gone Wrong? Russia in Global Affairs, Sept. 24th, 2011. http://eng.globalaffairs.ru/number/Russia-in-Transcaucasia-Whats-Gone-Wrong-15334.（上网时间：2019 年 5 月 20 日）

现了停火，但格仍处于分裂状态。20 世纪 90 年代中期以来，为使自身的独立得到更多的国际保证，格鲁吉亚积极向外寻求美国和北约的支持，以摆脱受制于俄罗斯的不利处境。起初，格鲁吉亚希望制定这样一种对外政治战略，一方面迫使俄罗斯帮助其恢复领土完整；另一方面利用国际政治机构和社会舆论来抵消莫斯科的影响，以保障自己对俄罗斯的独立性。① 但在意识到依靠俄罗斯根本不可能彻底解决国家统一问题后，格鲁吉亚开始靠近美国，希望借助外部压力促使俄撤除军事基地，从而为美国和北约的进入打开方便之门。

随着对外政策的全面调整，俄罗斯强调多极世界和恢复大国地位，而美国在单极世界理论指导下，对俄战略的目标就是阻止其恢复"欧亚帝国"。这种战略目标上的差异突出表现在地缘利益上的冲突，最直接的体现就是双方在独联体地区的博弈。从削弱俄罗斯在外高加索的传统影响和保障里海能源项目的安全出发，美国不断加强对格鲁吉亚的军事渗透。"9·11"后，格鲁吉亚向美开放领土、领空；伊拉克战争后，第比利斯应邀先后向伊派遣了 800 人的维和部队（由美国帮助培训）。格军队一直接受美国军事专家训练，原苏军在格鲁吉亚的主要军营之一的克日萨尼斯基地已成为美国士兵的营地。美国在"训练和装备"计划框架内为格鲁吉亚培训和装备了两支特种部队（8000 人），全部装配现代化武器和通信系统，成为格军精锐部队（美国为该项目的实施投入了 1 亿多美元）。在美国、土耳其等北约国家军事援助的基础上，格鲁吉亚很快组建起了陆、海军，并与乌克兰、阿塞拜疆、摩尔多瓦在独联体内组建了具有离心倾向的"古阿姆"集团。但考虑到自身国力弱小，对俄罗斯有较大的依赖性，谢瓦尔德纳泽还是采取了较为谨慎的外交政策，在 1999 年以前并没有要求加入北约，而只是提出了加入欧盟的要求。促使格鲁吉亚彻底改变依靠俄罗斯和独联体的安全政策的原因是：北约对巴尔干地区事务的干涉、美国和北约加强军事介入和经济援助，以及俄罗斯在外高加索地区影响力的下降。在这种

① МигранянА. М. Россияиближнеезарубежье（становление нового внешне политического курса РФ）//Независимая газета. – 1994，12 января.

形势下，格鲁吉亚希望能够在北约和美国的支持下彻底解决民族冲突问题，实现国家的统一。所以，格鲁吉亚在独联体集体安全条约到期时（1999 年）宣布不再续约，随后又提出加入北约。北约理事会同意就接纳格鲁吉亚为新成员进行接触，从而为俄罗斯与格鲁吉亚纠纷的升级埋下隐患。2002 年 11 月，格鲁吉亚正式申请加入北约，同时坚决要求俄罗斯军队从驻格军事基地撤出。如果格鲁吉亚加入北约，俄罗斯南部边境将直接暴露在北约武装力量面前，地缘战略形势将更加恶化。所以，俄罗斯迟迟不愿从格撤除军事基地，并持续向第比利斯施压。由此，俄罗斯与格鲁吉亚围绕车臣问题、俄驻格军事基地、签证及阿布哈兹冲突等问题矛盾不断，关系迅速转冷。

（二） 俄美在格鲁吉亚的较量

2003 年底，格鲁吉亚爆发“玫瑰革命”。而导致格鲁吉亚政治动荡的主要原因，就在于其极具吸引力的地缘政治地位。① 在此次政局动荡中，美国明显支持反对党。格政局刚刚平稳，美国国防部长拉姆斯菲尔德（Donald Henry Rumsfeld）就造访格鲁吉亚，而格鲁吉亚新总统萨卡什维利（M. H. Саакашвили）紧接着访问了华盛顿（2004 年 2 月），同时美国总统小布什也敦促俄撤除在格的军事基地。普京的表态则认为，格政权更迭是其前任国家领导人犯了一系列内政外交错误后的正常结果。格鲁吉亚在外交上全面倒向美国，并积极谋求加入北约，希望借此解决俄军事基地撤除和国家统一问题。在美国的支持下，萨卡什维利把恢复中央权威和维护领土完整视为自己最大的政治抱负，在南奥塞梯和阿布哈兹问题上态度强硬，强烈要求俄罗斯撤军，甚至表示不惜动用武力。同时，美国加大了对格鲁吉亚的援助力度。2003 年底以来的 5 年内，美国的援助超过 15 亿美元，格每年还可从土耳其得到 4000 万美元的军事援助。2005 年 5 月，美国总统小布什亲访第比利斯，在表示支持格鲁吉亚加入北约的同时，称“玫

① См.：У Шеварднадзе есть шанс // Труд. – 2003，22 ноября.

瑰革命"非常重要，是该地区的"典范"。① 萨卡什维利动员了15万人夹道欢迎，还以布什的名字命名了一条街道。在这种氛围下，萨卡什维利强调，格鲁吉亚加入北约具有决定性意义，在2008年前获得入约邀请是完全现实的，甚至成为北约一员也不是没有可能。相应地，美国多次要求俄罗斯遵守伊斯坦布尔会议上的承诺，尽早从格鲁吉亚撤军，并表示愿意承担相关费用。面对严峻的现实，为保住在格鲁吉亚的最后权益，普京一方面对萨卡什维利政府采取了友好的态度，表示将致力于改善双边关系，另一方面则以资金紧张为由，在撤除基地问题上一再拖延。在各方压力下，两国最终于2006年3月达成协议，规定最后两个基地将在2008年撤除，设在第比利斯的俄军驻外高加索集群司令部也将关闭。

军事基地问题解决后，在萨卡什维利看来，以独联体维和部队名义派驻冲突地区的俄罗斯军队就成为阻碍格统一和加入北约的主要障碍。在顺利接管阿扎尔自治共和国政权后，萨卡什维利试图控制阿布哈兹和南奥塞梯。为此，萨卡什维利开始加大对莫斯科的政治压力，意图使冲突问题的解决国际化，以寻求北约和美国的进一步介入。2006年7月，萨卡什维利再次造访华盛顿，布什在同其会见时明确表态支持格鲁吉亚加入北约。格鲁吉亚议会随即通过决议，要求俄维和部队撤出阿布哈兹和南奥塞梯，由国际维和部队取而代之。在美国的协助下，格鲁吉亚及其"古阿姆"伙伴国还成功地将苏联地区遗留的冲突问题提上了当年9月中旬的第61届联大一般性政治辩论的议程，对俄罗斯造成强大的舆论和外交压力。更为重要的是，北约外长理事会还做出决定，要求与格鲁吉亚"加紧对话"，并把其定为下一个优先发展目标。北约的举动更加鼓舞了萨卡什维利，他说："我向全体国民保证我们将站在北约一边。格鲁吉亚目前正处于（加入北约）这一不可逆转的进程当中，北约的所有欧洲成员国及

① Буш：Грузи – маяк свободы в мире.［Электронный ресурс］. – URL：http：//korrespondent. net/world/121064（дата обращения：10. 06. 2020）

美国都支持我们。”① 正是在这种背景下，9 月 27 日晚，格警方以“从事间谍活动”为由扣押了 5 名俄罗斯军人，其中 1 人于 29 日被释放。

针对格鲁吉亚积极谋求加入北约、脱离独联体的动向，俄罗斯开始回击。莫斯科先是以不符合卫生标准为由，宣布禁止进口格葡萄酒和矿泉水，后又以维修北高加索上拉尔斯过境站为由，关闭了通往格鲁吉亚的唯一陆上口岸，使格农产品无法出口到俄罗斯。同时，俄罗斯还将对格供应的天然气价格从每千立方米 63 美元提高到 110 美元。黑山共和国通过全民公决宣布独立后，一直试图脱离格鲁吉亚的南奥塞梯和阿布哈兹受到极大鼓舞，谋求和平独立的呼声更加强烈。针对美欧向俄罗斯发出的撤军要求，俄联邦外交部首度正式宣布，为保持在独联体的影响，俄罗斯准备承认南、阿政权。对于“间谍事件”，俄罗斯采取了更严厉的反击措施：停止向格公民发放签证并召回驻格大使和几乎所有外交人员；全面封锁与格鲁吉亚的海陆空交通，中断邮政和文化联系。莫斯科谴责北约做出的关于加快与格鲁吉亚对话进程的决定，认为这是向冷战的大倒退，不仅损害了俄罗斯的利益，还使高加索地区变得愈加动荡。普京更把格鲁吉亚的行为称为“国家恐怖主义”，认为其得到了“西方赞助者的帮助”。他说：“有些人专门制造一个又一个新的危机，认为这可以转移人们对现有问题的注意力。短期来看，可能会达到这样的效果，但这根本无助于解决国际上现有的、相当严重的危机。”② 俄罗斯外长拉夫罗夫指出，格鲁吉亚扣押俄罗斯军官的举动恰好发生在萨卡什维利到访华盛顿与北约决定加强合作之后，而且北约内的中东欧国家非法向格提供苏联生产的武器，而按照监控规则这些武器不应该落到第三国手中。③ 俄驻联合国代表敦促安理会向格施加压力，撤回在

---

① Россия не боится вступления Грузии в НАТО. [Электронный ресурс]. – URL: http://www.abhazia.com/news3 – 8852.html (дата обращения: 10.06.2020)

② См.: Запад у ворот: Россия и США ведут борьбу за Грузию // Газета “Коммерсантъ”. – 2006, 2октября. №183.

③ См.: Лавров пообещал лишить Грузию денег на оружие // Известия. – 2006, 3октября.

阿布哈兹科多里峡谷的驻军。针对俄罗斯要求安理会发布对格谴责的声明草案，美英则坚决表示反对，并提出修正草案。与此同时，一份支持格加入北约的法律草案提交到美国参议院，要求美国支持北约继续扩大，吸收格鲁吉亚在内的四个新成员国（另三个是阿尔巴尼亚、克罗地亚和北马其顿），还同意美国联邦预算拨款 1980 万美元协助上述四国加强自身安全，其中 1000 万美元提供给第比利斯。显然，这一系列事件的背后有美国的影子，第比利斯在阿布哈兹问题上得到华盛顿的支持，其目的是试图取得在这一地区的控制权。此后，虽然格鲁吉亚做出让步，通过欧安组织释放了被扣押的 4 名俄罗斯军人，表示随时准备进行各级别的会谈，但俄罗斯的立场依然强硬。在斯特拉斯堡欧洲委员会议会大会上，拉夫罗夫再次谴责格鲁吉亚的反俄政策，指责外部势力明显庇护格当局的"国家恐怖主义"，坚决反对任何第三方对俄格关系的介入。针对俄罗斯的强硬政策，美国在感到失望的同时，呼吁尽快取消对第比利斯的制裁，并否认自己推行鼓励格鲁吉亚反俄的政策。① 这样，随着北约扩大逼近俄罗斯的"红线"（独联体），在同美国关于独联体主导权的争夺中，莫斯科已经开始由原来的"软抗争"转向了"硬对抗"。这既是双方战略利益冲突的反映，也表明俄罗斯正在形成新的外交政策。在这种背景下，萨卡什维利在俄美之间"走钢丝"的危险性明显上升。

"玫瑰革命"后，格鲁吉亚的政策全面倒向美国，允许美国在境内设置军事基地，其军人和装备也大多由美国负责训练和提供。通过推动独联体地缘政治多元化，吸纳独联体国家进入北约，以进一步挤压俄罗斯的战略空间达到遏制其重新崛起的目的，是美国一贯奉行的对独联体战略。萨卡什维利的亲美政策迎合了美国急于进入外高加索地区的心态，进而增加对俄罗斯的钳制力。有了美国和北约的撑腰，萨卡什维利对俄罗斯的态度也变得更加强硬，甚至希望趁热打铁，不惜依靠武力一举解决南奥塞梯和阿布哈兹问题。萨卡什维利在接

① См.：Америка призывает Россию отменить санкции против Грузии // Известия. – 2006,4октября.

受采访中甚至说："我们已非常接近于与俄罗斯的战争，民众必须做好准备。"① 为解决冲突，格鲁吉亚当局计划使用武力，不仅进行大规模的军事训练，还在与阿布哈兹和南奥塞梯交界处增加了大量的重型装备和武器。② 2008年3月，在北约布加勒斯特峰会召开前，萨卡什维利再次来到华盛顿，目的很明确，就是在加入北约问题上寻求美国的力挺，再就是在阿、南问题上要求美国继续撑腰，向莫斯科施加更大的压力。对此，小布什表示，格鲁吉亚加入北约将使双方受益，而关于阿布哈兹和南奥塞梯问题，有必要在承认格领土完整和主权的基础上以和平方式解决。虽然美国主张加快格鲁吉亚加入北约的谈判进程，但由于俄罗斯的强烈反对，德、法担心操之过急会进一步刺激莫斯科，所以，暂时搁置了格鲁吉亚入约的"成员国行动计划"。萨卡什维利在对莫斯科不满之余，只有紧抱华盛顿这棵大树。2008 年 7 月 10 日，美国国务卿赖斯（Condoleezza Rice）访问第比利斯，表示支持格鲁吉亚加入北约，主张在尊重格领土完整的基础上解决阿、南问题；7 月 15 日，美格共同主导的多国联合军演在格境内举行，费用全由美国承担。赖斯到访不到一个月，萨卡什维利就采取了军事行动，导致俄格武装冲突爆发，而美国应该知道格鲁吉亚的行动并做出了某种承诺。

在俄罗斯方面，自普京上台以来，国家崛起的步伐明显加快，复兴的思潮开始涌动，长期被西方压制所形成的"积怨"需要释放。格鲁吉亚之所以成为俄罗斯"教训"的对象，有两个直接原因：一个是，美国积极推动北约向独联体扩军，而格鲁吉亚急于通过加入北约来与俄罗斯抗衡；另一个是，西方不顾俄罗斯的反对承认科索沃独立。在俄罗斯的反对声中，北约一直扩大到波罗的海，防务边界与俄罗斯接壤。华盛顿推进北约向莫斯科所谓的"红线"扩张，

---

① Саакашвили призвал готовиться к войне с Россией. [Электронный ресурс]. – URL: http: // polit. ru/article/2004/08/24/lisaohota (дата обращения: 10. 06. 2020)

② См. : Дмитрий Бавырин. Саакашвили считает ООН ничтожной: Президент Грузии пообещал отобрать у россиян все их имущество в Абхазии // Взгляд. – 2007, 6сентября.

如果成行将对俄罗斯的战略空间形成史无前例的挤压，从而极大地刺激了莫斯科紧绷的神经。同时，在科索沃问题上，美国全然不顾俄罗斯与塞尔维亚的传统关系，没有理会普京的警告，最终承认科索沃的独立地位。北约推进格鲁吉亚和乌克兰的入约进程，使得莫斯科彻底放弃了北约不会向独联体地区扩张的幻想，确认北约的目标就是要围堵和遏制俄罗斯的崛起。西方承认科索沃独立，使莫斯科感觉到自己的利益和立场完全不被重视。普京曾向西方发出过警告，强调如果格鲁吉亚一意孤行，极有可能爆发一场战争。2008 年 6 月，在圣彼得堡独联体非正式首脑会晤期间，俄罗斯外长拉夫罗夫说：“假如格方自认为加入北约可以平息冲突，这只能是幻想。格鲁吉亚加入北约只能带来更多流血冲突。”① 美国承认科索沃独立，这为莫斯科借阿布哈兹和南奥塞梯问题向美国及北约发难提供了口实。俄国家杜马通过声明，建议俄罗斯应考虑承认阿布哈兹和南奥塞梯的独立，同时普京下令向这两个地区的居民和旅居当地的俄罗斯公民提供物资援助。格鲁吉亚强烈反对俄罗斯的举动，在寻求国际支持的同时，积极进行军事战备。所以，在萨卡什维利不顾警告派军队突入南奥塞梯后，俄罗斯迅速做出反应，陆海空军和空降兵很快控制了除第比利斯以外的各主要战略要地。可见，俄罗斯对此次军事冲突也是有所准备的。在法国斡旋实现停火后，8 月 26 日梅德韦杰夫总统宣布承认阿布哈兹和南奥塞梯独立，格鲁吉亚随即与俄罗斯断绝外交关系。虽然美欧和北约表示坚决反对，但俄罗斯方面表示不惧怕新的“冷战”，不仅正式与阿布哈兹和南奥塞梯建立了大使级外交关系，还派边防军驻守在二者与格鲁吉亚的边界地区。

为摆脱外交孤立，俄罗斯还积极寻求上合组织的理解和支持。在俄宣布承认南奥塞梯和阿布哈兹独立两天后，也就是 2008 年 8 月 28 日，上合组织成员国第八次峰会在杜尚别举行。峰会通过的《上海合作组织成员国元首杜尚别宣言》虽然没有承认南奥塞梯和阿布哈兹的独立，但也给予俄罗斯一定的理解和

---

① Светлана Гамова. Дебют Медведева в СНГ // Независимая газета. – 2008,6 июня.

支持。宣言赞同俄罗斯就解决南奥塞梯冲突通过的“六点原则”，支持俄在促进该地区和平与合作中发挥积极作用，同时，要求必须尊重每个国家和民族的历史和文化传统。① 不仅如此，俄罗斯还推动独联体集体安全组织发表声明，对格鲁吉亚的“侵略”进行了谴责，但也没有承认南奥塞梯和阿布哈兹的独立。

俄罗斯在军事冲突中果断而强硬的举动表明，在北约无限逼近独联体的背景下，莫斯科已不会再向西方做出让步，其维护自身利益的方式也由妥协退让转向主动出击。在冲突一周年之际，梅德韦杰夫总统来到外高加索地区，对在战争中英勇作战的军官颁发了俄罗斯军人最高荣誉奖。他同时表示，俄罗斯永远不会放弃承认南奥塞梯和阿布哈兹独立，也决不允许格鲁吉亚再次“入侵”。② 随后，俄总理普京对阿布哈兹进行工作访问并出席俄阿政府间会议，双方签署了社会经济发展援助协议。依据协议，俄罗斯在 2010 年至 2011 年间向阿布哈兹提供了总值为 3 亿多美元的援助，用于通信、交通、卫生、教育等基础设施建设。

（三） 俄格关系难以实现正常化

自军事冲突后，俄罗斯与格鲁吉亚的关系一直处于冰冻之中。俄罗斯认为，自己是掌握道义和正义的一方，格鲁吉亚应对武装冲突的后果负责，而只要萨卡什维利还在台上，莫斯科与第比利斯的关系就难以恢复正常。俄格武装冲突后，尽管格鲁吉亚加入北约进程陷入停滞，但第比利斯仍将加入北约作为重点对外政策。几年来，第比利斯一直非常活跃，在外交上游走于北约、欧盟和美国之间，而且其国内政治生态也在悄然发生变化。在宣布与俄罗斯断交和

---

① См.：Душанбинская декларация глав государств – членов ШОС. [Электронный ресурс]. – URL：http：// archive. kremlin. ru/events/articles/2008/08/205859/205904. shtml（дата обращения：10. 06. 2020）

② “Никаких обратных ходов быть не может!” // Известия. – 2009，9 августа.

彻底退出独联体后，格鲁吉亚意识到武力收回阿布哈兹和南奥塞梯已难以成为选项，只有一方面通过继续与北约和美国接近对俄罗斯施加压力，另一方面试图对俄罗斯北高加索地区挑起民族议题争论，才能迫使莫斯科在阿、南问题上做出让步。

值得关注的是，自2010年9月开始，联合国海牙国际法院已就格鲁吉亚诉俄罗斯“民族清洗罪”展开庭审。第比利斯认为，正是自1990年开始的俄罗斯对阿布哈兹和南奥塞梯的直接干涉或间接支持导致格鲁吉亚今天的民族分裂。这件事不容小觑，因为近几年闹得沸沸扬扬的“亚美尼亚大屠杀”事件，事实上已经成为影响土耳其与西方及亚美尼亚关系的重要因素。① 俄罗斯对格鲁吉亚进行冷处理的政策绝非长久之计，最终还是要面对这些问题，而且这种单方面承认“独立”的政策对北高加索地区民族问题的解决所带来的影响是不利的。阿布哈兹和南奥塞梯高度依赖俄罗斯的经济、政治、军事支持，在南、阿境内驻军的同时，俄罗斯仅2008—2012年就为南奥塞梯提供了6亿多美元的援助。因为格鲁吉亚没有在俄罗斯加入世界贸易组织问题上过多纠缠，所以在恢复往返航班的基础上，俄罗斯同意恢复正常贸易往来。2012年3月初，俄外交部提出就恢复两国外交关系举行会谈，但被萨卡什维利拒绝。萨卡什维利强调，如果俄方仅以实施两国公民互免签证制度为条件，则有关签证问题的会谈毫无意义。② 因为，考虑到即将举行的议会选举和经济需要，2012年2月29日萨卡什维利签署总统令，单方面取消了对俄罗斯的签证制度，使俄罗斯公民可

---

① “亚美尼亚大屠杀”是指1915—1917年奥斯曼帝国统治下150万亚美尼亚人死亡的事件。该事件与犹太大屠杀、卢旺达大屠杀一起被视为20世纪人类史上最著名的三大种族灭绝事件，但土耳其历届政府均否认这是大屠杀事件，并声称死亡数字被夸大。围绕该事件，土耳其与亚美尼亚长期不睦，而且与欧美关系也时常因此事件而起波澜，尤其是与法、美之间。目前已经有包括美国、法国、瑞士、俄罗斯等21个国家（主要是欧洲国家）及欧洲议会、联合国预防歧视和保护少数民族委员会等国际组织正式承认亚美尼亚大屠杀事件的存在，对土耳其造成很大压力。

② Грузинские лидеры пересчитали послов и решили не восстанавливать дипотношения с Россией // Газета “Коммерсантъ”. – 2012, 5марта, №39(4824).

以免签证进入格鲁吉亚，并可以在格境内停留 90 天，同时，呼吁俄方也能对格鲁吉亚公民豁免签证或放宽限制条件。

与此同时，美国和北约仍力挺格鲁吉亚，第比利斯也没有停止谋求加入北约的步伐。2008 年 9 月初，时任美国副总统切尼（Richard Bruce Cheney）在冲突后很快访问格鲁吉亚，表明美国在该地区有着深入持久的利益和对格鲁吉亚的支持。切尼表示，美国不会停止推动格鲁吉亚加入北约的行动，他说：“俄罗斯的行为使人们对它的意图和作为国际伙伴的可靠性产生了严重的疑虑……，自由世界已经一致谴责了俄罗斯试图用武力改变格鲁吉亚边境的非法、单方面的行为。”① 美国还宣布提供 10 亿美元的援助，帮助格修复在战争中受损的设施。随后，美国和格鲁吉亚签署了《战略伙伴宪章》，双方将深化在政治、经济、能源、民主改革，特别是防卫与安全事务领域的合作。同时，格鲁吉亚请求美国在其与南奥塞梯和阿布哈兹边界处部署美国观察员哨所。2009 年 7 月，美国副总统拜登访问格鲁吉亚，强调奥巴马政府仍坚定地支持格鲁吉亚加入北约。2012 年 4 月，北约秘书长拉斯穆森（Anders Fogh Rasmussen）在与萨卡什维利会晤时强调，格鲁吉亚是北约的重要伙伴，布加勒斯特峰会商定的发展格鲁吉亚为北约成员国的决定仍然有效，北约支持格领土完整和主权独立，不承认阿布哈兹和南奥塞梯的选举。而作为回应，萨卡什维利也再次强调，格鲁吉亚将继续谋求加入北约。②

2012 年 10 月，格鲁吉亚举行议会选举，伊万尼什维利（Б. Г. Иванишвили）领导的“格鲁吉亚之梦”联盟获胜，萨卡什维利领导的前执政党“统一民族运动”党成为反对党。选举结束后，第比利斯对莫斯科的态度有所缓和，要求恢复外交关系的呼声很高。格鲁吉亚希望打开俄罗斯市场，因为其一

---

① Tony Halpin, “Dick Cheney Calls on Free World to Help Georgia”, The Times, Sept. 4th, 2008.

② Саакашвили мечтает о НАТО. [Электронный ресурс]. – URL: http://www.vremia.ua/news/642.php (дата обращения: 10.06.2020)

直没能找到替代的农产品市场，对俄劳务输出仍是其外汇收入的主要来源，更主要的是没有俄罗斯的参与，其领土完整永远无法实现。2012 年 11 月 26 日，格总理伊万尼什维利在与欧盟外交及安全政策高级代表阿什顿（Catherine Ashto）会见后表示，欧盟和格鲁吉亚将共同努力，力求改善格鲁吉亚与俄罗斯之间的关系，从改善经济和文化领域的关系做起，然后致力于恢复国家的领土完整并与俄建立友好关系。对此，普京表示，俄罗斯对格新政府释放出的谨慎但积极的信号表示欢迎，希望恢复与格鲁吉亚的正常关系，但不会改变在南奥塞梯和阿布哈兹问题上的立场。随后，双方外交特使开始接触，就关系正常化进行了多次磋商，解决了格商品进入俄市场的问题，取消了对格葡萄酒和矿泉水的进口限制，格方也明确表态参加索契冬奥会。2013 年初，伊万尼什维利与梅德韦杰夫进行了非正式接触。在这种背景下，普京在 2013 年 6 月 11 日表态，俄罗斯准备全面恢复与格鲁吉亚的关系，政府机构之间的合作将成为取消签证的第一步。① 2013 年 8 月 8 日，也就是俄格武装冲突 5 周年之际，双方对改善关系都释放出了善意。梅德韦杰夫对格新政府的务实态度表示欢迎，建议格鲁吉亚直接与南奥塞梯展开对话；伊万尼什维利表示，格俄人民之间有着良好的传统友谊，相信两国关系将好转。与此同时，俄罗斯对于阿布哈兹和南奥塞梯这两个未被承认的政治主体的态度也由一边倒转向了较为理性。在看到南、阿"独立"对于北高加索各联邦主体的示范效应后，俄罗斯精英及民众的立场变得更加谨慎，俄国内对北高加索地区的大规模资助问题展开了政治辩论，也有要求重新检讨对阿布哈兹和南奥塞梯政策的声音。② 而在北高加索反恐形势日趋复杂的背景下，俄罗斯也希望能加强与格鲁吉亚在该领域的合作，特别是加

---

① Россия хочет восстановления отношений с Грузией и готова к сотрудничеству – Владимир Путин // ИТАР – ТАСС. – 2013，11июня.

② Kevin Daniel Leahy，"Efforts to Stimulate Economic Activity in the North Caucasus Stir Passions in the Russian Heartland"，Nov. 16th，2011，http：//cacianalyst. org/publications/analytical – articles/item/12393.（上网时间：2019 年 5 月 20 日）

强对边境的管控。① 同样，俄罗斯的强硬也让格鲁吉亚重新审视自己在大国夹缝中生存的困境，而议会选举表明，萨卡什维利对俄罗斯的僵化政策已失去了民众基础，新领导层则正逐步转向务实。伊万尼什维利希望在西方与俄罗斯之间保持平衡，在强调加入北约和欧盟的同时，寻求重启与俄罗斯的关系。

尽管格鲁吉亚国内政治生态的变化为俄格关系的重启创造了条件，但现实问题是，领土问题和格加入北约仍是实现两国关系正常化的死结。俄罗斯方面不可能否定当年决定的正当性，并明确警告格加入北约必将导致双边关系紧张，认为两国关系能否重启完全取决于格鲁吉亚。同样，格鲁吉亚的既定战略也难以做出改变。伊万尼什维利在选举获胜后说："格鲁吉亚的战略不变，仍将走人民已经选择的道路，格鲁吉亚的主要追求将是欧盟，安全方面的主要追求是北约。但在此情况下，应该处理好同俄罗斯的关系。"② 所以，伊万尼什维利首次出访明确选择了华盛顿，称美国是格鲁吉亚的主要伙伴和朋友。在格议会选举后，美国、欧盟和北约在认可选举的同时，纷纷表示愿意与格新领导层进行合作。尽管举债度日，但美国国会通过的 2012 年军事预算法案还是同意五角大楼恢复向格鲁吉亚提供新型军事装备和派驻维护人员及军事教官，继续加强军事合作。该法案同时呼吁北约国家效仿美国，恢复对格军事援助。美国此举一方面是对莫斯科施加压力，另一方面与巴基斯坦关闭美军补给线后新开辟的两条驻阿富汗美军北方后勤补给线有关，其中一条的起点正是格鲁吉亚的波季港。相应地，欧盟也向第比利斯提供了数亿欧元的财政援助。与此同时，历时数年的欧盟与格鲁吉亚的全面协议谈判顺利结束，第比利斯在加入欧盟的道路上迈出了实质性的一步。北约方面也一再表示，格将成为北约成员国，支持其维护领土完整的举动。自 2011 年以来，美国与格鲁吉亚每年都在后者境

① Dmitry Shlapentokh, "The Role of Converts in North Caucasian Terrorism", Sept. 21, 2011. https://www.files.ethz.ch/isn/142239/Vol13No17.pdf.（上网时间：2020 年 6 月 20 日）

② Иванишвили: главным стремлением Грузии остается Европейский союз. [Электронный ресурс]. – URL: https://ria.ru/20121002/764630842.html（дата обращения: 10.06.2020）

内举行代号为"敏捷精神"的军事演习，而俄罗斯称其为"挑衅"，对地区稳定无益。2013 年 11 月，美国决定对格经济和基础设施援助由 1.09 亿美元增加到 1.25 亿美元，执行期延长至 2017 年 9 月。在这种背景下，俄罗斯与格鲁吉亚关系的重启虽初现曙光，但结构性矛盾决定了两国外交关系难以很快恢复。① 格复杂的民意也决定了领导层对外交政策难以做出重大调整。美国国际共和学会（IRI）发起的一项针对格民众的民意调查结果显示，82% 的受调查者支持恢复与俄罗斯的外交关系，但有 57% 的人将俄罗斯视为格鲁吉亚政治经济上的威胁，有超过 60% 的人支持加入北约，67% 的人希望加入欧盟。② 显然，任何当权者都不敢破坏与西方已经建立起来的良好关系，更希望自己能够在俄罗斯与西方之间左右逢源。摆在双方决策者面前的有两条"红线"：一条是承认阿布哈兹和南奥塞梯的"独立国家身份"；另一条是格鲁吉亚的"欧洲选择"。③ 俄罗斯不会撤出阿布哈兹和南奥塞梯，因为那样将对莫斯科的威信造成无法挽回的损害并且会扰乱北高加索的局势。同样地，任何格鲁吉亚领导人放弃这些地区都将意味着他的政治灭亡。格鲁吉亚的"欧洲选择"虽然主要是象征性的，但对国家是非常重要的，因为格已经视自己为欧洲国家。不幸的是，相近的文化和历史在全球化时代的俄格关系中更多体现的是负资产。相应地，俄罗斯无法提供像"欧洲思想"一样的价值观"软实力"，而且它还正忙着寻找自己的新身份。④

---

① С Россией будут очень сложные переговоры, но их надо начинать // Известия. – 2012, 22октября.

② Около 60% грузин считают Россию наиболее враждебным государством. [Электронный ресурс]. – URL: http://rusplt.ru/world/gruzia.html (дата обращения: 10.06.2020)

③ Fyodor Lukyanov, "Georgia as Russia's Future Asset", Russia in Global Affairs, Feb. 15th, 2013. http://eng.globalaffairs.ru/redcol/Georgia – as – Russias – Future – Asset – 15852.

④ Konstantin Kosachev, "Re – Exporting Values, Russia in Global Affairs", Dec. 27th, 2012. http://eng.globalaffairs.ru/number/Re – Exporting – Values – 15816.（上网时间：2019 年 5 月 20 日）

乌克兰危机后，俄罗斯与西方关系对抗加剧，格鲁吉亚则被绑上美国及北约的“战车”，俄格关系转圜的空间被迅速收窄。自 2015 年起，北约每年都在格鲁吉亚境内举行“高贵伙伴”例行联合军演，同时“敏捷精神”的军事演习也首次由格美两国扩大为北约多国参与，格鲁吉亚境内的北约战车距俄罗斯边界仅有几十千米，引发了俄罗斯方面的强烈不满和批评。格鲁吉亚与美国签署了《关于深化国防和安全领域伙伴关系的备忘录》，及其具体落实文件《2016—2019 年安全合作框架协议》，旨在加强格军队的防卫能力及与北约武装力量的协同能力。两国政府还签署了情报保护协定，有利于加强两国反恐合作，并为两国情报共享确立了法律基础。对此，格鲁吉亚国防部长列万·伊佐利亚（Леван Изория）表示：“我们希望，可以获得尽可能多的投资来发展军事训练基础设施。国防部正在进行以及将要进行的改革都是为了使格鲁吉亚在战略伙伴的支持下与北约更加协调一致。”① 同时，格鲁吉亚与欧盟完成了联系国协定的签署，并已经获得议会批准，而且，为配合欧洲一体化，还制定了促进社会和民主发展的“格鲁吉亚 2020 战略”。2018 年 12 月 16 日，格鲁吉亚当选总统萨洛梅·祖拉比什维利（С. Л. Зурабишвили）在就职仪式上致辞时指出，格鲁吉亚政府曾多次表示，加入北约是格鲁吉亚外交和安全政策的优先方向。② 由此，尽管两国间的对话通过日内瓦会谈展开，但俄罗斯与格鲁吉亚要恢复外交关系仍困难重重。俄罗斯外交部发言人玛丽亚·扎哈罗娃（Мария Захарова）于 2018 年 7 月 19 日称，俄罗斯有意与格鲁吉亚全面恢复睦邻关系。格鲁吉亚议会议员、反对党“民主运动”党领导人妮诺·布尔贾纳泽（Нино Бурджанадзе）称，断绝外交关系是个错误，外交关系缺失使谈判和改善关系的难度加大，现在最大的障碍是格鲁吉亚政府未做好与俄罗斯直接对话的准

---

① Министр обороны Грузии：реформы позволят стать более совместимой с НАТО. [Электронный ресурс]. – URL：https：// ria. ru/20170103/1485106932. html（дата обращения：10. 01. 2017）

② В Грузии началась инаугурация Саломе Зурабишвили. [Электронный ресурс]. – URL：https：// ria. ru/20181216/1548060852. html（дата обращения：20. 12. 2018）

备，他们害怕被称为"亲俄分子"，遭到西方伙伴的白眼。① 新冠肺炎疫情期间，格鲁吉亚总统祖拉比什维利在2020年5月下旬表示，她支持与莫斯科进行直接对话，如果谈判有意义的话，她愿意与俄罗斯国家元首普京会面，但目前还没有这种条件。② 此外，俄格关系还经常受到诸如民航直飞、格主播辱骂普京等突发事件的影响，格鲁吉亚领导人被迫忙于危机管控，而且，俄罗斯还多次对美国在格部署生物医学实验室表示严重关切。

三、俄罗斯对阿塞拜疆外交所面临的困境

由于俄罗斯在"纳卡"冲突问题上选择支持亚美尼亚，阿塞拜疆只能向外寻求地缘政治依靠，以平衡和削弱俄罗斯的影响。随着美国、北约及欧盟与阿塞拜疆关系的升温，俄罗斯的影响力很快下降。

（一） 美国的介入使俄罗斯的优势地位丧失

随着对独联体政策的调整，俄罗斯对阿塞拜疆的政策希望达到两个目标：一方面，借助独联体集体安全条约，通过与巴库形成军事联盟，将阿塞拜疆纳入俄罗斯的国防体系之中；另一方面，依靠已有的油气管网和经济联系，阻止西方能源公司介入阿塞拜疆油气资源的开发。为此，俄罗斯做出种种努力。通过帮助阿塞拜疆收拾在"纳卡"冲突中的败局，巴库加入了独联体和集体安全条约。1996年，双方就阿过境俄罗斯通过巴库—新罗西斯克输油管道向第三国出口石油达成政府间协议。1997年7月，阿塞拜疆总统阿利耶夫访问莫斯科，

① Разрыв дипотношений России с Грузией был ошибкой, считает Бурджанадзе. [Электронный ресурс]. – URL: https://ria.ru/20180726/1525341175.html (дата обращения: 28.07.2018)

② Президент Грузии заявила, что пока не готова встретиться с Путиным. [Электронный ресурс]. – URL: https://ria.ru/20200520/1571703364.html (дата обращения: 10.06.2020)

双方签署了《俄阿友好合作与相互安全条约》。条约明确规定“双方承认不支持分离主义运动，禁止和消除在一方建立旨在反对另一方独立和领土完整的集团和组织”。[①] 但事态的发展使俄罗斯的愿望很快落空。

阿塞拜疆虽然面积狭小，但却具有丰富的能源资源，这明显提升了其在地缘政治方面的重要性。在西方地缘战略家的眼中，“它是装满了里海盆地和中亚财富的大瓶的瓶塞。如果阿塞拜疆完全被莫斯科控制，中亚各国就无真正的独立可言。阿塞拜疆如丧失独立，它本身非常重要的石油资源也被俄罗斯控制。一个独立的、由不穿过俄罗斯控制的领土的石油管道同西方市场连结在一起的阿塞拜疆还将提供一条重要通道，使经济发达的石油消费国能进入丰富的中亚国家”。[②] 获取阿塞拜疆的石油和天然气不是一个孤立的问题，其同美国在欧亚大陆的战略利益密切相关，因为美国的决策者意识到里海的丰富油气资源很可能引发俄罗斯的扩张，所以他们开始更多地关注可能重新出现的“俄罗斯帝国”的威胁。[③]

“9·11”事件后，阿塞拜疆不仅成为美国通往阿富汗的重要空中通道，还将阿塞拜疆的军事基地转交美军使用。巴库与华盛顿达成协议，美国按照北约标准帮助改造阿塞拜疆军队。为帮助阿塞拜疆提高保护领海和保障能源安全的能力，美国在不断加大军事援助的同时，两国海军在里海还多次举行联合军事演习。阿塞拜疆也积极参与以美国为首的海外军事行动，不仅派兵参加科索沃和阿富汗的维和行动，还在战后向伊拉克派出了150名军人。[④] 与此同时，美

---

① Договор о дружбе, сотрудничестве и взаимной безопасности между Российской Федерацией и Азербайджанской Республикой // Независимая газета. – 1997, 9 июля.

② ［美］兹比格纽·布热津斯基著：《大棋局——美国的首要地位及其地缘战略》，上海人民出版社1998年版，第62页。

③ “U. S. Policy in the Caucasus and Central Asia”, Heritage Foundation, Back – Grouder, No. 1132, July 24, 1997.

④ Щенников В. Ф. Особенности современного этапа развития геополитической ситуации на Ближнем Востоке. [Электронный ресурс]. – URL: http://www.iimes.ru/? p = 3005&print = 1 (дата обращения: 10.06.2020)

国高级防务高官频频到访阿塞拜疆，从 2003 年到 2005 年的两年多时间内，时任美国国防部长拉姆斯菲尔德曾三次访问阿塞拜疆，双方原则上就在阿领土上部署美军机动部队达成一致。虽然与邻国存在领土争端，但美国和土耳其仍着力推动阿塞拜疆向北约靠近。考虑到俄罗斯等国的反应，阿塞拜疆从没公开表示要加入北约，但北约方面仍多次表达了接纳其成为正式成员的想法。2010 年 7 月，时任美国国务卿希拉里访问巴库，公开声称美方将力促和平解决"纳戈尔诺—卡拉巴赫"领土争端，继续在打击分裂主义、保障能源供应安全等领域与阿方开展合作。"9·11"十周年之际，美国宣布把对阿塞拜疆的军事援助由 500 万美元提高到 1000 万美元，帮助阿塞拜疆参与实施美国的"守卫里海"计划。目前，巴库是北约一系列政治组织的准会员，在与北约代表进行经常化磋商的同时，积极按照北约的标准制订武装力量改革计划。鉴于高加索的地缘政治现实，阿塞拜疆积极参与"古阿姆"集团、"民主选择共同体"及欧盟"东部伙伴关系计划"的活动，也就不足为奇。一方面，阿塞拜疆积极寻求美国、北约和欧盟的帮助来加强自己在该地区的独立和利益；另一方面，俄罗斯坚决反对建设跨里海天然气管道，反对绕过自己把里海油气资源输往欧洲。这也是阿利耶夫时常缺席独联体国家元首峰会的重要原因之一。虽然有租金大幅提高的原因（阿方要求租金从每年 700 万美元提高到 3 亿美元），但致使莫斯科 2012 年底宣布放弃加巴拉雷达站的重要因素，还在于俄罗斯与阿塞拜疆关系的冷淡，尽管俄军方对此解释为已找到合理的替代站点。①

为尽力维持在阿塞拜疆的影响力，俄罗斯也曾积极缓和同其的关系。2002 年 9 月 23 日，普京同来访的阿利耶夫签署了两国划分里海海底交界地段协议，确定将依照中心线原则划分里海湖底交界地段和湖底资源。俄阿两国政府还签署了教育、经济和科技合作等 3 个协议。普京对两国关系的发展情况表示满意，认为双方经济贸易合作有着良好的前景，并对阿塞拜疆在反对恐怖斗争中

---

① Emil Souleimanov,"Russia Ends Lease of Gabala Radar Station in Azerbaijan", Jan. 9th 2013, http://old.cacianalyst.org/? q=node/5902.（上网时间：2019 年 5 月 20 日）

奉行的立场和对俄反恐立场的支持给予高度评价。阿利耶夫则指出，自普京2001 年 1 月访问阿塞拜疆以来，阿俄关系进入新的发展阶段，双边关系正得到全面快速发展。为加快双边关系调整，俄罗斯还将 2005 年定为“阿塞拜疆年”，同时，普京在访问亚美尼亚的过程中也表达了希望冲突双方通过谈判解决问题的意图。尽管如此，仅靠表面华丽的外交辞藻不可能掩盖莫斯科在该地区地缘政治竞争中的颓势。由于美国及北约与阿塞拜疆军事合作的加强，西方能源公司对阿塞拜疆能源开发的全面介入，俄罗斯的优势地位已经不在。

（二） 俄罗斯在阿能源出口管线争夺中落于下风

对阿塞拜疆而言，能源不仅是一种自然资源，而且是维护国家政治利益和经济独立的重要手段。阿塞拜疆积极推动能源出口走向多元化，特别是流向欧洲，以摆脱俄罗斯的控制。2006 年 7 月，西方积极推动的巴库—第比利斯—杰伊汉输油管道（BTC）正式开通，成为阿塞拜疆能源出口流向实现多元化的标志性事件。这条输油管道对欧盟来说具有重要战略意义，自此，里海的石油可以通过管道陆路抵达地中海后再运往欧洲。对阿塞拜疆而言，其再也不用通过“巴库—新罗西斯克”这一唯一外运石油管道、借道俄罗斯向第三国输送石油。这也是莫斯科一直反对该输油管线建设的重要原因。目前，这一连接里海和地中海的输油管道已经成为巴库的主要石油出口管道，年输油能力最高达 5000 万吨以上，使阿塞拜疆最终成为欧盟能源供应的重要一环。2014 年，巴库—第比利斯—杰伊汉管道输送石油 2850 万吨。正是在这种背景下，2013 年 5 月 5 日，俄罗斯总理梅德韦杰夫签署命令，被迫终止了有关阿过境俄罗斯通过巴库—新罗西斯克输油管道向第三国送油的政府间协议。原因很简单，近年来阿塞拜疆石油几乎都经巴库—第比利斯—杰伊汉输油管道外运，无法完成与俄罗斯政府协议规定的输油量，导致俄石油管道运输公司从该项目中连管道维护费都无法收回。此外，2006 年 11 月，阿塞拜疆与欧盟签署了双边能源伙伴关系谅解备忘录。在文件中，双方表示将力争使能源政策接轨，最终实现双方电力和天然气市场的融合。这是年初欧盟遭受“断气”危机后，在谋求能源进口多元化，以加强欧盟能源安全上取得的初步成果。自此，能源合作成为欧盟和阿塞拜疆双边关系的核心部分。此外，巴库—第比利斯—埃尔祖鲁姆天然气管道于2007年7月正式输气，设计能力70亿立方米/年，管道全长692千米，与BTC管道平行。土耳其与阿塞拜疆签订了15年的天然气合同，总计达910亿立方米。2010年，阿塞拜疆通过该管道向格鲁吉亚和土耳其分别出口天然气10.3亿和43.5亿立方米。

为摆脱对俄罗斯能源的过分依赖，切实加强能源供应安全，2008年11月，欧盟委员会通过了《欧盟能源安全和合作行动计划》，内容包括修建所谓“南方天然气走廊”（SGC）计划，也就是铺设跨里海海底天然气管道，使欧盟绕过俄罗斯直接获得中东与里海沿岸国家的天然气资源，以摆脱对俄天然气的过度依赖。“南方天然气走廊”包括纳布科天然气管道、跨亚得里亚海天然气管道（TAP）和跨安纳托利亚管道（TANAP）、土耳其—希腊—意大利管道（ITGI）等多条管道项目。早从2002年起欧洲就开始筹备纳布科管道项目（从里海，经由南高加索地区到黑海，再通往欧洲，长达3300千米），以降低对俄罗斯天然气的依赖，但由于气源、成本、资金及地缘政治等因素而迟迟未开工。不久，欧盟委员会主席巴罗佐（Jose Manuel Durao Barroso）访问巴库，阿塞拜疆和欧盟签署了《南方天然气走廊联合宣言》等重要文件。这是双方签署的首份天然气供应合作文件，规定阿将保证向欧盟天然气的足量供应，而欧盟方面将保证阿方天然气能够顺利进入欧洲市场。该协议使欧盟从里海地区直接进口天然气有了法律保障，是欧盟能源安全建设中的重大突破。至此，有着较大出口潜力（每年300亿—500亿立方米）并一直在俄欧之间摇摆不定的阿塞拜疆最终选择了把天然气出口重点朝向欧洲。随后，欧盟宣布启动同阿塞拜疆和土库曼斯坦的谈判。同时，阿塞拜疆准备把天然气销往乌克兰。① 不仅如此，阿

① Robert M. Cutler, “Azerbaijan Set to Sell Gas to Ukraine”, Sept. 21th, 2011, http://old.cacianalyst.org/? q = node/5628.（上网时间：2019年5月20日）

塞拜疆还在欧洲“睦邻政策”框架内发展与欧盟的全面合作关系。2006年，阿塞拜疆和欧盟签署了为期5年的《阿塞拜疆—欧盟行动计划》，双方在外交、安全、国防、能源、经贸、交通、通信等领域展开了一系列合作。欧盟通过“东部伙伴关系计划”，援助支持阿塞拜疆的经济和政治改革，使其体系接近欧盟标准。

压力之下，俄罗斯曾试图说服阿塞拜疆把天然气卖给自己，这是梅德韦杰夫2010年9月初访问阿塞拜疆的主要目的。访问期间，俄罗斯天然气工业公司同阿塞拜疆国家石油公司签署了天然气采购附加合同。根据合同，俄罗斯当年向阿塞拜疆采购5亿立方米天然气，之后采购额提高到10亿立方米（从2010年1月1日起），2011年采购额将增长到20亿立方米，2012年增加到了30亿立方米。俄罗斯天然气工业公司总裁米勒（Алексей Миллер）在合同签署后说：“显然，阿塞拜疆将增加对俄罗斯的天然气出口作为优先方向。现在已经很清楚，俄罗斯方向是最可靠和安全的通道。”① 分析人士认为，俄罗斯的目的就是为了阻碍纳布科天然气管道的建设。② 阿塞拜疆没有能力大幅提高天然气出口量，其主要希望寄托于沙赫德尼兹巨型气田二期项目的投产，设计开采能力为每年160亿—250亿立方米。米勒曾多次表示俄气公司准备采购这些天然气。不过，欧盟的能源公司也希望得到该气田二期的天然气。事实是，对于俄罗斯天然气工业公司来说，采购阿塞拜疆天然气并向欧洲国家转卖并不合算。2010年阿天然气的平均价格为每千立方米244.5美元，而俄气销售给欧洲的天然气价格为280美元，加上运输费用俄方实际是亏本的。显然，俄天然气工业公司的主要目的是不让欧洲损害其采购独联体国家天然气的垄断地位。俄罗斯坚决反对欧盟的跨里海管道项目和纳科布项目，认为这将导致地区形势更加复

---

① Миллер: Азербайджан может в несколько раз увеличить поставки газа в РФ. [Электронный ресурс]. – URL: https: // ria. ru/20100903/271897637. html (дата обращения: 10. 06. 2020)

② Дмитрий Медведев ограничил Азербайджан: Газ из этой страны пока не потечет в Nabucco // Газета “Коммерсантъ”. – 2010, 4 сентября. №163 (4463).

杂化。在莫斯科看来，如此规模的项目应有包括俄罗斯、哈萨克斯坦、土库曼斯坦、阿塞拜疆、伊朗等所有里海沿岸国家的共同参与，同时也担心自己在欧洲市场的地位被削弱。而阿塞拜疆则表示，自己和土库曼斯坦有权决定跨里海管道项目的实施，俄罗斯无权干涉。不满之余，俄罗斯很快提出了“南溪”管道项目进行应对，并加快推进实施。“南溪”天然气管道由俄、意、德、法四国的能源集团共同出资建设，该工程管道总长近 3000 千米，年输气能力可达 630 亿立方米，项目总投资约 160 亿欧元。为了确保未来向“南溪”管道的正常供气，俄气还计划投资近 170 亿美元建造南方走廊天然气运输系统，未来将把天然气穿过俄罗斯泵送到“南溪”管道。在“北溪”天然气管道二期工程投入运营的基础上，俄气还投巨资改造白俄罗斯的天然气管线，将该管线对欧输气能力提高了 30%。在这种情况下，俄罗斯不顾欧盟方面的指责仍继续推进“南溪”工程，背后有其深刻的战略考量。一方面，“南溪”管道工程降低了对过境国的依赖，生产和消费市场直接对接，不仅可以降低过境费还可以避免地缘政治风险；另一方面，能源管道的走向已经不是简单的经济问题，在一定程度上其地缘政治意义更加突出，所以，“南溪”管道工程不仅能够帮助俄罗斯拓展南欧的天然气市场，恢复在这一传统地区的政治影响也是其中的重要选项。

“南溪”工程与旨在绕开俄罗斯的纳布科项目形成了直接竞争，所以，欧盟坚决反对该项目的实施。尽管与纳布科管道相比，“南溪”管道具有更好的经济利益，但“南溪”管道还是面临来自欧洲的强大阻力，布鲁塞尔坚决推行绕过俄罗斯的“南方天然气走廊”计划。2011 年 12 月，阿塞拜疆和土耳其就 TANAP 天然气管道签署合作备忘录，欧盟委员会很快将其纳入“南方天然气走廊”计划。阿塞拜疆不仅是“南方天然气走廊”计划的支持者，更是该项计划的积极推动者。2012 年 6 月，土耳其和阿塞拜疆在原有协议备忘录的基础上正式达成协议，合作修建跨安纳托利亚天然气管道，把沙赫德尼兹二期的天然气经过土耳其输送到欧洲。2014 年 9 月 20 日，在巴库举行了被称作 21 世纪

“世纪工程”的TANAP项目的开工奠基仪式。阿塞拜疆和保加利亚的总统，希腊、格鲁吉亚和黑山的总理，以及英国石油公司（BP）的执行总裁等出席仪式。阿塞拜疆总统阿利耶夫指出，阿已探明天然气储量为2.5万亿立方米，预测储量为4万亿立方米，在阿石油天然气领域已经集结了新的国际团队，这一庞大能源工程的建设将对许多国家乃至整个地区的命运产生巨大影响。① 与此同时，2016年5月，跨亚德里亚海天然气管道项目奠基仪式在希腊塞萨洛尼基举行。TAP项目是“南方天然气走廊”项目的一部分，它将在希、土边境与TANAP项目相连。TAP线路通过保加利亚、罗马尼亚、匈牙利等国境内，这些美国的盟国都严重依赖俄罗斯的天然气，所以，该项目得到美国的支持。实际上，跨安纳托利亚管道成为纳布科项目最先启动的一部分，但在选择TAP项目后，纳布科管道项目应该很难执行了。TANAP是为沙赫德尼兹二期设计的专用管道，而且具备改扩建能力，可用于阿境内其他项目甚至土库曼斯坦生产的天然气运输，该管道建设对于阿塞拜疆与欧洲来说是一个双赢的战略。2018年7月，英国石油公司开始从阿塞拜疆的巨型沙赫德尼兹气田通过TANAP向土耳其商业化输送天然气。截至2020年5月底，TAP管道建设已完成96%。② 在土耳其和希腊边境，TAP将与TANAP连接起来，穿过希腊、阿尔巴尼亚和亚得里亚海的海底到达意大利南部。根据协议，TAP管道计划于2020年向欧洲首次交付阿塞拜疆天然气100亿立方米，对于保加利亚、希腊及意大利具有重要意义。同时，英国石油公司及其合作伙伴还宣布，将投资在阿塞拜疆开发多个大型天然气项目。

这样，欧洲在得到里海的石油不久又得到该地区的天然气供应，对于布鲁塞尔所一直强调的能源供应来源多样化战略是一个巨大的促进。对于阿塞拜疆

① Сохбет Мамедов. Баку пробил газовый коридор в Европу: Азербайджан пытается конкурировать с Россией в энергообеспеченииСтарого Света // Независимая газета. – 2014, 22 сентября.

② Строительство газопровода TAP завершено на 96%. [Электронный ресурс]. – URL: https://news.myseldon.com/ru/news/index/232495590(дата обращения:20.06.2020)

而言，对欧洲稳定的出口所带来的收益将是多方面的，通过加深与欧盟及土耳其的经济融合，对于巩固和加强自己在高加索地区的地位和影响是大有裨益的。由于这些国家严重依赖俄罗斯的天然气，美国从地缘战略利益出发支持该项目的实施。至此，阿塞拜疆天然气到达欧洲的路径终于尘埃落定，欧洲天然气市场建设出现重大转折，有了除俄罗斯以外可靠的管道天然气供应，未来规模将会很可观。乌克兰危机后，"南溪"项目更遭到欧盟的竭力阻止，俄罗斯于 2014 年 12 月叫停了该项目。在与土耳其关系改善后，莫斯科转而推动"土耳其溪"天然气管道。2020 年 1 月，历时 2 年多的"土耳其溪"天然气管道正式启用。该天然气管道项目开通后，每年最多可提供 315 亿立方米的天然气，一部分输往土耳其，另一部分则是输送到欧洲南部。尽管如此，俄罗斯在该地区能源输出中的垄断地位已经不再，未来面临的挑战会越来越大。

（三） 俄阿关系前景仍不明朗

在当前高加索的地缘政治格局中，俄罗斯似乎很难找到扭转俄阿关系的杠杆。也许在应对激进的伊斯兰极端主义和对民主、人权的认知上，双方有着共同的需求。在阿塞拜疆，当局同俄罗斯一样要面对伊斯兰极端势力，特别是瓦哈比教派的迅速传播所带来的挑战。有证据表明，这两个国家的极端主义组织正在不同地区协调它们的活动，所以，利益的一致性，可能会鼓励这两个国家建立合作关系。[1] 此外，美国的政治和道义追求，决定了华盛顿虽然从地缘政治角度上可以容忍阿塞拜疆的"非民主政治"进程，但它也从没有间断对巴库就民主和人权议题的指责和批评。小阿利耶夫（И. Г. Алиев）很清楚，美国的民主理想要求他永远也达不到。所以，在这方面，阿塞拜疆与俄罗斯面临着共同的选择和相近的利益，因为，与西方不同，莫斯科从来没有在这方面指责过

① AndreyYepifantsev,"Russiain Transcaucasia: What's Gone Wrong?",Russia in Global Affairs, Sept. 24,2011, https://eng. globalaffairs. ru/articles/russia - in - transcaucasia - whats - gone - wrong/(上网时间: 2019 年 5 月 20 日)

巴库。

阿塞拜疆天然气有助于欧洲能源来源多样化，但目前来看短期内欧洲还难以大幅减少对俄罗斯天然气的依赖，而且在选择跨亚得里亚海管道项目后，事实上纳布科管道项目更加难以启动了。值得注意的是，俄罗斯也在逐步调整在"纳卡"问题上的立场，其对阿塞拜疆的政策正趋于务实。2008 年，在"纳卡"冲突地区曾出现了局势极为紧张的势头，冲突各方全面破坏了停火协议。最终，在俄罗斯总统梅德韦杰夫的调停下，亚、阿签署了关于两国准备基于国际法原则与准则通过政治途径在本地区建立稳定与安全局势的声明，使危机得以缓和。经过长期磋商，阿俄就重建萨姆河跨界大桥达成协议，双方确定在平等原则的基础上分摊建设费用，两国还签署了边境协议。所以，尽管对莫斯科与埃里温就俄驻亚军事基地达成协议表示不满，但巴库并没有过激的举动。同时，阿利耶夫也一直没有正面回应萨卡什维利提出的所谓格阿组成对抗俄罗斯的联邦的提议。① 2012 年 1 月，在与俄总统梅德韦杰夫会晤中，阿利耶夫感谢其"在寻找纳戈尔诺—卡拉巴赫问题调解渠道方面付出的努力"，而且，巴库与埃里温向莫斯科发出请求，希望其能在两国开展人文交流方面担任"中间人"和倡导者的角色。② 对此，莫斯科当然是欣然应允。2013 年 8 月 13 日，普京率多名政府高官访问阿塞拜疆。这是俄罗斯总统七年来第一次访问阿塞拜疆，表明了俄罗斯将在高加索地区发挥影响力的强烈意志。访问期间，双方签署了多项合作协议：两国石油公司签署了石油开采与运输合作协议；两国紧急情况部共同签署了 2013—2015 年合作协议。③ 阿利耶夫说："阿塞拜疆与俄罗

---

① Где Кура – там и "дом". [Электронный ресурс]. – URL: http: // www. golosarmenii. am/ru/20089/world/8930/(дата обращения: 20. 06. 2020)

② Президенты России и Азербайджана обсудили ситуацию на Кавказе. [Электронный ресурс]. – URL: http: // kavkazinfo. net/news/view/7910 (дата обращения: 20. 06. 2020)

③ Президенты России и Азербайджана обсудили вопросы двустороннего сотрудничества. [Электронный ресурс]. – URL: http: // www. russkie. org/index. php? module = fullitem&id = 30132 (дата обращения: 20. 06. 2020)

斯今天签署了重要的能源合作协议，双方在石油与天然气领域的合作将进入新的阶段，两国之间的合作将取得更大成功。"① 除了高层互访，在俄—阿对话会议框架内，每年都举行双边国际区域论坛（圆桌会议）。相应地，两国的经贸合作取得了很大进展。2011 年、2012 年双边贸易额同比增长均超过了 50%。但两国的贸易总量并不大，只有 20 多亿美元，且快速增长主要得益于俄购阿天然气的翻倍递增，这很难说是真正的市场行为，更多的是一种地缘政治考量。

乌克兰危机后，阿塞拜疆坚持奉行多元平衡的外交政策，希望利用在南高加索地区的地缘优势，既与俄罗斯保持战略伙伴关系，也积极谋求与欧盟及北约加深合作。一方面，在与欧盟加深能源领域合作的同时，阿塞拜疆并没有向外界所猜测的那样与欧盟签署联系国协议。阿塞拜疆总统直属支持非政府组织委员会主席、国民议会议员阿扎伊·古利耶夫（Азай Гулиев）表示，"为什么巴库没有签署联系国协议？因为阿塞拜疆不想破坏与俄罗斯的关系。我们不想成为依附西方某些国家团体的傀儡国"。② 阿塞拜疆总统阿利耶夫更进一步表示，阿塞拜疆已经在欧洲一体化框架内采取了所有必要步骤，再采取进一步的行动是徒劳无益的，而且欧盟的某些程序对于阿塞拜疆来说是不可接受的。他说，"我们看到了一些进程，尤其是在宗教基础上的进程。这对我们来说是可以接受的吗？不。在某些情况下，所谓的'反对派'拿着欧盟旗帜走上街头，他们希望在布鲁塞尔决定阿塞拜疆的命运？我们不能把命运交给其他人。我们有自己的历史和价值观"。③ 这是阿利耶夫对欧洲指责和批评阿塞拜疆人权和政治的回应，也是其平衡外交的体现。目前，双方正在谈判新的相互关系的基础

① Президенты России и Азербайджана обсудили вопросы двустороннего сотрудничества. [Электронный ресурс]. – URL: http://www.russkie.org/index.php?module = fullitem&id = 30132（дата обращения:20.06.2020）

② Гулиев: Баку не принял ассоциацию с ЕС, чтобы сохранить отношения с РФ. [Электронный ресурс]. – URL: https://ria.ru/20151026/1308500177.html（дата обращения: 20.06.2020）

③ Президент Азербайджана назвал невозможнымвступление в ЕС. [Электронный ресурс]. – URL: https://www.interfax.ru/world/689097（дата обращения:28.12.2019）

性条约，阿塞拜疆被要求接近欧盟贸易规范和标准，以取代1996年达成的伙伴关系和合作协议。关于新条约的第一轮谈判于2017年2月在布鲁塞尔举行，按照阿利耶夫的说法，协议的绝大多数条款——大约90%——已经达成。但双方在阿加入世贸组织以及能源价格问题上仍有分歧，阿利耶夫表示，除非符合阿塞拜疆的利益，否则阿塞拜疆不会与欧盟签署协议。①

另一方面，阿塞拜疆也多次表示不排除加入欧亚经济联盟的可能，但还需要观察。2015年10月26日，阿塞拜疆经济工业部副部长塞维妮·哈萨诺娃（Севиндж Гасанова）表示，阿塞拜疆不排除加入欧亚经济联盟的可能性，但需要详细评估。② 2016年10月18日，阿塞拜疆总统阿利耶夫称，各国专家及政治精英对阿塞拜疆是否会加入欧亚经济联盟谈论已久，阿塞拜疆对目前所处的状态信心十足，如果其具有吸引力，不排除阿塞拜疆在未来加入的可能性。③这种表态的原因在于，阿塞拜疆无论是在解决“纳卡”冲突问题上，还是在经济贸易领域，都需要俄罗斯的支持。尽管有美国和欧洲的介入，但俄罗斯在调停“纳卡”冲突中的主导作用是无可替代的。俄罗斯是阿塞拜疆的主要贸易伙伴之一，两国贸易额不断增长，贸易和相互投资是阿塞拜疆与俄罗斯关系的主要方向之一。阿俄签署了为期十年的投资保护协定，以及海关签署有关互认一系列农产品海关监管结果的议定书，简化了阿部分农产品向俄出口的海关手续。目前，俄罗斯与阿塞拜疆的年贸易额约25亿美元，包括俄罗斯出口约17亿美元和从阿进口约8亿美元；俄罗斯对阿塞拜疆经济的投资约为47亿美元，阿塞拜疆向俄罗斯经济投资约12亿美元；大约600家合资公司在阿塞拜疆市场

---

① Алиев: Азербайджан не подпишет соглашение с ЕС, если оно не будет отвечать его интересам. [Электронный ресурс]. – URL: https://tass.ru/ekonomika/7408755 (дата обращения: 28.12.2019)

② Замминистра экономики: Азербайджан допускает возможность участия в ЕАЭС. [Электронный ресурс]. – URL: https://tass.ru/ekonomika/2378568 (дата обращения: 28.12.2019)

③ Алиев о вступлении в ЕврАзЭС: ничего исключать нельзя. [Электронный ресурс]. – URL: https://ria.ru/20161018/1479446917.html (дата обращения: 28.10.2016)

运营，其中200家左右是俄罗斯独资公司。[①] 2016年4月，阿塞拜疆与亚美尼亚再次爆发大规模军事冲突。4月8日，正在巴库访问的俄总理梅德韦杰夫表示，"纳卡"问题只有通过和平谈判和相互妥协才能得以解决，作为欧洲安全与合作组织明斯克小组的成员，俄罗斯支持和平解决"纳卡"问题，并将继续努力寻求解决方案。[②] 普京也表示，俄罗斯将继续致力于寻求一个阿、亚都能接受的和平方案，以解决"纳卡"问题。2018年6月13—14日，阿塞拜疆总统阿利耶夫访问莫斯科，会见了普京并参加了世界杯开幕式。其间，普京还将阿利耶夫介绍给5月刚当选的亚美尼亚新总理尼科尔·帕希尼扬（Н. В. Пашинян），尽管双方没有任何接触、讨论或实质性的交流。相应地，阿俄最高领导人、外长及议会频繁接触，各领域合作得到加强。双方还表示愿意在共同打击恐怖主义、宗教极端主义、毒品买卖、贩卖人口和网络犯罪等领域加强合作。2018年9月1日，阿利耶夫又正式访问俄罗斯索契，双方讨论了双边议程上的各种问题，签署了一系列政府间文件和商业文件，宣布了俄罗斯和阿塞拜疆经济合作的优先方向。这一年，两位总统至少会晤了四次。同时，双方军事技术领域合作不断扩大。阿利耶夫总统指出，阿塞拜疆从俄罗斯购买了价值50亿美元的武器，两国军事技术合作有着悠久的传统，随着阿塞拜疆军队的现代化，这一数字还将上升。[③] 俄罗斯向阿塞拜疆提供了T－72坦克、TT80装甲运输机、K型和E型多用途直升机、防空系统等。除军事技术合作外，两位领导人还讨论了"纳卡"问题。2019年6月，阿塞拜疆首次参加了国际军事技术论坛"陆军2019"。在论坛上，俄罗斯和阿塞拜疆签署了一份军事

---

① Межгосударственные отношения России и Азербайджана. [Электронный ресурс]. – URL: https://ria.ru/20191003/1559309920.html (дата обращения: 28.10.2019)

② Медведев рассказал об интересах России в Нагорном Карабахе. [Электронный ресурс]. – URL: https://lenta.ru/news/2016/04/08/medvedev_baku/ (дата обращения: 18.04.2016)

③ Азербайджан закупил у России оружие на $5 млрд. [Электронный ресурс]. – URL: https://iz.ru/784303/2018-09-01/azerbaidzhan-zakupil-u-rossii-oruzhie-na-5-mlrd (дата обращения: 18.09.2018)

工业合作备忘录。此外，两国人文交流也不断扩大。阿塞拜疆与俄联邦的 78 个行政者保持区域间联系，文化和教育领域的合作不断扩大。俄语教育在阿塞拜疆不受限制，莫斯科国立大学在巴库设有分校，2015 年成为莫斯科第一国立医科大学的分支机构。2018 年，有 80 多万俄罗斯游客访问了阿塞拜疆。

值得注意的是，巴库还正在发挥俄罗斯与美国及北约军方对话平台的作用。乌克兰危机爆发之后，北约宣布冻结与俄罗斯的合作关系。但随着北约与俄罗斯对峙加深，俄罗斯与美国及北约军方高层已经多次选择在巴库进行会晤。阿塞拜疆是与欧盟签署联系国协议，还是退出“东部伙伴关系计划”，甚至能否短期内达成双边关系的基础性条约，都是对巴库与布鲁塞尔关系的重要考验。同时，阿塞拜疆加入欧亚经济联盟也存在可能性，包括像乌兹别克斯坦一样取得观察员身份。如果成行，其地缘政治影响将是巨大的，对于俄罗斯巩固南部战略安全和牵制欧盟能源战略具有重要意义。尽管还要看亚美尼亚的立场，而且阿塞拜疆也强调解决“纳卡”问题是入盟的前提，但如果巴库与欧盟关系继续恶化，以及不断强化对俄罗斯的依赖，为寻求俄罗斯帮助解决“纳卡”问题，阿利耶夫启动入盟程序也是一个选择。这显然是俄罗斯最愿意看到的，相信接下来莫斯科将加大在这方面的外交投入。

四、唯一的战略支点：俄罗斯与亚美尼亚的同盟关系

在外高加索三国中，只有亚美尼亚是独联体集体安全条约组织的成员。埃里温是莫斯科在高加索地区最可靠的战略伙伴，同样地，至少目前埃里温还无法找到另一个比莫斯科更可靠的支持者，其在安全和能源上对俄罗斯存在着严重依赖。[①] 在与阿塞拜疆和格鲁吉亚存在纷争，特别是在与后者的关系长期不

---

① Sergei Minasyan,“Look Not a Gift Tank in the Muzzle”, Russia in Global Affairs, Apr. 15, 2013, http://eng.globalaffairs.ru/number/Look-Not-a-Gift-Tank-in-the-Muzzle-15937.（上网时间：2019 年 5 月 20 日）

睦的情况下，通过与亚美尼亚的战略结盟，俄罗斯维持着在高加索的战略存在，而亚美尼亚也借助俄罗斯的支持在与阿塞拜疆的长期领土争端中维持着均势。

亚美尼亚和俄罗斯特殊的伙伴关系建立在超过200项国家间、政府间和机构间条约和协定的基础上，两国的合作主要集中在安全领域和能源领域，俄向亚提供武器装备，负责军事人员培训，以及供应天然气资源。两国关系的基本文件是《友好、合作与互助条约》和2000年9月26日在莫斯科签订的《面向21世纪的俄罗斯联邦和亚美尼亚共和国联盟关系宣言》。出于地缘政治和经济的考量，亚美尼亚在加强共同安全责任、推动独联体一体化合作等方面，始终保持着与俄罗斯基本一致的立场。除通过集体安全条约组织加强军事合作外，俄亚两国国防部还在2010年达成双边军事合作计划，规定在亚美尼亚久姆里的俄军第102军事基地可以驻扎至2044年。[①] 俄罗斯还是亚美尼亚重要的经贸伙伴和投资国，更是亚美尼亚商品最主要的销售市场，两国在能源（包括核能）、交通、矿山开采、技术创新等领域都有着深入的合作。为偿清债务，亚美尼亚允许俄罗斯取得亚美尼亚企业的股份。2013年3月，谢尔日·萨尔基相（С. А. Саргсян）在成功连任总统后首次外访就来到俄罗斯，显示出亚美尼亚对俄罗斯的重视和依赖。在会见中，普京对萨尔基相的成功连任表示祝贺，强调俄罗斯与亚美尼亚具有“特殊关系”，俄打算继续扩大对亚美尼亚的投资，而萨尔基相也表示，两国不存在任何分歧，亚美尼亚希望在经济方面继续得到俄罗斯的帮助和支持。

当然，亚美尼亚也同样面临外交选择问题。一方面是提供安全和能源保障的俄罗斯，另一方面是欧盟联系国协议的吸引。自20世纪90年代中期，亚美尼亚就与欧盟开始了实质性接触，双方在欧盟的《伙伴关系与合作协定》框架

---

① Итоги переговоров РФ и Армении: военная база, мирный атом и инвестиции. [Электронный ресурс]. – URL: https: // ria. ru/20100820/267238963. html (дата обращения: 18. 06. 2020)

内开展了一系列合作项目。2009 年以来，欧盟又邀请亚美尼亚加入“东部伙伴计划”，双方已经在简化签证手续、扩大人员交往等方面达成了一系列共识。2012 年 8 月，欧盟委员会通过了针对亚美尼亚的 2012 年度行动计划，拨款 6000 万欧元援助亚美尼亚的法制改革、促进亚美尼亚和欧盟之间的自由贸易。现在，欧盟已经是亚美尼亚的最大贸易伙伴。作为伙伴计划的重要组成部分，双方自 2012 年 2 月决定启动自由贸易区谈判。欧盟方面强调，双边联系国协议的签署将有助于亚美尼亚开放市场吸引外资，促进该国的全面发展。这样，自 2013 年以来，很多人开始担心俄罗斯与亚美尼亚关系的前景，但这种担心很快被谢尔日·萨尔基相加入关税同盟的声明所冲淡。与乌克兰一样，亚美尼亚也被欧盟确定为 2013 年 11 月维尔纽斯峰会上的联系国协议签署国，但 2013 年 9 月，谢尔日·萨尔基相总统突然宣布了加入俄罗斯、哈萨克斯坦及白俄罗斯三国关税同盟的决定，引起欧盟，特别是其东部成员的忧虑。① 这是埃里温在俄罗斯与欧盟二选一压力下被迫做出的一种无奈选择。显然，亚美尼亚不想冒险，对它来说，安全问题显然要大于经济，而在这方面俄罗斯所提供的保障是具有实质性的，特别是军事基地的存在，而与欧盟的联系国协议只是一种潜在的利益，而且俄罗斯在亚美尼亚也进行了较大规模的投资。相对于与俄罗斯的全面合作，亚美尼亚与欧盟的合作主要集中在经济领域。所以，萨尔基相的选择是务实的，短期来看，能够给亚美尼亚带来安全及经济利益的，非俄罗斯莫属。

乌克兰危机后，俄亚同盟关系更显示出其价值。两国高层政治接触和互动频繁，两国总统在独联体集体安全条约组织、欧亚经济联盟和独联体及国际峰会上多次会面。在度过了 2018 年上半年的动荡后，亚美尼亚新总理尼科尔·帕希尼扬（Н. В. Пашинян）和新总统阿尔缅·萨尔基相（А. В. Сар-кисян）相继访问俄罗斯，两国领导人及政府之间建设性互动增多。俄罗斯是亚美尼亚

---

① Кнут и пряник для Армении. [Электронный ресурс]. – URL: http://www.gazeta.ru/business/2013/09/04/5637749.shtml (дата обращения: 18.06.2020)

的主要经济伙伴，其在亚美尼亚对外贸易平衡中所占的份额约为24%；俄罗斯还是亚美尼亚经济的最主要外国投资者，自1991年以来，俄罗斯对亚美尼亚经济的投资超过40亿美元，占该国所有外国投资的40%；在亚美尼亚有1300多家俄罗斯资本的企业和独立实体，占比达27.6%。① 俄罗斯投资集中在能源、银行、冶金和建筑业、通信和信息技术领域。亚美尼亚"中小企业投资"信贷组织与俄罗斯直接投资基金还签署了成立联合投资基金的协议，这是俄罗斯直接投资基金在独联体境内首个合作项目。同时，埃里温也建议从国外吸引亚美尼亚投资者到俄罗斯。新总统阿尔缅·萨尔基相说："俄罗斯在亚美尼亚的投资是相当大的，我们有俄罗斯银行、俄罗斯天然气工业公司、一些企业家，但未来的亚美尼亚必须比今天强大得多。……俄罗斯的经验，我们在欧亚合作平台上的联系，不仅应该允许俄罗斯的投资流入亚美尼亚，也应该允许亚美尼亚的投资流入俄罗斯。我的意思是，来自亚美尼亚及其海外侨民，来自美国和法国的亚美尼亚人，我的角色之一是鼓励他们不仅投资亚美尼亚，而且投资俄罗斯。"② 来自俄罗斯的侨汇收入是亚美尼亚国家外汇收入的主要来源。2018年，亚美尼亚侨汇收入（非商业性质自然人通过银行汇入）为17.85亿美元，其中来自俄罗斯的占58.8%。③ 亚美尼亚与俄罗斯文化和旅游合作也不断深化。在埃里温有俄罗斯—亚美尼亚大学（斯拉夫语）和俄罗斯埃里温科学与文化中心。俄罗斯是亚美尼亚游客人数来源最多的国家，每年亚美尼亚的旅游

---

① Экономические отношения России и Армении. [Электронный ресурс]. – URL: https://ria.ru/20160310/1387363184.html (дата обращения: 18.03.2016)

② Ереван предложил привлечь в Россию армянских инвесторов из – за рубежа. [Электронный ресурс]. – URL: https://ria.ru/20191215/1562415524.html (дата обращения: 18.12.2019)

③ 中华人民共和国驻亚美尼亚共和国大使馆经济商务处，"亚美尼亚2018年宏观经济情况"，http://am.mofcom.gov.cn/article/ddgk/zwjingji/201907/20190702883390.shtml。（上网时间：2019年12月28日）

收入有12亿美元，其中45%是俄罗斯游客提供的。① 现在，亚美尼亚和俄罗斯已经实现共用国家支付系统。在能源领域，亚美尼亚继续享受相对较低的天然气价格。经过磋商，自2016年1月1日起实行新天然气价格，俄对亚天然气供应单价下调25美元，为165美元/千立方米。除了天然气领域合作外，双方正就延长亚美尼亚核电站第二机组的使用寿命展开合作。根据亚俄两国政府签署的协议，亚美尼亚将获得2.7亿美元贷款和3000万美元赠款。军事领域合作无疑是两国关系中的最大亮点。俄罗斯和亚美尼亚军事领域的协作旨在确保两国的安全、独联体南侧和高加索地区的稳定。2015年12月，两国国防部长在莫斯科签署了在高加索集体安全区设立联合地区防空系统的协议。现在，亚美尼亚武装部队作为联合防空系统的一部分已经参加战斗值班。同时，双方正在组建联合部队，主要目的是保障两国在高加索集体安全区的安全。2019年1月，俄罗斯和亚美尼亚签订了一份合同，供应最新的AK－12冲锋枪；5月，亚美尼亚开始从俄罗斯购买多功能苏－30战斗机，共购买12架。同时，俄罗斯全球导航卫星系统“格洛纳斯”（ГЛОНАСС）在亚美尼亚的巴拉坎（Burakan）天体天文台开通。

虽然俄罗斯与亚美尼亚的关系发展得较为平稳，经济合作取得进展，军事基地得以长期保存，但仍面临着诸多挑战。就经济领域而言，在财产与债务互换的过程中，俄罗斯接管了亚美尼亚经济的一大块，很多亚美尼亚人认为存在严重低估价格的情况。为了偿还对俄罗斯的国家债务，亚美尼亚放弃了多家企业控制权。亚美尼亚80%的能源来自俄罗斯，俄罗斯公司拥有亚美尼亚电网100%的股份，俄罗斯铁路公司也投入大量资本发展亚美尼亚铁路网。实质上，决定俄罗斯对亚美尼亚政策的关键点还是地缘政治。亚美尼亚与俄罗斯的结盟也使自己在地缘政治上被隔离，包括交通运输和通信线路等都面临困境。不仅有阿塞拜疆和土耳其对亚美尼亚进行封锁，还有格鲁吉亚。俄格冲突后，外高

① Межгосударственные отношения России и Армении. [Электронный ресурс]. – URL: https://ria.ru/20191001/1559269888.html (дата обращения: 18.10.2019)

加索铁路被破坏，公路海关检查站关闭了很长时间。对亚美尼亚而言，长期孤立是很危险的。亚美尼亚的军事潜力与拥有丰富天然气资源的阿塞拜疆的差距在增大，而且后者背后是北约强国土耳其，而埃里温在"纳卡"问题上只能依赖俄罗斯。针对2016年4月初亚美尼亚与阿塞拜疆冲突扩大，俄罗斯驻亚美尼亚大使伊万·沃伦金（Иван Волынкин）在参观亚美尼亚种族灭绝博物馆之后对记者说，俄罗斯和亚美尼亚之间的关系难以动摇，但他也指出："俄罗斯与亚美尼亚和阿塞拜疆都保持着外交关系。因为亚美尼亚是俄罗斯的战略盟国，而阿塞拜疆是战略合作伙伴。"① 所以，一种不能排除的可能性是，出于更长远的经济和军事安全考虑，亚美尼亚可能试图脱离俄罗斯而转向西方，因为莫斯科已无法确保自己在该地区的长远利益，但不是现在。2018年12月10日，亚美尼亚代总理帕希尼扬在记者会上表示，亚美尼亚不打算加入北约。他说："我们不考虑成为北约成员，因为亚美尼亚是集体安全条约组织和欧亚经济联盟的成员。但亚美尼亚会积极承担自己的国际责任，与北约友好合作。同时，我们是俄罗斯和欧盟的合作伙伴，我们不受任何人的影响。"② 此外，俄罗斯对亚美尼亚政策的另一个弱点是过于僵化，没有注意到亚美尼亚整个社会的变动，不愿意与反对派建立互动关系。近年来，亚美尼亚的经济、社会和国内政治形势成为各界批评的目标，人们对改革缺乏、经济停滞、生活水平较低、两极分化和腐败等现象十分不满。莫斯科仍充分和直言不讳地表达对亚政府当权者的支持。当然，从外交角度讲，这样做是无可厚非的，但对于保护国家利益和寻求加强俄罗斯与亚美尼亚之间的关系而言，其显然不是最佳选择。③ 新总

---

① Посол РФ считает, что российско - армянские отношения очень сложно поколебать. [Электронный ресурс]. - URL: https: // ria. ru/20160424/1418756619. html (дата обращения: 26. 04. 2016)

② Пашинян заявил, что Армения не стремится в НАТО. https: // tass. ru/mezhdunarodnaya - panorama/5894421

③ Andrey Yepifantsev, "Russia in Transcaucasia: What's Gone Wrong? ", Russia in Global Affairs, Sept. 24, 2011, http: // eng. globalaffairs. ru/number/Russia - in - Transcaucasia - Whats - Gone - Wrong - 15334. (上网时间：2019年5月20日)

理帕希尼扬表示，亚美尼亚的对外政策在政治危机后不会改变。但从 2018 年 7 月底开始，无论是逮捕前总统罗伯特 · 科恰良（P. C. Кочарян），还是对现任集体安全条约组织秘书长哈恰图罗夫（Юрий Хачатуров）进行的刑事调查，帕希尼扬的一系列行动引起了莫斯科的不满。所以，俄罗斯的很多政策并没有结合亚美尼亚社会和国际地位的变化而进行相应调整，以符合形势发展的需要，同时更好地保护俄罗斯的利益。事实上，俄罗斯在外高加索有着多样化的利益，如何在亚美尼亚和阿塞拜疆之间取得平衡一直是莫斯科面临的一大挑战。

第五章　“外交新亮点”
——中东外交的转型与突破

冷战结束后，随着对外政策的全面调整，中东在俄罗斯外交中的地位逐步提升。21世纪以来，普京治下的俄罗斯加大了对中东事务的介入力度，其中既有经济利益考量，更有从战略上确立和提升俄罗斯作为世界一极的大国地位和影响力的需要，还可以对美国形成牵制以减轻来自欧洲方向的战略压力。后金融危机时代，随着国际形势的变化和自身国际地位的加强，俄罗斯在伊朗核问题、巴以冲突、叙利亚内战等中东热点问题上频频“出招”，赢得了相关各方的认可和积极评价。面对美欧围绕乌克兰危机对俄罗斯展开的制裁和打压，中东依然被普京视为突围的重点方向，通过军事介入叙利亚战争，极大地提升了俄罗斯在中东的地缘战略地位和国际影响力。

一、俄罗斯中东政策的调整

转型之初，俄罗斯在外交领域延续了苏联在戈尔巴乔夫后期所推行的全面收缩政策，把外交重点押宝在美欧身上，希望借此完成国内经济转轨，以迅速摆脱困境。在这种背景下，俄罗斯的中东政策只是笼统地强调要保障国家安全，防止中东政治和军事冲突对不稳定的高加索和中亚局势造成冲击，以及利用该地区的潜力复兴经济。① 在从 1993 年开始的对外政策调整中，俄罗斯主要仍从确保独联体南部侧翼安全和利用该地区潜力来促进经济复苏的角度来看待发展与中东国家的关系。② 由于种种原因，俄罗斯还无暇顾及中东地区事务，多年来所建立起来的传统联系急剧下降，其在中东地区政治和经济上的影响力几乎丧失殆尽。相应地，美国则利用海湾战争和俄罗斯的外交收缩确立了在中东的主导地位。这样，在中东问题上，俄罗斯只能是被动应付，沦为美国的配角。作为马德里中东和会的两主席之一，俄罗斯与美国在莫斯科共同主持了首次中东问题多边谈判（1992 年 1 月），并参加了 1993 年 9 月的巴以协议签字仪式，但这些都主要是在美国的推动和邀请下才实现的。

在 20 世纪 90 年代中后期，时任俄外长及总理的普里马科夫积极推动全方位、多极平衡外交，俄罗斯开始重返中东。这一时期，俄罗斯的中东政策除强调保障独联体南部安全外，还希望通过参与巴以和平进程和其他中东热点问题来恢复俄罗斯在该地区的影响和世界大国威望。作为学者型外长，普里马科夫不仅对中东问题有着深入的研究，而且还有中东驻外记者的工作经历。普里马科夫曾经多次出访中东，仅 1996 年就去了两次，访问了以色列、叙利亚、黎巴嫩、埃及、巴勒斯坦及约旦等国，积极斡旋中东和平，同时表达了同阿拉伯国家加强双边关系的愿望，以图恢复俄罗斯在中东的传统影响力。在伊拉克问题上，俄罗斯除支持安理会通过"石油换食品计划"外，还主张逐步取消制裁。1997 年 10 月，为寻求调解阿以冲突的方式，普里马科夫再次访问叙利亚和埃及，并就伊拉克局势交换了意见。尽管如此，由于实力上的限制，俄罗斯的努力并没有收到实质效果。在 1996 年 4 月 22 日的耶路撒冷会晤中，当时的

① Sergei Filatov, "Politicsina Subtle Business but One Would Like Clarity", Pravda, in the Current Digest of the Post – Soviet Press, Vol 45, No. 46, 1992, p. 18.

② Концепция внешней политики Российской Федерации // Дипломатический вестник. специальное издание, январь 1993г.

以色列总理佩雷斯曾直接了当地对普里马科夫说："我们只需要一个中间人，那就是美国。"① 尽管巴勒斯坦领导人多次强调俄罗斯在中东和平进程中的作用，但 90 年代中期巴以代表在奥斯陆几次秘密会谈均没有向俄方通报。在销毁伊拉克大规模杀伤性武器问题上，俄罗斯联合其他国家尽力调解（在海湾战争爆发前的 1990 年，普里马科夫以总统特使身份曾两次访问伊拉克展开斡旋，但没能避免美英发动海湾战争），努力恢复联合国特委会在伊核查工作，但还是没能避免美英绕过安理会在 1998 年底对伊拉克实施空中打击。与此同时，在新出现的伊朗问题上，美国则指责俄罗斯协助德黑兰制造射程达到 2000 千米的地对地导弹。从经贸关系上讲，苏联与中东国家的传统关系是建立在大规模援助基础上的，俄罗斯根本无力承担这项义务来维持这种关系，而且苏联援助所导致的债务（伊朗、伊拉克、叙利亚、利比亚等国）也多难以收回。对俄罗斯来说，唯一能拿得出手的就是武器，所以，武器贸易也就成为双边经贸往来的核心内容。在这方面，俄罗斯与伊朗和叙利亚都有着一定数量的武器交易。② 至此，在整个 20 世纪 90 年代，俄罗斯为国内转型所困扰，在经济全面滑坡的大背景下，国际地位迅速下降，其在中东地区的传统影响力也所剩无几。

普京在世纪之交临危受命入主克里姆林宫，俄罗斯的历史也就此步入了普京时代，中东在俄罗斯外交中的地位也得以提升。普京治下俄罗斯的中东政策，既有经济利益考量，也有对美国形成牵制以减轻来自欧洲方向压力的安全需求，同时还可从战略上确立和提升俄罗斯作为世界一极的大国地位和威望。

---

① 转引自［俄］叶夫根尼·普里马科夫：《大政治年代》，东方出版社 2001 年版，第 331 页。

② 截至 1996 年，伊朗从俄罗斯购得战机 43 架（30 架米格－29 战斗机和 13 架苏－24 轰炸机）、T－72 坦克 300 辆，还有两艘潜艇和若干套防空系统。按照苏联时期达成的合同，俄罗斯向叙利亚提供了包括 T－72 坦克、米格－29 战斗机、地对空导弹和运载武器装备的军用卡车等武器和装备，到 20 世纪 90 年代中期，俄罗斯提供的武器占到了叙利亚获得武器的约 90%。

掌权后的普京很快批准了新的《俄罗斯联邦外交政策构想》（2000 年 6 月 28 日），提出“利用和平进程发起国的地位，俄罗斯准备奉行积极参与的政策，以实现中东地区危机后的局势正常化。在此背景下，俄罗斯的主要任务是恢复和增强在这个世界上富有的和对于我们利益至关重要的地区的地位，尤其是经济地位”。[①] 随着俄美关系重新趋冷，俄罗斯也转而开始抨击和牵制美国的单边主义行动。这其中最突出的表现就是，俄罗斯坚决反对美国发动对伊拉克战争，明确声明要在安理会投否决票，迫使美英只能绕开安理会单独发动战争。随着国际油价持续走高拉动经济快速回升，普京提升俄罗斯国际影响力的步伐也随之加快。在中东热点问题上，俄罗斯积极介入巴以冲突的调解，不顾美国和以色列的反对坚持向叙利亚和伊朗出售防空武器，并继续参与伊朗首座核电站（布什尔核电站）的建设。2005 年 1 月底 2 月初，巴勒斯坦民族权力机构主席阿巴斯（Mahmoud Abbas）访问莫斯科。刚刚当选的阿巴斯首次出访就把俄罗斯作为重要一站，表明俄在中东和平进程中地位的提升。阿巴斯希望俄罗斯能够帮助说服以色列完全放弃使用武力，落实中东和平“路线图”计划。2005 年 4 月底，俄罗斯总统普京先后访问了埃及、以色列和巴勒斯坦，这是苏联/俄罗斯的国家元首 41 年来首次踏上阿拉伯国家的土地（1964 年 5 月，苏共总书记、部长会议主席赫鲁晓夫曾访问埃及）。在对埃及的成功访问中，普京与穆巴拉克（Muhammed Hosni Mubarak）在反对美国输出民主问题上表达了一致意见。此外，普京还给巴勒斯坦带去了装甲运兵车和直升机，并表示愿意协助进行安全机构改革、训练安全部队和提供武器。由此，随着国力的恢复和与美国关系趋冷，俄罗斯加快了重返中东的步伐，希望在增加话语权和彰显大国地位的同时，加强与阿拉伯国家及以色列的双边关系。在巴勒斯坦伊斯兰抵抗运动（哈马斯）选举获胜后，俄罗斯更是不顾西方的反对，在 2006 年 3 月初接待哈马斯代表团来访，表现出普京中东政策的独立性和灵活的一面。尽管美国

---

① Концепция внешней политики Российской Федерации // Российская газета. – 2000, 11 июля.

不同意，但俄罗斯仍坚持叙利亚应该参加中东和平进程，而且阿拉伯联盟秘书长穆萨（Amr Mahmoud Moussa）也强调叙利亚和黎巴嫩不应被排除在中东和平进程之外。[①] 与此同时，随着伊朗核问题导致美伊关系愈加紧张，俄罗斯明确表达了反对单方面制裁和采用战争手段解决问题的立场。

二、以建设性姿态介入中东事务

俄格武装冲突之后，莫斯科与西方的关系迅速转冷，普京治下的俄罗斯加快了重返中东的步伐。在北约继续东扩和欧洲反导系统建设步步紧逼之下，俄罗斯的中东战略不仅有经济和反恐方面的考量，更有从欧洲侧翼牵制北约东扩的安全需求，并借以提升俄罗斯的世界大国地位。

（一） 提出解决伊朗核问题的"路线图"

伊朗对于俄罗斯而言不是简单的经济利益问题，更有地缘安全和维护其在中东传统影响的考量，而且一定程度上还可以对美欧形成牵制。同时，伊朗一直被北约作为部署欧洲反导系统的借口，从而对俄罗斯形成困扰。俄罗斯对伊朗核问题的立场很明确，坚决反对伊朗研发核武器，但承认伊朗有和平利用核能的权利，同时，反对美国的单方面制裁和武力打击，主张通过外交谈判解决问题。为打破伊朗核谈判的僵局，2011 年 7 月，俄罗斯外长拉夫罗夫向美国提出分阶段解决伊朗核问题的"路线图"，也就是遵照"渐进与对等"原则，通过伊朗分阶段逐步回应国际原子能机构的问题，而国际社会也相应地逐步解除对伊朗的经济制裁。随后，俄联邦安全会议秘书帕特鲁舍夫（Н. П. Патрушев）访问伊朗，就莫斯科提出的新提议进行说明。与此同时，俄罗斯帮助建设的布什尔核电站开始运营，应伊方要求，俄方还开始研究帮助德黑兰建设新机组的

---

① Путин обсуждает с генсеком ЛАГ ближневосточное урегулирование. [Электронный ресурс]. – URL: https://ria.ru/20070207/60344134.html (дата обращения: 26.04.2016)

问题，两国外交部也就修改双边政府间协议进行磋商。[1] 俄罗斯与伊朗在核能方面有着深入的合作，而且双方在其他方面也不存在根本性矛盾，在俄罗斯的积极斡旋下，伊朗最终接受了提议，使伊核问题谈判得以重启。从2012 年4 月份开始，伊朗核问题重新走上了对话与谈判的轨道。经过伊斯坦布尔、巴格达、莫斯科、阿拉木图、日内瓦一系列会谈，虽然立场还有很大差距，但各方都对彼此的关切进行了回应。在2012 年6 月的莫斯科会议上，谈判双方首次触及了实质性的问题，伊朗对六国在巴格达会议上提出的一揽子建议给予回应，六国也对伊朗提出的“五点建议”做出了反馈。针对美国不排除军事手段的威胁性警告，莫斯科多次强调只有政治解决才是唯一可行的路径，反对施加任何形式的单边制裁，以防止问题进一步激化，同时不断做出外交努力。俄总统助理乌沙科夫（Ю. В. Ушаков）说：“俄罗斯的基本观点是，不允许美国在违反国际准则和损害第三国利益的情况下单方面制裁伊朗，如果俄罗斯公司和银行因此而受影响，这将对俄美关系和双方在国际事务上的相互协作造成冲击。”[2] 俄罗斯还多次警告，不要对伊朗采取军事打击，因为伊朗与中东地区的一系列问题存在着盘根错节的联系。为打消各方的顾虑，确保伊朗的核技术不被用于军事目的，俄罗斯还向伊朗提议双方在俄境内建立铀浓缩联合企业，但德黑兰强调其铀浓缩活动只能在本国境内进行。随着主张实用主义立场的鲁哈尼（Hassan Rouhani）在伊朗上台，日内瓦会谈传出令人振奋的消息，2013 年11

① В. Евсеев. Иранский ядерный арсенал – туманная неточность// Независимая газета. –2011,30 сентября.

② Кремль угрожает: принятие Сенатом США “закона Магнитского” чревато ответными мерами. [Электронный ресурс]. – URL: http://www. newsru. co. il/world/17jun2012/act4561. html (дата обращения:26. 04. 2016)

月24日各方达成为期6个月的初步协议，为全面协议的达成打下了基础。①

自2014年2月起，谈判各方针对伊朗核问题的全面协议再次展开谈判。经过数轮谈判后，在原本预定的7月20日和11月24日都没能最终就全面协议达成一致。新一轮谈判从2015年3月2日开始，美伊两国外长和能源部长先期进行了会谈，随后经过艰苦的拉锯，各方终于就伊朗核问题达成框架性方案。2015年7月14日，伊朗核问题六国（美国、英国、法国、俄罗斯、中国和德国）与伊朗达成了历史性的全面解决伊朗核问题的协议——《共同全面行动计划》，伊朗放弃部分核计划换取西方解除对伊经济和金融制裁，使延续了12年的伊核问题终于有了一个全面的政治解决方案。②《共同全面行动计划》包括：伊朗重申在任何情况下都不会寻求、开发和获得任何核武器；成功落实全面协议将使伊朗在《不扩散核武器条约》相关规定下完全拥有和平利用核能的权力，伊朗的核计划也将受到与《不扩散核武器条约》其他签约国同样的对待；伊朗将把离心机的数量削减2/3，从约1.9万台减少至6104台；国际社会对伊朗的武器禁运将再持续5年，对伊弹道导弹技术转让禁令最迟在8年后取消；国际原子能机构人员可以在24天内进入伊朗境内被认为可疑的地点；国际原子能机构核实伊朗核计划的和平性质后，联合国、美国和欧盟将解除对伊朗的经济和金融制裁；如果伊朗方面违反协议，相关制裁将在65天内恢复；伊朗有权对国际核查人员的核查要求提出异议，由伊朗和六国人员组成的仲裁机构将做出裁定；伊朗阿拉克重水反应堆将重建，仅用于和平目的。2015年7月20日，联合国安理会一致通过伊朗核协议，长达10年的伊朗制裁将被取消。

---

① 协议规定，在这6个月里，伊朗不能从事浓度5%以上的铀浓缩活动，现存5%以上的浓缩铀以稀释等方式“处理”到5%以下；伊朗不得再扩建或新建铀浓缩设施，用于提取核武器材料钚的阿拉克重水反应堆停止建设；允许国际原子能机构核查人员进入伊朗更多设施进行核查；相应地，伊核问题六国不再对伊朗追加制裁，暂停对伊朗贵金属、汽车零部件和石化制品的禁运，允许伊朗少量石油出口，解冻伊朗留学生资金，放宽食品和药品的进口限制。

② Соглашение《шестерки》и Ирана по ядерной программе. [Электронный ресурс]. – URL: http://www.checheninfo.ru/43748 – soglashenie – shesterki – i – irana – po – yadernoy – programme.html (дата обращения: 26.04.2016)

2015年10月18日，也就是联合国安理会批准伊朗核问题全面协议后90天，《共同全面行动计划》生效，开始进入执行阶段。

（二）提出解决叙利亚危机的“交化武，换和平”提议

叙利亚是俄罗斯在中东地区的传统盟友，在这里有俄在后苏联地区以外唯一的军事基地——塔尔图斯港。在叙利亚冲突问题上，俄罗斯强调政治调解是制止流血的唯一途径，坚决反对利比亚模式重演，主张在维护叙利亚独立、统一的前提下，在没有外部力量介入的情况下，由包括巴沙尔当局在内的叙利亚各政治力量通过对话解决本国问题。所以，俄罗斯与中国一起在联合国安理会中多次否决了西方国家提出的含有最后通牒式威胁的关于叙利亚问题的草案，但明确支持联合国—阿盟叙利亚危机联合特别代表安南（Kofi Atta Annan）和卜拉希米（Lakhdar Brahimi）的斡旋。显然，俄罗斯再也不会上西方的当了，这一点已经明显在叙利亚问题上表现出来。[①] 俄外长拉夫罗夫说：“这类行动是绝对不能容许的，因为这是在将联合国安理会变为一个‘试验场’，只是用来给颠覆主权国家的文件盖章的地方。”[②] 俄罗斯积极参与了有关叙利亚问题的日内瓦国际会议，并呼吁在叙利亚建立停火机制和在联合国驻叙利亚观察团监督下让叙政府和反对派武装同时撤离各城镇的机制。在第一次叙利亚问题日内瓦会议召开前，俄罗斯曾建议邀请伊朗参加（遭到美国的坚决反对），显示了莫斯科希望把伊朗问题和叙利亚问题通盘考虑的想法。俄罗斯认为，西方应对促使叙利亚政权和反对派谈判努力的失败负有责任，因为他们更趋向于支持反对

---

① В МИДе изложили Концепцию внешней политики России：старый друг лучше новых двух? [Электронный ресурс]. – URL：http：// topwar. ru/24556 – v – mide – izlozhili – koncepciyu – vneshney – politiki – rossii – staryy – drug – luchshe – novyh – dvuh. html（дата обращения：26. 04. 2016）

② Лавров：РФ против превращения СБ ООН в инструмент по свержению режимов. [Электронный ресурс]. – URL：https：// ria. ru/20120301/583444874. html（дата обращения：26. 04. 2016）

派与巴沙尔政权的武装冲突。拉夫罗夫指出，"我们将继续和叙利亚各方会晤。我们对叙政府和该国反对派奉行同一个方针。遗憾的是，日内瓦行动小组的其他参加者向反对派传递了不正确信号，同时根本不和政府接触。没有努力促使各方进行谈判。只有我们，中国同行，联合国和阿盟代表安南及其后继者卜拉希米进行了这样的努力。"① 同时，针对叙利亚难民问题，普京表示，将继续通过双边渠道和在国际人道主义机构框架内提供各种人道主义援助，帮助安置叙利亚难民，并将尽力促成难民问题的国际会议，而且莫斯科愿意承办此类会议。② 同时，俄罗斯加紧在叙利亚政府和反对派之间进行斡旋，而叙反对派全国联盟也强调任何调解与叙利亚当局冲突的协议都应该在俄罗斯和美国的支持下签署，"绝大多数叙利亚人相信，只有政治解决才能拯救国家，而莫斯科是通往和平和政治解决叙利亚危机的必经之路"。③ 叙利亚出现"化武"风波后，2013 年 9 月 10 日，普京在俄总统网站发表谈话，希望叙利亚同意国际社会监督，最终销毁其化学武器并加入《禁止化学武器公约》，而美国应该放弃对叙动武计划。④ 最终，在俄罗斯的压力和斡旋下，叙利亚接受了"交化武，换和平"的提议，同意将化学武器在国际监督之下进行销毁。在面临诸多不确定风险的情况下，美国也只能接受俄罗斯的建议。随后，叙利亚化武问题联合特派团入境进行核查，化学武器被分批运到公海的美国军舰上进行销毁。在美国和个别欧洲国家剑拔弩张之际，俄罗斯的外交努力和提议得到各方的认可，避免

---

① Вступительное слово и ответы на вопросы СМИ Министра иностранных дел России С. В. Лаврова в ходе пресс - конференции по итогам деятельности российской дипломатии в 2012 году, Москва. 23 января 2013г. [Электронный ресурс]. - URL: http://www.mid.ru/brp_4.nsf/0/804D3CB775E6CC4044257AFC003FE53D(дата обращения: 26.06.2020)

② Россия окажет Ливану помощь в решении проблем сирийских беженцев. [Электронный ресурс]. - URL: http://www.rg.ru/2013/01/23/livan - anons.html (дата обращения: 26.06.2020)

③ См.: Андрей Резчиков. Мешают только спонсоры. [Электронный ресурс]. - URL: http://vz.ru/politics/2013/3/11/623837.html# (дата обращения: 26.06.2020)

④ Комментарий по ситуации с химическим оружием в Сирии. [Электронный ресурс]. - URL: http://www.kremlin.ru/news/19194(дата обращения: 26.06.2020)

了利比亚悲剧在叙利亚重演，提升了莫斯科在解决中东事务中的影响力和威望。

乌克兰危机后，俄罗斯更坚定地介入叙利亚事务，以其对西方的压力和制裁形成掣肘。2014 年 6 月初叙利亚大选后，俄罗斯并没有步美欧后尘，而是承认了巴沙尔继续掌权的合法性。同时，就叙利亚难民问题，俄罗斯向安理会提交了一份包括开辟 4 条通道通过伊拉克、约旦和土耳其，向叙利亚境内的难民输送救援物资的计划，得到叙利亚官方的认可。针对"伊斯兰国"等恐怖主义组织在叙利亚境内日益做大，俄罗斯认为，恐怖主义组织已经成为叙利亚局势正常化道路上的主要障碍，国际社会应尽快恢复政治调解叙利亚危机的努力，并统一行动打击叙利亚境内恐怖主义组织，包括与叙利亚当局合作。在 2014 年，巴沙尔政府与境外主要反对派"叙利亚反对派和革命力量全国联盟"曾举行了两轮谈判，但均无果而终。在俄罗斯的斡旋下，2015 年 1 月 29 日，巴沙尔当局代表与叙部分反对派代表（要求巴沙尔下台的"全国联盟"没有参加）达成"莫斯科原则"文件，提出了危机解决的方向和框架。这是危机爆发以来，叙利亚当局和反对派首次就政治解决危机达成一致。随后，叙利亚总统巴沙尔表示，欢迎俄罗斯在塔尔图斯港加大军事存在力度。与此同时，美国国务卿克里在谈话中表示，解决叙利亚内战问题必须与巴沙尔进行对话，这实际上间接承认了美国对叙政策的失败。2015 年 4 月 6—9 日，叙政府代表和反对派代表在莫斯科举行了第二次磋商（"全国联盟"仍拒绝参加），尽管仍存在较大分歧，但各方还是就评估叙利亚局势通过了一份文件。随后，在巴沙尔政权摇摇欲坠之际，普京果断地以反恐为由军事介入叙利亚战争。

（三） 积极介入巴以和平进程

在叙利亚内战升级和伊朗核问题充满诸多变数之际，普京在 2012 年 6 月下旬对以色列、巴勒斯坦、约旦进行了为期两天的旋风式访问。这是普京 7 年来的首次中东之行，显示了俄罗斯对西亚北非政局动荡以来中东地区形势的深切关注。普京的中东之行时间虽短但阵容强大，共3架包机，随行人员多达400人，更是受到了以色列前所未有的隆重欢迎。除在巴以问题上希望双方表现出最大限度的克制、强调谈判是达成调解的唯一途径外，伊朗和叙利亚问题仍是核心话题。这次，普京没有对西方给予严厉批评，只是敦促西方思考问题要慎重，但他强调应该邀请伊朗出席叙利亚问题国际会议。普京利用这次短暂的中东之行，再次阐述了俄罗斯在中东局势、巴以和谈、伊朗核问题和叙利亚内战问题上的立场，要求尽快举行中东问题四方会谈（联合国、美国、俄罗斯、欧盟），强调中东民主进程应该在没有外部势力干涉的基础上独立进行。巴勒斯坦民族权力机构主席阿巴斯表示，希望俄罗斯更多介入巴以和谈，以推进中东和平进程。普京此行的目的很明确，就是要向西方国家和国内民众表明，俄罗斯没有被挤出大国势力圈，仍然在中东问题上担任重要角色，没有俄罗斯的参与一切重要问题都无法解决。正如乌沙科夫在普京出访前夕曾对塔斯社记者表示的那样："我们的目的就在于，促进俄罗斯在世界这个地区地位的继续巩固。"① 2013年3月，巴勒斯坦总统阿巴斯对俄罗斯进行正式访问。阿巴斯在接受媒体专访时表示，首次出访选择莫斯科，是因为俄罗斯从苏联时期就与巴勒斯坦保持着友好关系，总是保护我们的利益，希望在俄帮助下有关巴以问题的"四方"机制能够尽早发挥作用。② 在各方努力下，中断3年的巴以和谈自2013年7月重启，9月中东问题四方委员会敦促巴以双方尽一切努力达成和平协议（9个月内）。但事与愿违，突发事件导致双方冲突再起，巴以和谈于2014年4月被迫中止。虽然在各方的斡旋下冲突双方多次达成停火协议，但协议都没有得到遵守，巴以冲突一直持续不断。对此，俄罗斯方面强调，愿意协

① Путин совершит турне по маршруту Израиль – Палестина – Иордания. [Электронный ресурс]. – URL: http: // vz. ru/news/2012/6/24/585248. html (дата обращения: 26. 06. 2020)

② Михаил Гусман. У нас нет тайн от России – Махмуд Аббас: Позиция Москвы в отношении Палестины – авангардная, передовая // Российская газета. – 2013, 13 марта.

助重启真正的巴以和谈。① 2014 年 12 月 30 日，在联合国安理会就举行巴以和谈和以军 2017 年前撤出巴领土的决议案进行表决时，俄罗斯与中国都投了赞成票，但由于美国等国的反对，该议案未能通过。对此，俄罗斯批评正是美国对谈判进程的包揽并推脱四方协调事务，才导致和谈陷入僵局。

三、借路中东突破西方封锁

乌克兰危机爆发后，中东因其地理位置的重要性和地缘政治的复杂性而成为困境下的俄罗斯寻求外交突围的重点方向。随着“亚太再平衡”战略的推进，美国开始从中东“抽身”，在叙利亚问题上不再像对利比亚那样强势，这在一定程度上为俄罗斯留下了机会，而“伊斯兰国”肆虐更增加了干预的无限正当性。叙利亚危机聚集了中东地区固有的民族、宗教矛盾和区内外大国利益，这也为普京“撬动”中东地缘政治提供了机遇。进入 2015 年，无论是俄罗斯所面临的内外困境，还是急剧恶化的叙利亚局势和整体国际形势，都需要普京做出战略决断。美国领导的逊尼派反恐国际联盟 1 年多的空袭并没有有效阻止“伊斯兰国”在叙利亚的肆虐，从而被普京抓住机遇实现反转。2015 年 9 月 30 日，俄空军出其不意地对叙境内的“伊斯兰国”目标展开大规模空袭，进而推动叙利亚危机进入新阶段，中东地缘政治就此进入调整期。

普京果断出兵叙利亚是其新中东战略的关键部分，通过军事介入叙利亚战争，确立了莫斯科在叙利亚问题上真正仲裁者的角色。在对叙利亚战略地区完成先进防空系统部署的同时，俄罗斯在塔尔图斯建立起完整的海军基地，还取得赫梅米姆空军基地的无限期使用权，进而从战略上打破了美国在中东地区对俄罗斯的围堵。俄罗斯和叙利亚在 2015 年签署关于部署俄罗斯航空军的协议，

① Лавров и Аббас обсудили урегулирование палестино – израильского конфликта. [Электронный ресурс]. – URL: http://polit.ru/news/2014/09/25/talking_about_palestina/ (дата обращения: 26.06.2020)

建立了赫梅米姆空军基地。2017 年 1 月 18 日，俄叙签署了有关使用和扩建塔尔图斯海军基地的协议。根据协议，俄方可无偿使用该基地及其附近海域，协议有效期 49 年，到期前若双方均未提出停止履行该协议，协议将自动延期 25 年。除赫梅米姆空军基地和塔尔图斯海军基地外，俄罗斯准备在叙利亚东北部改建一座大型军用机场（科瓦列斯、梅特拉斯和卡米什利亚机场），目前正就此进行谈判，落成后将成为俄罗斯在叙的第三个军事基地。① 此外，在帮助巴沙尔政府不断收复失地并取得战场上主动权的同时，俄罗斯还联合土耳其和伊朗形成了有关叙利亚问题政治解决的"阿斯塔纳进程"，确立了俄罗斯在叙利亚政治进程中的主导地位。俄、土、伊共同推动的阿斯塔纳和平机制保证了叙利亚国内形势稳定，而叙各方参加的"索契进程"也有力地推动叙利亚的政治重建。

以打击"伊斯兰国"为契机，俄罗斯与中东地区各主要力量展开了积极互动。在联合伊朗、叙利亚在拉塔基亚成立三国军事协调中心的同时，俄罗斯还与伊拉克进行协作，推动中东什叶派反恐政治联盟成型，使美国主导的逊尼派国际反恐联盟被边缘化。通过打造什叶派势力范围，不仅能够阻止泛突厥主义向高加索和中亚地区的渗透，还可以恢复和确保俄罗斯在中东的影响力及利益，进而对美国在该地区的地位形成挑战。同时，俄罗斯与中东国家，无论是沙特、埃及等阿拉伯国家，还是伊朗、土耳其、以色列等国，都有着良好的合作关系，并积极介入利比亚内战。俄罗斯与沙特在石油限产保价方面，与埃及和土耳其在核电站建设及能源领域，都有着密切的合作。同时，欧亚经济联盟与以色列、埃及有关自贸协定的谈判也进展顺利。美国特朗普政府的立场和政策不足以取信于中东冲突各方，而俄罗斯应该是唯一对各方都能"说上话"的大国。在以色列和伊朗关系上，针对两国在叙利亚冲突的升级，俄罗斯多次呼

---

① Владимир Мухин. Башар Асад передаст России еще несколько аэродромов: Военное присутствие в Сирии обещает быть затратным для РФ. [Электронный ресурс]. – URL: https://www.ng.ru/armies/2020-06-01/100_syr01062020.html (дата обращения: 26.06.2020)

吁双方保持克制，通过对话解决问题。在巴以问题上，凭借与双方的良好关系、中立立场及历史经验，俄罗斯有能力成为斡旋降低冲突的不二人选，因为美国的政策表明它已经自动放弃了这一资格。俄罗斯正在采取非常重要的措施来形成一个新的国际安全架构，这个架构是基于支持多极世界的想法和形成摆脱美国直接控制的广泛的国家联盟，它力求一种互动、妥协和包括在反恐国际合作中没有“双重标准”的新国际秩序，这在许多方面相对于美国及其盟友构成的国际秩序而言都是另一种选择。① 借助于与伊朗、土耳其等中东地区大国的关系，俄罗斯一定程度上重塑了中东地区格局，对美国在中东地区的影响形成掣肘。

第一，全面深化与伊朗的合作。

作为什叶派的领头羊，伊朗在中东地区的地位举足轻重，其对叙利亚政府、哈马斯及黎巴嫩真主党都有着较大的影响力。俄罗斯强调，有关中东热点问题，包括巴以和谈，叙利亚、伊拉克甚至阿富汗局势，以及联合打击“伊斯兰国”，伊朗的参与都有着重要的意义，西方应该放弃意识形态对抗的旧思维。② 自然，借助与伊朗关系的深化来增强在中东事务中的话语权，也就成为俄罗斯重返中东政策的重要内容。而在双方都遭受美欧严厉制裁的情况下，彼此深化合作既是顺理成章的事，当然也多了些许抱团取暖的意味。美国警告俄罗斯与伊朗的合作将会破坏对后者的制裁协议，并威胁要出台新的对俄制裁措施③，但

---

① Pyotr Iskenderov, “Russia, Syria on United Front Against Terrorism”, Oct. 9th, 2015, http://www.strategic-culture.org/news/2015/10/09/russia-syria-on-united-front-against-terrorism-i.html. (上网时间：2018 年 9 月 30 日)

② Выступление и ответы на вопросы СМИ Министра иностранных дел России С. В. Лаврова в ходе ежегодной пресс-конференции по итогам деятельности российской дипломатии в 2014 году, Москва, 21 января 2015 года. [Электронный ресурс]. – URL: http://www.rusemb.ee/news/pressreleases/22-01-2015/ (дата обращения: 26.06.2020)

③ Госдепартамент не исключил ужесточения санкций против РФ из-за ее сделок с Ираном. [Электронный ресурс]. – URL: http://www.newsru.com/world/02dec2014/usairanru.html (дата обращения: 26.06.2020)

莫斯科认为双方没有违反相关规定，并加快推进深化与德黑兰的合作，以期缓解经济困境和在中东对美欧形成掣肘。

2015 年 11 月 23 日，普京时隔 8 年后再次访问伊朗，为德黑兰带去了 50 亿美元贷款和多个经济大单。普京与伊朗最高领袖哈梅内伊和总统鲁哈尼举行了会谈，讨论了能源合作、联合反恐和双边贸易等诸多问题，并签署了一系列合作协议。在高度评价俄罗斯在叙利亚打击"伊斯兰国"军事行动的同时，哈梅内伊指出，"美国有一个长期的阴谋，企图统治叙利亚，然后再扩大到统治整个地区，这对所有民族和国家都是一个威胁，特别是对伊朗和俄罗斯，（我们）应以明智和更紧密的合作来挫败这些阴谋。"① 相应地，美国也首次被俄罗斯正式列为国家安全威胁。② 普京的访问有利于巩固两国的战略合作关系，加强俄罗斯、伊朗、伊拉克、叙利亚四国反恐联盟的合作与协调，进而对美国在中东的势力范围形成制衡。2017 年 11 月 1 日，普京再次访问伊朗，与伊朗最高领袖哈梅内伊和总统鲁哈尼进行会晤，讨论双边关系、能源合作、伊朗核问题协议、叙利亚局势等议题，达成了一系列合作协议。

乌克兰危机以来，俄罗斯与伊朗的合作得到全面深化，主要表现在以下几个方面。首先，军事合作进一步加强。2015 年 1 月，俄罗斯国防部长绍伊古访问德黑兰，这是俄罗斯国防部长 15 年来首次到访伊朗。双方签署的军事合作协议确认，两国将在维和与反恐、军舰和军事人员互访及训练、举行司令部会晤、以观察员身份参与对方军事演习等方面展开合作。双方还就在里海进行联合军演达成协议，有防止西方向该地区渗透的意图。2016 年 8 月 16 日，俄罗斯轰炸机首次从伊朗空军基地起飞，完成对叙利亚境内极端组织目标的打击。

① Хаменеи：Планы США по доминированию в Сирии угрожают Ирану и России. [Электронный ресурс]. – URL：http：//vz. ru/news/2015/11/23/7797（дата обращения：26. 06. 2020）

② Vladimir Soldatkin，"Putin Names United States Among Threats in New Russian Security Strategy"，Jan. 2nd，2016，https：//www. reuters. com/article/russia – security – strategy – idUSKBN0UG09Q20160102.（上网时间：2019 年 11 月 17 日）

这是自1979年伊斯兰革命以来，伊朗首次允许他国利用本国领土开展军事行动。2016年，俄罗斯按合同向伊朗供应了装备4个营的S－300防空导弹系统装备。① 其次，能源领域合作加深。面对西方制裁的压力，俄罗斯将为伊朗建造9座核反应堆，同时解除了向伊朗提供浓缩铀设备的禁令。在传统能源领域，双边在强调已达成协议落实的同时②，还就新的能源合作协议展开谈判。两国在电力领域的合作也取得了突破。2014年9月，两国达成在伊朗、阿塞拜疆和俄罗斯匹配电力系统的协议，使两国国家电网实现了初步连接。③ 目前，俄罗斯、阿塞拜疆、伊朗正在推进实现三国电网同步。再次，经贸领域的合作更加丰富。面对制裁，俄罗斯扩大从伊朗进口农产品，两国就“绿色海关走廊”达成一致，并就扩大在贸易中使用本币结算达成协定。2019年10月，伊朗与欧亚经济联盟签署优惠贸易协定（PTA），双方贸易得到快速增长。为满足经贸发展的需要，俄罗斯还积极推动实施联通俄罗斯、阿塞拜疆、伊朗的铁路建设。不仅如此，俄罗斯与伊朗还决定在航天领域展开合作，包括为伊朗发射卫星、培训航天员、提供资源卫星照片等。④ 这在很大程度上被视为俄罗斯对美国中断与其除国际空间站以外航天合作的举动的一种回应。美国特朗普政府宣布退出伊朗核协议后，《里海法律地位公约》随即签署（2018年8月12日），显示了俄伊互信的提升，更显示了双方联合应对美国压力的意愿，例如该条约不允许本地区外国家的军事力量在里海存在。俄罗斯坚决反对特朗普政

---

① Иван Петров. Россия поставила в Иран комплексы С－300. [Электронный ресурс]. －URL:https://rg.ru/2016/10/13/rossiia－postavila－v－iran－kompleksy－s－300.html（дата обращения:26.10.2016）

② 2010年7月，俄罗斯与伊朗签署了石油和天然气领域合作路线图：研究成立面向油气领域项目投资的合资银行、探讨在对方石油交易所相互销售原油问题；研究成立合资企业；加强天然气、石油、石化产品在过境、互换等领域的合作，并发展双方及第三方石油天然气开采和加工合作。同时，双方还签署了一系列企业间合作协议及备忘录。2013年2月，俄罗斯与伊朗又签署了多项油气勘探合作协议。

③ 三国匹配电力系统协议达成后，伊朗和阿塞拜疆就在两国间建设一条260千米长的输电线路达成一致，建设周期为6个月，目前已经完工。

④ Россия построит Ирану спутники и обучит космонавтов // Известия.－2014,7 мая.

府退出伊核协议，承诺不会允许美国利用联合国安理会来向伊朗施压。①

第二，俄土关系是普京战略突围的关键。

2015 年 11 月 24 日，俄罗斯空军一架苏 - 24 战机被土军在叙土边境击落，引发了两国一系列的外交冲突。在战机事件的处理上，普京表现出了惊人的战略定力和智慧。普京并没有像外界猜测的那样采取对等报复行动，但明确告诉土耳其"此事没完"，同时一系列经济和人员往来的制裁也随即启动。在俄罗斯的经济制裁和外交打压下，土耳其不仅没有迎来盟友美国的帮助，反而等来的是美欧等西方盟友对叙利亚库尔德武装的大批援助，从而引发埃尔多安的极大不满。压力之下的埃尔多安不得不调整对外政策，就战机被击落一事向俄罗斯道歉，使俄土关系有所缓和。而随后的未遂军事政变（2016 年 7 月 15 日）在使土耳其与美国关系恶化的同时，推动了土俄关系全面回暖。普京利用土耳其的未遂军事政变，迅速拉近了与埃尔多安的关系，共同启动了"阿斯塔纳进程"，进一步巩固了自己在叙利亚问题上的地位。

俄土关系深化进一步还有分化北约及牵制美国的目的。过去几年，普京一直不遗余力地利用土耳其对美国的不满和双方在中东政策上的分歧，推动安卡拉更接近莫斯科的轨道。两国能源领域的战略合作项目具有优先地位，包括阿库尤核电站与"土耳其溪"天然气管道的建设。2020 年初，"土耳其溪"的正式开通，在很大程度上满足土耳其天然气需求的同时，还强化了土耳其地区天然气贸易中心地位，也实现了俄罗斯向欧洲供气渠道的多元化。面对美国对这一项目的制裁，普京表示，尽管遭遇外部势力的阻碍，项目的启用标志着俄土战略伙伴关系得到进一步巩固。② 同时，双方的经贸合作也从战机事件的阴影

① США допустили применение силы для исключения получения Ираном ядерного оружия. [Электронный ресурс]. – URL: https: // vz. ru/news/2020/7/1/1047797. html (дата обращения:02. 07. 2020)

② Путин: взаимодействие России и Турции развивается во всех сферах, несмотря на помехи извне. [Электронный ресурс]. – URL: https: // tass. ru/politika/7480553 (дата обращения:10. 01. 2020)

中走了出来，2019 年俄土双边贸易额为 217 亿美元，增长 2.5%，两国建投资项目的双向投资总额约达 100 亿美元。① 更重要的是，在土耳其与美国关系走向紧张之际，S－400 项目成为进一步巩固土俄政治关系方案的重要组成部分。面对北约咄咄逼人的军演带来的压力和美国对售土 S－400 项目威胁制裁的声调不断升高，普京决定让这一武器交易项目尽早落地，以免节外生枝。这样，原本预计在 2020 年 3 月开始交付的 S－400 防空导弹系统被提前到 2019 年 7 月上旬。俄罗斯利用矛盾成功地在土耳其、北约和美国之间制造了一场冲突，在北约内部撕开了一道裂痕。S－400 项目进一步巩固了俄土关系，增加了俄罗斯在中东地区的影响力，削弱了美国在该地区的战略利益和北约对俄罗斯的军事威慑。S－400 项目所引发的不是一次单独的危机，很大可能成为土耳其与西方特别是与美国关系动荡的新起点。当然，俄土在叙利亚伊德利卜和利比亚还有很大分歧，甚至有传言安卡拉可能把 S－400 转售给美国。在前两个地区上的分歧，俄土还有妥协的空间，埃尔多安已经处于被动地位，不会冒险挑战俄罗斯的地位。而关于 S－400 转售给美国的问题，更多是美国方面的一厢情愿和试探，安卡拉应该不敢挑战俄罗斯的底线。埃尔多安对欧盟及美国在东地中海利益纠纷中对希腊的支持极为不满，自然不愿意俄土关系出现问题，反而希望莫斯科能够为自己站台，普京很清楚这一点。

第三，提升与埃及的关系。

无论是在阿拉伯世界，还是在中东地区，埃及都是有着重大影响力和重要战略地位的国家。历史上，埃及曾是苏联的重要伙伴，后来又成为美国在该地区和阿拉伯世界的重要盟友。西亚北非政局动荡后，埃及局势持续动荡，最终军方实权人物塞西（Abdelfattah al Sisi）推翻穆尔西（Mohamed Morsi）政权，并于 2014 年 5 月正式当选埃及总统。塞西对穆斯林兄弟会的高压政策导致大规模流血冲突事件，引起了美国的不满，宣布暂停部分援助和军事交流。在这种

---

① Товарооборот России и Турции в 2019 году вырос до ＄21,7 млрд. [Электронный ресурс]. – URL: https: // tass. ru/ekonomika/7477891 (дата обращения: 10. 01. 2020)

背景下，塞西开始向外寻求认可和支持，而俄罗斯也希望借助俄埃关系来恢复在阿拉伯世界的传统地位和应对西方的压力。

在俄罗斯与美欧因乌克兰广场运动争吵之际，2014 年 2 月 12 日，还是临时政府第一副总理和防长的塞西率领高级代表团抵达莫斯科，双方再次展开"2+2"会谈，并同普京总统进行了会晤，后者明确表态支持塞西参选埃及总统。[①] 双方商定要加快筹备军事技术合作文件，并就军售协议进行了讨论。埃及政局剧变后，军人背景的新政府对美国政策的调整为俄罗斯加快重返中东提供了机遇，而普京也适时地抓住时机推动双边关系快速升温，尽管开罗强调这只是为了拓宽埃及的合作选择。

当选总统后，塞西旋即在 2014 年 8 月 12 日抵达索契，对俄罗斯展开访问。塞西与普京一起参观了俄黑海舰队的旗舰——"莫斯科"号导弹巡洋舰，双方还初步签署了高达 35 亿美元的军售合同，并讨论了埃及与关税同盟建立自由贸易区及能源合作议题。普京表示，俄将大幅增加进口埃及农产品，并简化相关程序。进入 2015 年，随着西方压力的加大，俄罗斯的外交突围也相应加快，作为欧洲侧翼的中东地位也愈加凸显。应埃及总统塞西的邀请，俄罗斯总统普京开年首次出访就选择了埃及。2 月 9 日，普京抵达开罗对埃及展开为期两天的国事访问，这是其时隔 10 年后再访埃及，受到埃及方面空前热烈的欢迎。两国就加强在反恐、军事、投资、能源、电力等方面的合作达成一致：俄罗斯将帮助埃及建设首座核电站及核工业体系；双方就建立自由贸易区达成共识；就电力和天然气合作达成谅解备忘录。双方还商定在地中海举行海军和快速反应部队联合反恐演习。对此，有英国媒体称，自 2014 年以来，埃及就不断扩大和俄罗斯的双边军事合作，似乎有意转向俄罗斯一边，一改其长期奉行的亲

① Встреча с главами Минобороны и МИД Египта. [Электронный ресурс]. – URL: http: //www. kremlin. ru/news/20222 (дата обращения: 10. 01. 2020)

美政策。[1] 当然，就此判断埃及倒向俄罗斯不免有失偏颇，因为塞西政权无论是从战略上，还是从经济利益角度（美国每年对埃及援助达15亿美元）考量，都不可能放弃美国对其维持在阿拉伯世界和中东地区影响力与地位的支持。但对普京而言，借机恢复和提升与埃及的关系，无论是摆脱俄罗斯当前的孤立现状，还是增强在中东地区的影响力，都有着极其重要的现实意义。俄罗斯客机在西奈遭受恐怖袭击事件并未对两国关系造成太大冲击，双方在军事合作基础上继续展开经济合作。2017年12月，普京再次访问埃及，并与塞西总统共同出席了两国最大合作项目（总投资约300亿美元）、埃首座核电站——塔巴核电站项目的签字仪式。2017年，埃及对俄出口量大幅增长，双方还举行了大规模联合军演。2018年10月，埃及总统塞西再次访问俄罗斯，两国签署了全面伙伴关系和战略合作协议。双边贸易持续扩大，俄罗斯还投资建设苏伊士运河工业园区，欧亚经济联盟与埃及将很快签署自贸协定。此外，双方在利比亚有着共同立场，都支持哈夫塔尔（Khalifa Beiqasim Haftar）将军领导的利比亚“国民军”。

第四，与伊拉克关系急剧升温。

在对美国打击“伊斯兰国”行动效果感到失望之余，伊拉克的什叶派政府开始寻求与俄罗斯加强反恐及其他领域合作。2014年7月，俄罗斯与伊拉克签署了10亿美元的火炮及迫击炮等武器装备军售协议；2015年5月，时任伊拉克总理阿巴迪（Haider al－Abadi）访问莫斯科，希望俄继续在反恐领域给予有力支持。俄罗斯方面表示，俄伊军事技术合作牢固且紧密，将尽最大努力满足伊拉克在武器供应方面可能提出的需求，以保证伊国防能力及打击“伊斯兰国”等恐怖组织的能力。与西方国家不同，俄罗斯的对伊武器援助不附加任何条件。正是在这种背景下，巴格达顶住华盛顿的压力，对俄罗斯运输机和战机

---

① Jeremy Bender and Michael B Kelley，“Russia and Egypt Just Got Even Closer”，http：//www. businessinsider. com/russia－and－egypt－military－agreement－2015－3.（上网时间：2019年12月19日）

开放领空，为普京在叙利亚的军事部署提供了极大便利。2015 年 9 月底，俄罗斯联合什叶派的叙利亚、伊朗、伊拉克在巴格达建立了反恐信息情报中心（收集、整理、分析有关“伊斯兰国”的情报），伊拉克为首任轮值主管国（3 个月）。正是在巴格达反恐情报信息中心的协调下，俄罗斯的战略空中力量和里海舰队才得以在打击叙利亚“伊斯兰国”中大显身手，充分展现了俄罗斯的大国威力。[①] 关于成立信息情报中心，阿巴迪政府事先并没有征求美国的意见，甚至都没有提前告知。很显然，巴格达的这种做法与华盛顿的中东战略背道而驰。普京发动空袭后，阿巴迪表示准备要求俄军空袭在伊境内的“伊斯兰国”目标，因为以美国为首的反恐联盟支持不力，其反恐决心令人怀疑。[②] 对此，俄外长拉夫罗夫表示，莫斯科将继续向伊拉克政府提供援助，包括考虑直接军事技术援助。伊拉克媒体和政府还公开抱怨美国领导下的沙特、卡塔尔等海湾国家向“伊斯兰国”等恐怖组织提供资金和武器支持。同时，尽管俄伊贸易额不大，但增长较快，俄在伊拉克实施一些大型项目。近年来，伊拉克航空公司完成了对莫斯科 13 年来的首航，还准备开通两国各城市间定期直航。2019 年，俄罗斯和伊拉克恢复了在能源基础设施，特别是电力部门的合作，双方正在就建设火力发电厂进行谈判。过去 9 年里，俄罗斯的石油和天然气公司（卢克石油、巴什石油公司、西伯利亚石油公司等）对伊拉克的总投资额已经超过 100 亿美元，计划对伊油气项目的投资再增加 200 亿美元。[③] 2020 年 1 月 3 日，美军使用无人机在巴格达暗杀了伊朗伊斯兰革命卫队下属“圣城旅”指挥官苏莱曼尼，导致美国与伊拉克关系趋紧，伊拉克各地爆发大规模示威，要求美军撤

① Иван Чернов. Россия опровергла фейк о падении “Калибра” в Иране // Деловая газета “Взгляд” –2015,9 октября.

② Loveday Morris,“Iraqi Premier ‘Would Welcome’ Russian Airstrikes”, The Washington Post, Oct. 2th, 2015.

③ Вера Миронова, Мохаммед Хусейн. Foreign Policy（США）: россий ское будуще-еи ракской нефти. [Электронный ресурс]. – URL: https: // inosmi. ru/politic/20191118/246253831. html（дата обращения:20. 11. 2019）

走。对此，俄罗斯表示愿意向伊拉克提供军事支持①，而伊拉克也愿意与俄罗斯深化军事合作，包括寻求购买俄罗斯的导弹防御系统和侦察机等。

第五，积极介入阿富汗事务。

在美国从阿富汗撤军大局已定的背景下，围绕签署《双边安全协议》问题上的争吵导致美阿两国关系疏远，相应地，喀布尔与莫斯科之间的关系得到加强。在奥巴马宣布（2014 年 5 月 27 日）从阿富汗撤军时间表后，喀布尔需要获得更多的外部支持来应对塔利班的进攻。为了制裁俄罗斯，美国国会冻结了为阿军方购买俄制米－17 直升机的资金。但很快，印俄就由印出钱购买俄武器装备供应给阿富汗军队达成协议。② 在 2015 年 7 月的上合组织俄罗斯乌法峰会期间，阿富汗总统加尼（Ashraf Ghani）在同普京的会晤中表达了希望俄提供直接军事技术援助的愿望，普京表示愿意尽一切可能帮助稳定阿富汗局势。俄罗斯军事介入叙利亚打击“伊斯兰国”后，阿政府请求俄罗斯协助打击塔利班武装分子，包括直接提供火炮、轻型武器和米－35 武装直升机，俄方对此反应积极。俄罗斯总统阿富汗问题特使卡布洛夫（Замир Кабулов）说，阿富汗已处于严重的内战阶段，俄罗斯准备向阿富汗提供直升机，计划近期供应枪支弹药和其他武器装备，还将帮助训练军官。③ 同时，俄外交部透露，俄罗斯与塔利班在有关“伊斯兰国”的信息互换方面保持着有限接触。显然，在美国反恐和对叙利亚政策失败后，俄罗斯在阿富汗的举动进一步加剧了奥巴马政府的窘境。美国媒体更直接指出，奥巴马政府若认为延缓从阿富汗撤军就能改变局势

---

① Ирак поддерживает укрепление военныхсвязей с Россией. [Электронный ресурс]. – URL: https: // kurdistan. ru/2020/02/09/news – 38187_Irak_podderzhivaet_ukreplenie_voennyh_svyazey_s_Rossiey. html (дата обращения: 10. 02. 2020)

② Индия вооружит Афганистан российским оружием. [Электронный ресурс]. – URL: http: // korrespondent. net/world/3352501 – yndyia – vooruzhyt – afhanystan – rossyiskym – oruzhyem (дата обращения: 10. 02. 2020)

③ Россия готова поставлять оружие Афганистану. [Электронный ресурс]. – URL: http: // www. gazeta. ru/army/news/8048981. shtml(дата обращения: 10. 02. 2020)

无疑是愚蠢的。①

近年来，美国和欧洲国家减弱了在阿富汗的军事存在，同时也减少了对阿经济援助，阿富汗已经转向俄罗斯寻求经济援助。② 特朗普政府宣布了新阿富汗战略，但阿安全形势仍持续恶化。2018 年 11 月，俄罗斯启动由其主导的阿富汗和平会议，即"莫斯科进程"。除了中国、印度、巴基斯坦、伊朗和中亚五国均派代表与会外，塔利班多哈政治办公室也派代表团参会，阿富汗政府派遣其负责和平事务的"高级和平委员会"代表参会，美国派驻俄罗斯使馆外交官作为观察员与会。2019 年 2 月，塔利班高层人士和阿富汗重要政治人物开始参加由俄罗斯方面牵头的对话。2019 年 5 月 28 日，在莫斯科举行了俄罗斯和阿富汗建交 100 周年纪念会议开幕式，出席会议的多名塔利班代表均表示，俄罗斯和阿富汗应全面发展经济和政治关系，因为双方利益交织在一起。拉夫罗夫说，阿富汗冲突没有军事解决方案，采取政治外交手段实现和平是唯一可行的解决办法，为使阿富汗局势正常化，外国军队应撤出阿富汗。③ 而在特朗普 2019 年 9 月 7 日突然叫停阿富汗和谈后，塔利班的一个谈判小组随即抵达俄罗斯。2020 年 2 月 29 日，美国与阿富汗塔利班在卡塔尔多哈签署和平协议，美国及其盟国将在 14 个月内从阿富汗撤出所有军队。随着美国加快撤军，俄罗斯希望在阿富汗重新布局，就必须与在阿富汗未来政坛占据一席之地的塔利班搞好关系。

第六，俄罗斯与沙特形成事实上的能源联盟。

在 21 世纪最初 10 年的大部分时间里，俄罗斯和沙特还在围绕石油生产大

---

① Matthew Rosenberg and Michael D. Shear, "In Reversal, Obama Says U. S. Soldiers Will Stay in Afghanistan to 2017", The New York Times, Oct. 16th, 2015.

② Афганистан попросил Россию помочь с восстановление мобъектовэ кономики. [Электронный ресурс]. – URL: https://lenta.ru/news/2017/03/13/afgan/(дата обращения: 10.02.2020)

③ Россия выступил азаполный вывод иностранных войск из Афганистана. [Электронный ресурс]. – URL: https://ria.ru/20190528/1554981845.html(дата обращения: 30.05.2019)

国地位进行着激烈竞争，但随着美国页岩油的“爆发”式增长，双方都感到了极大的威胁。近两年，美国借助页岩油相继超过沙特和俄罗斯，成为石油最大生产国。美国页岩油革命推动了俄罗斯与沙特的合作，从而产生了新的国际石油市场机制。2016 年 12 月，曾经作为国际石油市场竞争对手的俄罗斯与沙特共同推动达成了全球石油减产协议，形成了“OPEC +”联盟，这对应对美国页岩油的挑战、保障双方在国际石油市场的话语权和地位具有战略意义。2019 年 7 月初，在俄罗斯和沙特的积极支持下，“OPEC +”石油减产协议延长到 2020 年 3 月。同时，“OPEC +”成员不仅在《合作宣言》的框架内扩大了各项协议，而且还签署了《石油生产国合作宪章》，使“OPEC +”管理框架常态化。该宪章规范了合作形式，有助于增进成员国之间的了解和信任，成为促进共同合作研发新技术的基础。

俄罗斯与沙特两国的收入增长严重依赖能源出口，尽管俄罗斯与沙特在石油出口市场方面仍是竞争对手，但双方更清楚维持市场平衡才能带来更高油价收益的战略意义。不仅如此，“OPEC +”联盟还决定举行《联合国气候变化框架公约》框架内有关环境和气候变化问题的协调会议，争取更多国际事务的话语权。俄沙还在研究如何互相投资对方的重大能源项目。俄罗斯诺瓦特克公司和沙特阿美石油公司签署了关于液化天然气项目的合作协议。现在，沙特加入俄北极液化天然气项目和俄罗斯公司持股沙特阿美公司的相关谈判都正在进行中。

2019 年 10 月 14 日，俄罗斯总统普京时隔 12 年对沙特展开正式访问。这是普京对沙特国王萨勒曼 2017 年历史性访问莫斯科的回访，更是一次敏感时期的重大外交博弈。在会晤中，普京与萨勒曼就深化两国在能源等诸多领域的合作交换了意见，双方还强调加强两国之间的沟通协调对保障中东地区的和平稳定具有重要意义。近年来，俄罗斯与沙特的关系快速拉近，政治互动频繁、互信加深，经贸合作增长迅速。2018 年，两国贸易额增长 15%，超过 10 亿美元。普京当天与沙特国王萨勒曼·本·阿卜杜勒—阿齐兹（Salman bin Abdulaziz）会谈后，两国签署 20 多项合作协议。其中一项关键协议是，两国同意在"OPEC +"框架内加强合作，同步限制产量、推升油价。

普京的访问正值沙特与伊朗关系紧张及美国在中东的影响力面临挑战的关键时刻。针对愈加紧张的沙伊关系，普京表示，俄罗斯可就缓解沙特和伊朗紧张关系扮演积极角色。近年来，沙特与美国这两个盟友之间开始出现裂痕。从政治角度来看，俄罗斯通过在叙利亚扮演"调停人"角色，展示了一个可靠和稳定的形象。而越来越多的迹象表明，以特朗普为总统的美国是不可预测和不可靠的盟友。普京对利雅得的访问表明，俄罗斯可以与该地区任何大国展开对话，尽管在访问中并未明确提及外界关注的 S－400 防空导弹系统采购计划，但访问显示俄沙均希望在能源领域外开拓更广阔的合作空间。此外，两国在政治上也开始出现更多的相似立场。虽然利雅得是华盛顿的传统盟友，但是俄罗斯近年来和沙特关系发展迅速，表明美国在中东地区的影响已开始减弱。在中东局势日趋复杂的背景下，普京通过对利雅得的访问，强化了俄罗斯在国际能源市场的地位，同时提升了俄罗斯在中东的影响力。2020 年 3 月 6 日，在维也纳举行的产油国 OPEC + 会议上没能达成新的减产协议。在原油市场连续上演崩塌式下跌后，俄罗斯拉上美国与沙特等 OPEC 产油国在 4 月 13 日达成史上最大规模减产协议：2020 年 5、6 月的减产额度为 970 万桶/日，7 月至年底减产额度为 770 万桶/日，而从 2021 年 1 月一直到 2022 年 4 月的减产额度为 580 万桶/日。

第六章 “再回到原点”
——难解的俄美关系

从历史上观察，西方与俄罗斯关系的发展有着自身的逻辑，双方对峙的背后是历史传统和价值观上的分歧。美俄当前关系处于对抗状态，但这种对抗不同于冷战，不大可能发生直接军事冲突。从对峙的特点和趋势看，美俄当前的对抗突出表现为不平衡和非对称性，而且双边关系将长期处于僵局。这种僵局的根本原因在于苏联解体后，俄罗斯拒绝融入以美国为核心的体系，希望恢复自己的大国地位，而美国已经不将俄罗斯视为苏联那样的主要国际行为体。① 由于综合实力上的差距，美俄关系主要受制于美国国内政治及其影响下的对俄政策调整。

一、叶利钦时期的俄美关系

苏联解体后，俄罗斯的新领导人确信在西方的援助下通过推行西化式改革，俄罗斯会很快踏上文明和复兴之路。时任外长科济列夫认为，过去苏美对

① Dmitri Trenin,“U. S. Elections and Russia – U. S. Relations”, https://eng.globalaffairs.ru/articles/us – elections – russia – us – relations/.（上网时间：2019 年 12 月 19 日）

抗的根源在于社会制度和意识形态的差异，而随着苏联的解体，俄罗斯在价值观上同美国等西方大国趋于一致，双方已经"没有任何无法克服的分歧和利益冲突"，西方国家已经成为俄罗斯的"天然伙伴和最终盟友"，因此，俄美在价值观上的一致为双方在战略上的结盟打下了基础。[①] 这样，俄罗斯在对外政策上完全倒向西方，在一系列国际、国内重大问题上对西方主要是美国做出了无原则的让步。在国内积极推行美国等西方国家帮助设计的"休克疗法"式的激进改革；在军备控制谈判方面，俄美于1992年6月达成关于进一步削减进攻性战略武器的谅解协议，俄罗斯宣布在未来10年中将消除其核武库中最具威力的SS-18陆基多弹头导弹；在国际热点问题上，俄罗斯在联合国支持美国对利比亚、伊拉克和南斯拉夫的制裁要求，甚至主动宣布不再对后苏联地区的事务进行干预。同时，俄罗斯未能从帝国意识中迅速摆脱出来，仍幻想同美国并肩领导一个新世界，只是在经历了种种挫折和失望之后，这种幻想才终于破灭。

莫斯科的亲西方外交以华盛顿为中心，俄美关系在短期内确实取得较大发展，俄罗斯也在形式上获得了与美国比肩的所谓"世界性大国"威望。从《美俄伙伴和友好关系宪章》（1992年6月）到《俄美第二阶段削减进攻性战略核武器条约》（1993年1月）的签署，似乎俄罗斯仍保持了苏联的地位。1993年4月初，克林顿与叶利钦在温哥华举行会晤，发表了《温哥华宣言》，宣布相互关系从冷战时期的对手变成了"战略伙伴"，双方还讨论了经济合作及向俄提供援助等问题。1994年1月，克林顿访问莫斯科，美俄发表《莫斯科宣言》，宣布两国进入"成熟的战略伙伴关系的新阶段"，两国的核武器互不瞄准对方。但事后不久，不仅俄罗斯从西方得到的实惠越来越少，双方在一系列问题上的矛盾和分歧却愈加突出。

为巩固和扩大冷战的胜利成果，克林顿政府积极推行所谓的"参与扩展战

---

① 科济列夫关于俄罗斯外交政策的讲话。См.：《Независимая газета》，1 апреля 1992г.

略”，通过双边和多边援助等手段，借助联合国、国际货币基金组织等多边组织，试图建立所谓“美国治下的和平”（Pax－Americana）。事实上，同俄罗斯寻求加入西方社会相矛盾的是，西方从来没有把俄罗斯看作自己的一员，而是视其为不同于自己的“另类”，大规模经济援助也无从谈起。随着俄罗斯国内民族主义力量的增长和对外政策的调整，美国开始改变对俄罗斯发展前景的估计。其实，克林顿政府的对俄政策从一开始就遭到国会共和党议员的反对。1993 年底，俄罗斯议会选举中极端民族主义势力的抬头引起了美国等西方国家的担心。美国国防部长佩里（William J. Perry）明确指出，俄罗斯即使出现最好的结局，成为一个“民主”的市场经济国家，其利益也将与美国的利益不同；而最坏的结局是，它可能成为一个与西方对立的军国主义和帝国主义专制国家。① 从防止重新出现全球和地区性竞争对手、确保自己作为世界唯一超级大国地位的全球战略出发，美国开始调整对俄罗斯政策。在继续促使俄罗斯向“民主”和自由市场转变的同时，美国把对独联体的政策从以俄罗斯为中心转向旨在推动后苏联空间形成地缘政治多元化，以阻止该地区重新成为俄罗斯的势力范围，防止其东山再起，同时实现对里海和中亚地区能源资源的控制。随着俄罗斯国内改革遭受挫折和美俄分歧日趋增多，在美国对俄战略思想中，现实主义成分和地缘战略的考虑逐渐占了上风，强调俄罗斯不应被当作一个“伙伴”，而应视为一个“强硬的对手”。美国对俄政策重点也相应地由建立“战略伙伴关系”和支持并援助俄政治经济改革，转为通过支持独联体中疏远俄罗斯的力量以达到“防范”和“孤立”俄罗斯的目的。这样，美国开始加快推进北约东扩进程，并积极推动独联体地缘政治多元化，同时对俄罗斯的内部改革施加压力。1997 年 7 月，在美国的积极推动下，北约最终在 1999 年做出吸收波兰、匈牙利和捷克的决定。美国还要求俄罗斯不要把立陶宛、拉脱维亚和

① Michael R. Gordon,“Defense Chief Calls Caution Toward Russia Vital”,Mar. 15th,1994, https://www.nytimes.com/1994/03/15/world/defense－chief－calls－caution－toward－russia－vital.html.（上网时间：2020 年 2 月 19 日）

爱沙尼亚三国看作自己的势力范围，并对波罗的海三国加入北约的愿望明确表示支持。1999 年 4 月，北约华盛顿首脑会议提出了“战略新概念”，进一步确立和巩固了美国和北约在冷战后欧洲安全格局重建中的主导地位。同时，北约加紧实施“和平伙伴关系”计划，不断扩大与中亚国家在“和平伙伴关系”框架内的合作，在进一步压缩俄罗斯战略空间的同时，还积极介入里海地区的能源资源开发。此外，美国还借车臣问题不断批评俄罗斯的人权状况。为防止欧亚大陆再次出现与之相抗衡的“欧亚帝国”，美国急需在独联体内部寻找一个能够制约俄罗斯的力量，希望在俄乌关系中打进楔子，以达到牵制俄罗斯的目的。正是在这种背景下，乌克兰对独联体开始采取抵制态度，并在其内部组建具有离心倾向的“古阿姆”集团，使一度有所好转的俄乌关系多次出现反复。

至此，美俄无论是在全球目标和地缘战略上都存在明显的矛盾，导致双方在修改《反弹道导弹条约》、建立导弹防御体系、北约东扩、欧洲常规力量裁军、欧洲安全机制的重建、车臣问题、俄罗斯加入世贸组织、巴尔干和平等一系列问题上的分歧和矛盾不断增加，并最终因科索沃问题上的分歧，俄美关系在 20 世纪 90 年代末降到了“冰点”。

在实力差距巨大的情况下，所谓的俄美“平等伙伴关系”构想从一开始就是不现实的。冷战后，美国的目标是建立单一的世界霸权，防止可能的竞争者出现。从这一目标出发，美国既要利用又要遏制和削弱俄罗斯。趁俄罗斯国力衰落之机，美国加快向中东欧和独联体地区挺进，挤压俄战略空间，还竭力排除其在中东和拉美等地区的影响。残酷的现实表明，在自身实力退居二三流国家行列的情况下还寄希望保留“美苏合作主宰世界”的传统，只能是一厢情愿的幻想。正像布热津斯基所言：“对美国来说，俄罗斯实在太虚弱了，不配成为伙伴；但如只是作为美国的病人，俄罗斯又太强壮了。”① 很快，北约空袭波

① ［美］兹比格纽·布热津斯基：《大棋局——美国的首要地位及其地缘战略》，上海人民出版社 1998 年版，第 154—155 页。

黑塞族和对贝尔格莱德的全面军事行动使俄罗斯外交遭受严重失败。北约东扩计划及美国对独联体的渗透更引起了莫斯科的强烈不安，叶利钦不得不承认俄罗斯并没有在国际社会获得与其自身相称的地位。言下之意，为在全球事务中扮演重要角色，俄罗斯需要形成其所能代表的核心价值和观念，并且能够通过外交政策加以推行。这样，莫斯科逐步从幻想中走出来，开始谋求通过多极世界的权力制衡来维持衰弱的大国影响力。

俄美之间的矛盾和摩擦源于国家利益和战略目标的不同。昔日的苏、美都是"超级大国"，国力不相上下，基本上是势均力敌，因此形成两极对抗。苏联的经济实力虽然逊于美国，但在高度集权体制之下，苏联的动员能力异常出众，它可以集中一切人力物力来应对美国。冷战后的情况则完全不同，美国已成为独一无二的"超级大国"，其综合国力无与伦比；与此相反，俄罗斯的综合国力已大大衰落，连传统的势力范围都难以保住，更不要说去同美国进行世界范围的竞争了。这样，华盛顿的基本目标已经明确为防止可能的竞争者出现，建立美国在全世界的霸权。从维护其世界霸权地位出发，趁俄罗斯国力衰落之机，美国气势汹汹地向中东欧和独联体地区挺进，拼命挤压俄罗斯的战略空间，力图打入俄罗斯的传统势力范围，同时还竭力排除俄罗斯在中东和拉美等地区的影响。俄美两国的综合国力相距甚远，俄罗斯只能通过寻求多极外交来同美国抗衡。多极化构想摆脱了以前对强制核武器均衡和其他追求众多严格标准的做法，而在国际决策和地缘政治领域更强调用平等的地位来理解"战略稳定性"。尽管如此，此时，俄美关系对俄罗斯而言仍处于首要位置。一些俄罗斯人士指出："就俄罗斯的对外政策而言，没有再比俄美关系更重要的了。不管我们是否愿意，俄罗斯外交活动的空间很大程度上取决于俄美关系的状况，美国因素在俄外交中仍处于首要位置。"① 普里马科夫也认为，尽管俄罗斯的外交政策应呈现多样化，但同华盛顿的关系始终占据"特殊地位"，俄罗斯

---

① См.:Коновалов А. Как Россия и США потеряли друг друга // мировая экономика и международные отношения. – 2000. – Номер 7.

能否发挥有力的影响同美国的愿望直接相关。① 在整个对外战略架构中，俄罗斯相对更注重与美国的关系，期望西方的接纳，发展与东方的关系有平衡来自西方压力的成分。确实，俄美之间的合作仍是成功解决后冷战时期众多挑战的关键，例如，俄美在核武器和其他大规模杀伤性武器的扩散、国际反恐及其他非传统安全威胁等问题上的合作。

二、普京时代的俄美关系

尽管双方也有过亲密接触，但俄美关系的趋暖是短暂的，普京时期的俄美关系大部分时间处于冷淡之中。俄罗斯与西方之间矛盾和分歧的根源在于历史传统和价值观的差异，这是双方互信缺失的根本原因。

（一）从缓和到争吵

普京深知没有俄美关系的改善，俄罗斯内外政策目标的实现都是极其困难的。所以，当2001年底美国正式宣布退出《限制反弹道导弹系统条约》时，普京并没有过激的反应，只是在指出这一决定是错误的同时，强调此举不会对俄国家安全构成威胁。"9·11"事件为美俄调整因科索沃战争而恶化的双边关系提供了契机。美国方面希望借此改善双边关系，以取得莫斯科对华盛顿反恐政策的支持。俄罗斯不仅第一时间表达了对美国的支持，并默许美国借反恐对中亚和外高加索的介入。在宣布退出《限制反弹道导弹系统条约》的同时，美国也强调美俄已建立起"新的、更有希望和更具建设性的"关系，退约不会影响双边关系。2002年3月下旬，美俄在日内瓦举行新一轮副外长级战略稳定磋商，俄同意美储存部分被削减的核武器。2002年5月23日至26日，小布什应邀对莫斯科进行首次正式访问，美俄签署了《美俄新型关系联合宣言》《美俄

① Bobo Lo, "Russian Foreign Policy in the Post - Soviet Era: Reality, Illusion, and Mythmaking", New York: Palgrave Macmillan, 2002, pp. 23 - 24.

削减进攻性战略武器条约》及关于反恐合作、经济关系、能源对话、民间交流和中东问题五个联合声明。① 《美俄新型关系联合宣言》称美俄正在实现新型战略关系，两国互视对方为敌人或战略威胁的时代已结束，美俄是伙伴，将加强在反恐、防核扩散、导弹防御、北约与俄关系、经济及地区问题等方面的合作。②《美俄削减进攻性战略武器条约》重申继续履行 1991 年美苏签署的《削减和限制进攻性战略武器条约》和 1968 年《不扩散核武器条约》的义务；双方将在 10 年内把各自战略核弹头削减到 1700 至 2200 枚。③ 随后，在华盛顿的支持和推动下，北约与俄罗斯于 2002 年 5 月 28 日签署了《罗马条约》，宣告建立“北约—俄罗斯理事会”，在反恐、核生化武器扩散、战区导弹防御系统、维和、地区危机处理、民防、海上搜救、军队合作、军控等 9 个领域给予莫斯科“平等”决策权，但不享有否决权。④ 作为交换条件，美还宣布俄为“市场经济”国家，为莫斯科加入世贸组织扫除重要障碍。相应地，普京表示不反对中亚国家向美在阿富汗的行动提供支持，而美则承诺无意在阿富汗和中亚地区谋求长期军事存在，并首次承认车臣存在恐怖分子，要求车臣“必须立即无条件地割断同国际恐怖组织的联系”。由此，舆论一度惊呼亲西方主义的回潮。但在加强与西方外交的同时，普京坚持俄罗斯作为多极世界中的一极和地区大

---

① В Кремле состоялись переговоры Владимира Путина и Президента США Джорджа Буша. [Электронный ресурс]. – URL: http: // www. kremlin. ru/events/president/news/27054 (дата обращения: 30. 05. 2019)

② Московская декларация о новых стратегических отношениях между Российской Федерацией и Соединенными Штатами Америки. [Электронный ресурс]. – URL: http: // www. kremlin. ru/supplement/3477 (дата обращения: 30. 05. 2019)

③ Договор между Российской Федерацией и Соединенными Штатами Америки об ограничении стратегических наступательных потенциалов. [Электронный ресурс]. – URL: http: // www. kremlin. ru/supplement/3476 (дата обращения: 30. 05. 2019)

④ На саммите Россия – НАТО Владимир Путин и лидеры 19 стран Организации Североатлантического договора подписали Римскую декларацию 《Отношения Россия – НАТО: новое качество》. [Электронный ресурс]. – URL: http: // www. kremlin. ru/events/president/news/43121 (дата обращения: 30. 05. 2019)

国的地位，尤其强调外交要为国内改革和经济社会发展创造条件的实用主义理念。

俄罗斯主张多极世界和恢复大国地位，而美国在单极世界理论指导下，对俄战略的目标仍是阻止其恢复“欧亚帝国”。战略目标上的差异，使双方不仅在北约东扩、伊拉克战争、伊朗和朝鲜核危机等热点问题上立场相左，西方很快对普京发动的车臣战争、打击寡头、加强国家对经济特别是能源领域的控制和强化中央权威的政治改革予以强烈的指责和批评，“民主同别斯兰儿童一道惨遭屠杀”成为西方媒体对俄罗斯报道的基调。美国《亚洲华尔街日报》2004年7月28日的一篇文章以《俄罗斯出现又一个“冰期”》为题，将普京与19世纪初期俄罗斯的独裁者尼古拉一世相比，认为普京领导下的俄罗斯不鼓励政治多元化，不健全法制，可能会使俄罗斯再次错失与欧洲共同发展的良机；布热津斯基在2004年9月20日的《华尔街日报》撰文，认为普京的集权是一种国家资本主义，并将普京比作墨索里尼；德国联邦政府顾问海因里希·福格尔在2004年12月20日的德国《世界报》发表题为《特洛伊木熊》的文章，质疑德国与俄罗斯建立战略伙伴关系，并指责俄罗斯权力机构过于集权，没有足够的民主，社会也如死水一潭；美国外交政策理事会副主席伯曼（Han Berman）在《华盛顿季刊》（2004—2005冬季号）一篇关于美俄在中亚和高加索战略竞争和冲突的文章中，将普京的外交政策定性为“强硬的新帝国主义外交政策”；其他诸如《俄罗斯经济感受寒意》（《华尔街日报》12月13日）、《俄罗斯渴望旧的世界秩序》（英国《每日电讯报》11月20日）、《普京控制司法的行为引起愤慨》（英国《泰晤士报》10月1日）、《普京的药方可能是俄罗斯的毒药》（英国《金融时报》9月17日）、《警察政权》（法国《解放报》9月8日社论）、《普京脚下的基础正在动摇》（纽约时报9月1日）等，都对普京的内政改革和外交进行了强烈的抨击。① 除媒体外，欧美各国政府也提出了批

① 喻胜君：“西方舆论为何唱衰普京”，《国际先驱导报》，2005年1月28日。

评和指责。时任美国国务卿鲍威尔（Colin Luther Powell）在接受路透社采访时称，俄罗斯总统普京建议对选举制度的修改是“部分民主改革的倒退”。① 这种来自西方对俄罗斯民主和人权的批评和指责一直没有停止。针对西方的批评，俄罗斯外长拉夫罗夫表示，俄罗斯正在推行的改革进程是俄内部事务，美国无权将他们自己的民主模式强加给别人。2004 年 11 月 18 日，普京在接受俄罗斯三大电视网采访时强调：改革的目的完全不是为了让他自己获得更大的权力；为了对付国际恐怖主义，必须进行这样的改革；俄罗斯需要一个保证国家和社会坚强稳固的政府体系。他说，“我对地方经济集团的影响力感到越来越大的担忧，地方选举已经变成不同经济集团争夺影响力和财富的战场”。②

相应地，在不中断与俄罗斯进行接触的同时，美国开始加快推进俄罗斯“后院”（独联体地区）的地缘政治多元化进程，并继续通过推进北约东扩在战略上对莫斯科施加压力，以阻止俄罗斯重新崛起。2003 年，美国参议院通过了关于中亚国家政治制度的决议案，要求美国行政当局敦促中亚各国领导人加速“民主进程”，并且把美国对这些国家提供“经援”和“军援”与“民主进程”挂钩；2004 年，美国国会又制定了《2005 年民主推进法案》，把世界各国分为三类——完全民主国家、部分民主国家和非民主国家，要求以各种方式在后两类国家推行“民主”。由此，尽管美俄在反恐、核安全、俄加入世贸组织等具体问题上达成一系列共识，但双方在伊拉克战争问题上仍存在着明显的分歧，随着美国继续推进北约东扩和加紧在东欧部署反导系统，并在独联体和俄罗斯国内政治改革问题上不断提高对克里姆林宫批评的调门，美俄的分歧和冲

---

① Госсекретарь США обеспокоен инициативами президента РФ по изменению избирательной системы в России. [Электронный ресурс]. – URL: https://inosmi.ru/world/20040915/212951.html (дата обращения: 30.05.2019)

② Владимир Путин дал развернутое интервью трем ведущим российским телеканалам. [Электронный ресурс]. – URL: https://www.1tv.ru/news/2004-11-18/237780-vladimir_putin_dal_razvernutoe_intervyu_trem_veduschim_rossiyskim_telekanalam (дата обращения: 30.05.2019)

突开始重新激化。

针对美国通过北约东扩、在东欧部署导弹防御系统及在独联体地区推动"颜色革命"不断蚕食俄罗斯的战略空间，在国内政治趋于稳定、经济全面复苏的背景下，普京对美国的立场日趋强硬。在拉拢吉尔吉斯斯坦和乌兹别克斯坦的同时，针对独联体中的亲西方势力，普京的立场强硬并抛出了能源这把"利器"。在对乌克兰的"断气"外交中，普京表达的信息是，俄罗斯掌握着独联体国家的能源命脉，这些国家在选择对外交往对象时必须考虑莫斯科的利益；在同格鲁吉亚因"间谍"事件引发的冲突中，莫斯科更是采取了全面封锁的强硬措施。

俄罗斯坚持自己的发展道路，坚决把独联体地区作为自己地缘战略底线，这与美国对俄战略目标存在结构性矛盾。冷战后美俄关系基本是建立在俄罗斯对美国单方面退让或忍让的基础上，但现在的莫斯科已经不可能再做出无原则让步，独联体地区"颜色革命"的接连发生使俄罗斯对美国的战略企图更加心有余悸。正如普京所说："我看不到俄罗斯与北约之间为何不进一步发展关系的任何理由"，但双边关系"进一步的发展只有在俄罗斯被看作平等伙伴时才会发生"。① 这样，在小布什第二任期，美国开始酝酿调整对俄罗斯的政策。美国对俄政策的调整有其现实原因：第一，美国认为俄罗斯在国内民主问题上出现大退步；第二，俄罗斯拒绝从格鲁吉亚、摩尔多瓦撤军并对乌克兰打出"能源牌"，这不仅冲击了美国在欧亚大陆的战略利益，还对其在海外"推进民主"以实现"失败国家"转型的战略形成掣肘；第三，来自国会的巨大压力。美国对俄罗斯的政策，从长期来看，就是借助政治、经济、文化上的合作与交流以影响和推动转型中的俄罗斯朝有利于美国的方向发展；从短期来看，就是在地缘上对俄罗斯坚决执行防范和遏制战略，使其不再对美欧构成安全威胁。美国主要通过以下三种方式挤压俄罗斯的战略空间：在独联体地区推行民主战略，

---

① Vladimir Putin, "First Person", translated by Catherine A. Fitzpatrick, 2000, New York, p. 177.

特别是通过支持在格鲁吉亚、乌克兰和中亚进行所谓的“颜色革命”，加快独联体地区的地缘政治多元化进程；在北约完成在中东欧地区的战略扩张后，积极推动乌克兰和格鲁吉亚加入其中，全面蚕食俄罗斯的战略空间；加快推进在东欧部署导弹防御体系，对俄罗斯形成强大的战略压力。在是否应该对俄采取更激烈政策的问题上，美国政府内部是有分歧的。2006 年 1 月，美国副总统切尼召集部分俄罗斯问题专家到其办公室进行闭门会议，听取专家的意见。在对俄罗斯的政策上，切尼和国家情报局长内格罗蓬特（John D. Negropont）、共和党参议员麦凯恩（John Sidney McCain III）、美国国务院主管欧洲事务的助理国务卿弗里德（Daniel Fried）等人主张采取更加严厉的手段。而在切尼此举后不久，国务卿赖斯就召集了一批俄罗斯问题顾问开会。赖斯对俄罗斯基本持实用主义的态度，并得到美国国家安全委员会负责俄罗斯事务的高级主管等俄罗斯问题专家的支持。尽管美国政府内部对俄态度不尽相同，但他们对俄罗斯的重新崛起普遍感到担忧。2007 年 4 月，美国国务院公布了 2007—2012 年美国外交政策战略计划，指责俄罗斯在一些方面的“负面举动”达到苏联解体以来的顶峰，其中包括强化中央集权、过分干预经济、限制媒体自由等；向伊朗、叙利亚和委内瑞拉等国出售武器；在政治、经济上向邻国施压，试图控制这些国家的基础设施和战略资产，使其继续留在独联体中。同时，该战略计划还公开把遏制俄罗斯“在某些领域的负面行为”列为今后 5 年的外交重点之一。①

针对美国对俄罗斯民主和外交的强烈批评，普京则针锋相对，他毫不隐讳地宣称：俄对美战略首先要使自己变得强大，俄罗斯可以通过能源领域重新活跃在国际舞台上。普京在 2007 年 2 月的第 43 届慕尼黑安全政策会议上猛烈抨击了美国在世界上滥用武力和北约东扩对俄罗斯的威胁，他说：“对于当代世界而言，单极模式不仅是不可接受的，而且也是根本不可能的。目前世界上正在发生的一切恰恰是企图把单极世界构想贯彻到国际事务中的后果。我们可以

① “美国公布今后五年外交战略强调应对俄罗斯挑战”，http://www.china.com.cn/international/txt/2007-04/18/content_8129747.htm.（上网时间：2020 年 7 月 2 日）

看到越来越无视国际法基本准则的现象。……某些准则，首先是美国的整个法律体系，全面超出了本国边界，并在经济、政治、人道主义方面强加给其他国家。"① 2007年4月，普京在克里姆林宫发表了第二任总统期间的最后一次国情咨文，强烈指责西方干涉俄罗斯内政，并威胁退出《欧洲常规武装力量条约》。② 这是普京慕尼黑讲话的延伸，而且在与西方的争论中开始运用最后通牒式的语言。普京的激烈言论引起舆论哗然，反映了俄罗斯与美国及北约在价值观和战略利益上存在着难以调和的矛盾。

（二） 俄美关系重启失败

2008年5月7日梅德韦杰夫入主克里姆林宫，在实现权力平稳交接的同时，确保了原有政策的延续性。在2007年底的国家杜马选举中，"统一俄罗斯"党获得2/3以上的绝对多数席位，取得了议会主导权。普京通过出任"统一俄罗斯"党主席和俄联邦政府总理，从而在俄罗斯政坛形成了为全球所瞩目的"梅德韦杰夫—普京"式权力运行机制。总体上，俄罗斯在经济上已经彻底克服了20世纪90年代灾难性滑坡的后果，国内生产总值已经恢复到苏联解体前的水平，尽管正在经历全球性金融危机的冲击，但国内经济形势基本稳定；新的统治集团不仅牢牢控制着中央和地方的政治和经济权力，而且在意识形态领域也处于优势地位，形成了"主权民主"的新表述。在外交政策方面，2008年7月新总统梅德韦杰夫批准的新《俄罗斯对外政策构想》只是对2000年6月普京所批准的《俄罗斯对外政策构想》的补充和发展，表明了俄罗斯对外政策的延续性。但新的权力机制刚开始运行，在外交领域就面临着与格鲁吉亚军事冲突事件的严峻挑战。

俄格军事冲突的背后，既有格鲁吉亚谋求国家统一和安全的诉求，也是俄

---

① Аркадий Дубнов. "Кому это понравится?" – Владимир Путин в Мюнхене призвал Запад к ответу// Время Новостей. – 2007,12 февраля.

② Владимир Путин выступил с ежегодным Посланием Федеральному Собранию. [Электронный ресурс]. – URL: http://www.kremlin.ru/events/president/news/38727 (дата обращения:30.05.2019)

罗斯在北约东扩步步紧逼下的绝地反击，更是后冷战时期美国对欧亚大陆战略调整的结果，实质上是俄美争夺战略空间的较量。即将到来的北约第三轮东扩，使俄罗斯真正感到自身安全所面临的危机，被迫进行还击。对俄罗斯而言，其战略目标很明确，就是阻止格鲁吉亚加入北约。军事冲突促使俄罗斯下决心制定新的外交战略，克里姆林宫的新主人宣布了俄罗斯对外政策的五项原则：尊重确定文明社会之间关系的国际法基本准则；世界应是多极化，单极世界不可接受；不希望和任何国家对抗；外交政策优先方向是保护本国公民的生命和尊严；关注自身在友好地区的利益。① 这被英国媒体解读为“新冷战”的蓝图。梅德韦杰夫总统指出，自格鲁吉亚战斗开始，这个世界就已经变了，俄罗斯是一个不可低估的国家。他说：“我们到了一个关键时刻，自 8 月 8 日以后，这个世界与以前不同了……从现在起俄罗斯是一个不可低估的国家。”② 与此同时，俄罗斯相继举行了多场密集的军事演习，几乎是全军出动。莫斯科还警告华盛顿，美国在波兰和捷克部署导弹防御系统的行动会引发新一轮军备竞赛。此外，在指责西方试图将俄罗斯推回新的“铁幕”背后的同时，梅德韦杰夫还宣布将实现核武器威慑力量的现代化，兴建新型号的军舰和配有巡航导弹的潜艇，构建一个太空防御体系，并要求新的核武系统必须在 2020 年前部署到位。不仅如此，俄罗斯的两架图－160 型战略轰炸机和核动力导弹巡洋舰“彼得大帝”号等四艘军舰还造访美国“后院”委内瑞拉，并进行联合军事演习，这是冷战结束以来俄罗斯首次到西半球进行军事部署。至此，此次冲突造成俄罗斯与美国关系的明显倒退已经是不可避免的现实，双方的政治对抗加剧。③ 就在一年

---

① Тамара Шкель. Пять принципов президента Медведева // Российская газета. – 2008, 1 сентября.

② Дмитрий Медведев считает, что Россия пережила момент истины // Время Новостей – 2008, 8 сентября.

③ 相关分析参见：Октай Садыхзаде. Если так пойдет, новой холодной войны России не избежать. [Электронный ресурс]. – URL: http: // www. day. az/news/politics/128621. html (дата обращения: 30. 05. 2019); Йен Трейнор. Россия: Мы готовы к новой холодной войне. [Электронный ресурс]. – URL: http: // www. inopressa. ru/guardian/2008/08/27 (дата обращения: 30. 05. 2019)

前，俄著名的国际问题专家、外交与国防政策委员会主席谢尔盖·卡拉加诺夫在谈到俄美关系时还说："这不是什么'冷战'，而是美俄之间、俄欧之间的竞争加剧。"① 但在冲突发生后，卡拉加诺夫撰文指出，从当前的形势看，"冷战"已经开始，正是格鲁吉亚对南奥塞梯的进攻把俄罗斯拖入"冷战陷阱"，因为"为借助于北约机制把目标一致的西方伙伴组织起来，需要有敌人的存在"。②

俄罗斯与格鲁吉亚发生军事冲突后，美国国务卿赖斯宣布，美国将重新考虑与俄罗斯的关系，并在此基础上制定新的对俄政策。赖斯在华盛顿发表讲话指出，莫斯科领导层近来的表现足以表明，它在国内愈发"专制独裁"，对外愈发具有"侵略性"。对于已经决定把安全系于北约和美国的格鲁吉亚，其军事行动是一次试探性动作，可以断定是得到美国授意或者暗中同意的。现在，俄罗斯的立场明确而强硬，问题已经抛给了格鲁吉亚和美国。格鲁吉亚可以有三种选择：第一，放弃阿布哈兹和南奥塞梯这两个地区后加入北约；第二，放弃加入北约，通过倒向莫斯科实现国家统一；第三，通过美国和北约对俄施加强大政治和军事压力，最终在收复这两个地区后加入北约。显然，格鲁吉亚只能选择最后一种，但这要以美国和北约的战略利益为转移。美国和北约都不愿意也不可能承担与俄开战的巨大风险，而经济制裁对于俄罗斯这样一个拥有丰富能源储备的国家又起不到太大的作用，更别说欧洲对俄罗斯的能源又有着巨大的需求。另外，在政治上，美国在很多国际问题上都需要俄罗斯的帮助，无论是再次出现停滞的朝鲜核问题还是日趋危险的伊朗核问题都是如此。此外，与美国在中东的利益相比，格鲁吉亚战略地位的重要性自然大打折扣。从欧洲的斡旋和矛盾心态来看，他们更不希望俄罗斯与美国及北约进行军事对抗。欧

---

① Какими будут Россия и мир через 10 лет? Интервью Сергея Караганова // Комсомольская правда. – 2007,16 августа.

② Сергей Караганов. Россия попалась в ловушку "холодной войны" // Российская газета. – 2008,29 августа.

盟特别峰会就制裁俄罗斯没有达成一致已经说明了这一点。尽管如此，美国不可能轻易放弃格鲁吉亚这颗重要棋子。在加大对格鲁吉亚援助的同时，美国多次重申对格申请加入北约的支持，并指责俄罗斯的“武装侵略”行为。同时，美国不仅把军舰开进巴统和波季港并在黑海帮助格训练士兵，还宣布搁置与俄罗斯签署的民用核合作协议。这是俄格军事冲突以来，华盛顿首次针对莫斯科采取切实的惩罚性举措。北约方面，不仅暂停与俄罗斯的军事合作计划，还调动大批军舰进入黑海，并帮助格鲁吉亚提高防御计划能力，其早期预警系统已经与格防空系统相连，可随时监控格领空。

尽管俄格军事冲突对俄美关系造成巨大冲击，还不至于像一些人所说的已经开始了一场“新冷战”。曾几何时，西方的政治家、学者为苏联解体和冷战的终结而欢呼，甚至提出了所谓的“历史终结论”。事实表明，俄罗斯已经恢复了20世纪90年代被破坏的内外政策活力和完整性，其对外政策建立在国家的实际能力和现实利益之上。谈到苏联解体，普京曾公开表示，苏联解体是全民族的重大悲剧，是20世纪最大的政治灾难。面对西方的压力，普京以“主权民主”反制美式民主，还颁布《非政府组织法》加强对非政府组织的规范和约束。针对美国加快在东欧部署导弹防御体系的举动，俄罗斯针锋相对，不仅宣布暂停执行《欧洲常规武装力量条约》，还明显加快了战略武器的现代化进程。至此，美俄关系的基础已经出现了重大变化，俄罗斯已经不再是那个20世纪初期的温顺“小伙伴”和“9·11”事件后坚定支持美国反恐的盟友，华盛顿与莫斯科的关系必须在新的基础上重新确定框架。俄罗斯与格鲁吉亚的军事冲突标志着莫斯科加强对独联体国家战略控制的开始，预示着国际权力将被重新分配。

奥巴马上台后，积极推行与俄罗斯接触政策。美国和北约同意恢复与俄罗斯之间的部长级磋商；美国国务卿希拉里与俄罗斯外长拉夫罗夫在日内瓦举行会谈，谋求改善自俄格冲突以来紧张的双边关系，希望俄罗斯放弃向伊朗出售S-300导弹计划，并就削减战略武器新条约重启谈判。奥巴马把重启美俄关系作为目标，并与俄罗斯总统梅德韦杰夫有过短暂的愉快合作，包括成功签署了新的削减战略武器条约，在阿富汗军用物资通道上得到俄罗斯的支持。尽管奥巴马政府宣布放弃东欧导弹防御系统计划，但考虑到盟友的关切，美国还是强调要对其欧洲的导弹防御系统战略进行重新规划和配置。美国在欧洲反导系统部署问题上的立场松动后，俄罗斯马上就宣布取消在加里宁格勒的导弹部署计划，并允许美国过境俄罗斯向驻阿富汗美军和北约部队运送非军用物资。尽管奥巴马政府的决定招致一些共和党人和军事专家的批评，认为这样做不仅破坏了与波兰和捷克的牢固盟友关系，而且也未必能够获得俄罗斯在伊朗核问题上的全面支持。奥巴马政府所释放出的缓和信号，主要还是为其从伊拉克和阿富汗战争抽身，以及防止核扩散问题的解决所做出的必要让步，以期莫斯科能够在这些棘手问题的解决上给予协助，起码不从中作梗，而绝不是对俄罗斯战略的全面调整使然。奥巴马在东欧部署导弹防御系统问题上，并没有宣布放弃，而且在乌克兰和格鲁吉亚加入北约问题上的立场也不明确。同时，美国不支持俄罗斯方面提出的新欧洲安全条约草案，认为欧洲安全问题应在现有机制中加以讨论。① 随后，华盛顿甚至还直接插手俄罗斯 2012 年总统大选，试图挑拨梅、普关系，阻止普京再任总统。这方面的动作包括：资助非政府组织；派出擅长“人权外交”的人士出任驻俄大使；唱衰普京，并以选举不公为由，煽动街头抗争；不顾双方外交惯例，拖延祝贺当选。而随后的斯诺登事件给本已处于冷淡中的俄美关系再泼了一盆冷水，圣彼得堡 G20 峰会上普京与奥巴马闪电般的 20 分钟简短会谈也只能“无果而终”。一系列的突发事件不断消磨着俄美关系重启的希望，反映了两国关系互信基础的缺失。而随即发生的乌克兰危机更把俄美关系推向冷战结束以来的最低谷，两国关系已经不是是否重启的问题，而是如何进行管控以避免滑向对抗的问题。

---

① Хиллари Клинтон: США против российского проекта договора по европейской безопасности. [Электронный ресурс]. – URL: https://companion.ua/65541/ (дата обращения: 30.05.2019)

三、乌克兰危机以来的俄美关系

乌克兰危机改变了俄罗斯与西方关系的结构，美俄关系重启无望，“新冷战”将在相当长的时间内成为双边关系的“新常态”。国家利益对立和国内政治现实限制了特朗普在美俄关系上的“操作”空间。特朗普对俄政策转向强硬，打破了人们对美俄关系改善的期待，导致双方形成冷战结束以来最严重的对峙。

（一）俄美形成冷战结束以来的最严重对峙

克里米亚“入俄”后，奥巴马联合欧洲对俄罗斯连续进行了数轮制裁，最为严厉的是在能源、金融及国防领域的制裁。同时，美国还借机“复活”北约，并宣布给予乌克兰北约之外盟国地位。但在反俄情绪亢奋之下，奥巴马的对俄政策仍被批评过于软弱。奥巴马相信，压力和接触的结合能够缓和普京的行为，而不愿意过分激怒后者。但是，奥巴马还是在离任前宣布驱逐35名俄罗斯外交官，并关闭了俄罗斯在美国的两处设施。对此，俄罗斯并没有急于做出对等回应，而是寄希望于特朗普能兑现改善美俄关系的选举承诺。但事与愿违，随着特朗普就任总统，“通俄门”调查也急剧发酵，使其在美俄关系上的“操作”空间被迅速压缩。在反俄政治正确的氛围下，特朗普要改善美俄关系，其将遭遇到的阻碍不仅来自国内的两党和媒体，甚至是整个西方阵营。如果抛开表面上与普京“亲密”的个人关系，就会发现特朗普的对俄政策要比奥巴马强硬得多。特朗普政府的对俄政策包括：授权向乌克兰提供致命武器，特别是“标枪”反坦克导弹，这是奥巴马一直没有下决心做的事；关闭了两个俄罗斯领事馆、多个外交附属机构，还大批驱逐俄外交官，这些都是前所未有的惩罚措施；大幅增加“欧洲威慑行动”的资金投入；制裁名单上的俄罗斯实体和官员被迅速扩大。至此，特朗普似乎仍在美俄关系中重演既定模式，即在总统任期开始时的蜜月期将在任期结束时高开低走，演变成一场新的危机，因为相互冲突的国家利益和国内压力的结构性分歧正把美俄推向新的对抗阶段。更尴尬的是，特朗普的美俄蜜月感觉还没开始就已经谢幕。

2017 年年中以来，在"通俄门"调查的压力下，特朗普对俄罗斯的暧昧态度不再，转向更加强硬的对俄政策，以试图洗刷自己的"污名"。相应地，对俄"和解派"远离决策层，从国会山到白宫、五角大楼，甚至前政府官员，无论是共和党还是民主党，反俄政治正确充斥着华盛顿政治圈。2017 年 7 月 28 日，美国国会通过了所谓《制裁美国对手法》，8 月 2 日特朗普签署后正式生效，显示两党在反俄问题上的高度共识，也标志着"通俄门"压力之下特朗普政府对俄政策的转向。这是导致俄罗斯与西方出现冷战结束以来"最严重对峙"的发端。俄联邦总理梅德韦杰夫对此回应指出，特朗普签署制裁法案证明"俄美关系的改善已经基本无望"。① 8 月 31 日，美国副总统彭斯在爱沙尼亚更是公开抨击俄罗斯是"侵略幽灵"，试图通过武力重新划定国际边界，破坏主权国家民主。② 10 月 23 日，前防长帕内塔（Leon Panetta）在哈德逊研究所举行的一次会议上强硬地表示，美俄将"开启冷战新篇章"，美国应该在中东地区，特别是叙利亚采取更积极的政策遏制俄罗斯的影响力，包括划出"分界线"及向俄罗斯发出明确信号。③ 关于西方与俄罗斯进入"新冷战"的说法并不新鲜，有英国学者早就已经提出过这一观点。④

---

① Александр Астафьев. Полноценная торговая война – Медведев раскритиковал новые санкции США. [Электронный ресурс]. – URL: https: // ria. ru/politics/20170802/1499654380. html (дата обращения:05. 08. 2017)

② VirginiaButler, "Pence Called the Russian Aggression as the Main Threat to the Baltic States", July 31, 2017, https: // newsworld. co/pence – called – the – russian – aggression – as – the – main – threat – to – the – baltic – states. (上网时间：2020 年 8 月 19 日)

③ Максим Блинов. Экс – глава Пентагона заявил о новом этапе холодной войны между США и Россией. [Электронный ресурс]. – URL: https: // ria. ru/world/20171024/1507423743. html(дата обращения:25. 10. 2017)

④ 参见封帅著：《冷战后英国的俄苏研究》，上海人民出版社 2018 年版，第 231—239 页。

相应地，以干预大选和乌克兰危机等为借口，美欧对俄罗斯的经济制裁、政治孤立和军事威慑不断升级，而普京也不遑多让，最终导致美俄关系降到了冷战结束以来的最低点。

首先，相互制裁不断升级。对俄制裁法案生效后，在2017年8月就有1家俄企业和4名个人被列入制裁名单；10月，美国又发布了涵盖国防和情报领域的39个实体和个人的对俄制裁清单。同时，发布相关指导意见，特朗普可根据指导意见对俄采取制裁措施。2018年3月15日，赶在俄罗斯大选前，白宫再次以干涉大选和恶意网络攻击为由，宣布制裁5家俄实体和19名个人。这是特朗普在“特普会”前对俄罗斯采取的最强硬举措。据不完全统计，俄罗斯已有约200名个人和400个实体被列入美国的制裁名单。作为回应，俄罗斯在继续延长反制裁措施的同时，还正式启动对美国部分进口商品加征25%—40%的附加税，以回应特朗普政府加征的钢铝关税。

其次，“外交战”开打，相互大规模驱逐外交官。针对奥巴马在离职前驱逐俄外交官的举动，普京要求减少美外交机构在俄工作人员755人，使双方外交机构人数平衡，同时查封了美在俄的部分资产。2018年5月30日，俄罗斯联邦委员会通过了《应对美国及其他国家不友好行为法》，以回应美国的相应法案。法案规定，俄总统和政府有权对美国和其他支持制裁俄罗斯的国家实施反制裁措施。同时，不仅是美国，俄罗斯同样被英国、西班牙等欧洲国家贴上“干涉选举”的标签，成为很多欧盟成员国中“传统力量”为自己选战不佳开脱的“替罪羊”。2018年1月底，美国财政部还拼出了一份几乎囊括了俄罗斯政治领导层和知名企业家共210人的所谓的“克里姆林宫名单”，暗示可能制裁这些与普京关系密切的人。这看起来更像“干涉”俄罗斯大选的“奥步”。针对发生在伦敦的“间谍中毒”事件，特朗普下令驱逐60名俄罗斯外交官，并关闭俄驻西雅图领事馆。随后，打着维护价值观和国际法的旗号，美欧20多个国家共同掀起驱逐俄罗斯外交官浪潮，西方对俄罗斯的集体外交敌视行动正式开始。[1] 这是冷战结束以来的最大规模集体外交驱逐事件，在现代外交史上极为罕见。俄罗斯称这是西方发动的"臭名昭著的团结一致的挑衅"，并将做出"对等回应"。[2] 俄罗斯宣布驱逐英国和美国同等数量的外交官，并关闭美、英驻圣彼得堡领馆，同时驱逐相应国家的外交官。对此，《纽约时报》评论称，"这是美俄数十年来最严重的紧张态势"。[3]

第三，不断提升威慑和战备水平。从 2017 年底到 2018 年初，特朗普政府连续推出《国家安全战略》《国防战略》和《核态势评估》三个重磅战略文件，把俄罗斯定位为战略对手和主要威胁。[4] 相应地，美国在东亚和东欧完成了反导系统的部署，从东、西两个方向对俄罗斯形成强大战略压力。俄罗斯则指责美国可能在欧洲的导弹防御系统上秘密安装巡航导弹，这直接违反了中程核力量（INF）条约。美俄还就履行《中导条约》问题一直互相指责。[5] 美国不仅坚决退出《中导条约》和《开放天空条约》，而《新削减战略武器条约》也岌岌可危。同时，美国共和党强硬派还欲推动立法迫使特朗普政府研发新型

---

① Shehab Khan, "Diplomatic Hostility Towards Russia Will 'Erodeaway' Within Months, Says Former British Ambassador", Mar. 24, 2018, https://www.independent.co.uk/news/uk/home-news/russia-uk-relations-diplomats-moscow-london-putin-nerve-agent-poison-a8268966.html.（上网时间：2020 年 7 月 2 日）

② МИД России отреагировал на массовую высылку российских дипломатов. https://www.gazeta.ru/politics/news/2018/03/26/n_11335519.shtml（上网时间：2018 年 3 月 26 日）

③ Andrew Higgins, "Russia to Expel 60 Diplomats; Tensions are Worst in Decades", https://www.nytimes.com/2018/03/29/world/europe/russia-expels-diplomats.html（上网时间：2018 年 4 月 19 日）

④ "National Security Strategy of the United States of America", Dec. 2017, https://www.whitehouse.gov/wp-content/uploads/2017/12/NSS-Final-12-18-2017-0905.pdf.; "the 2018 National Defense Strategy of the United States of America", https://www.defense.gov/Portals/1/Documents/pubs/2018-National-Defense-Strategy-Summary.pdf; "Nuclear Posture Review", Feb. 2018, https://media.defense.gov/2018/Feb/02/2001872877/-1/-1/1/EX%D0%95%D0%A1UT%D0%86VE-SUMMARY.PDF.（上网时间：2020 年 7 月 2 日）

⑤ 一开始，美国指责俄罗斯以洲际弹道导弹为掩护制造新型中程弹道导弹，后来又指责俄罗斯试验和部署海基巡航导弹"口径"的陆射版；俄罗斯指责美国在欧洲部署反导系统则意味着在岸上安装了可从海上发射"战斧"巡航导弹的 MK41 导弹发射系统。

导弹，而白宫内部也就此展开了激烈的争论。为应对战略压力和提升信心，普京在2018年度《国情咨文》中重点谈及国家安全，并首次视频展示了最新的先进武器装备，其中最新型核动力巡航导弹和“匕首”高精度空射高超声速导弹系统尤其引人关注，宣称完全能够穿透北约的导弹防御系统。[①] 在军事上，双方也是剑拔弩张。当时特朗普政府正研究和评估在波兰建设美军永久性军事基地问题。如果成功施行，那将意味着放弃《俄罗斯与北约相互关系、合作和安全的基本文件》，公开宣布俄罗斯为“敌人”。特朗普政府还不断增加“欧洲威慑行动”的拨款，并要求北约盟友军费支出至少必须达到GDP的2%。现在，北约每年在俄西部边境附近举行的联合军演达数十次，多以俄罗斯为假想敌。为加强军事反应能力，北约还推出“四个30”计划，即拥有在30天或更短时间内部署机械化营、空军中队和作战舰艇各30个的能力。为加强对俄罗斯的快速反应，北约还加快组建新的司令部，意图建立欧洲军事“申根区”。更严重的是，北约还给予乌克兰“申请国”资格，并表示格鲁吉亚也符合入约条件。对此，俄罗斯也以密集的军演来回应，普京多次下令对各军区进行战备突击检查，并时常亲临演习前线指挥和检查战备情况。当前，俄罗斯与北约的关系陷入僵局，欧洲安全功能失调，双方之间冷战时期那种缓冲地带已经不存在，爆发冲突的风险也更高，人们已经开始讨论和评估欧洲因失控出现意外战争的可能。

（二） 俄美关系 “新常态”

特朗普政府明确把俄罗斯作为主要威胁和战略对手，双方之间既有大规模几乎“面对面”的军演对抗，也有军备竞赛和威慑的升级，更有在叙利亚和乌

---

① Послание Владимира Путина Федеральному собранию 2018. [Электронный ресурс]. – URL: https: // www. 1tv. ru/shows/vystupleniya – prezidenta – rossii/poslanie – federalnomu – sobraniyu/poslanie – vladimira – putina – federalnomu – sobraniyu – 2018 – polnaya – versiya (дата обращения: 25. 10. 2019)

克兰等第三国的“代理人”战争。制裁范围和外交战超出了人们的想象，而乌克兰甚至还终止了乌俄友好条约。经济上的相互制裁你来我往已经数十轮，对彼此都造成很大伤害，尤其是对俄罗斯。“新冷战”在意识形态和文化等领域同时展开。“今日俄罗斯”在美国的活动已经受限，而俄政府也采取措施对包括“美国之音”等数家美国媒体在俄罗斯的活动进行限制。俄罗斯以“兴奋剂问题”为理由被禁止参加平昌冬奥会，而在冷战时期也是抵制而不是禁止，更有西方政客把俄罗斯的世界杯宣传与希特勒臭名昭著的 1936 年柏林奥运会相提并论。相应地，很多冷战时代的语言也已经重现，例如在美国官方及政客的语言中，对普京或俄罗斯的称谓出现了“独裁者”“领头狗”“恶魔”“恶霸”“刽子手”“侵略幽灵”等恶毒的语言。不仅如此，双方还开辟了新战场，那就是网络战，美国的网络部队已经有近 6000 人，并在多国搜捕俄罗斯黑客，而英国也跃跃欲试。在美国五角大楼刚刚公布的首份网络安全战略报告中，俄被着重确定为“能够给美国制造战略威胁”的国家之一。为主宰太空，特朗普还下令美军组建太空部队，矛头也直指俄、中。

“新冷战”的基本态势是“美攻俄守”，但与冷战相比也有很多不同，其中最大的特点是不平衡和非对称性。所谓不平衡，是指双方总体力量对比。美国在军事、科技和经济上都处于优势地位，年军费支出达 7000 多亿美元，而且有着巨大的集团优势。俄罗斯军费开支只有 600 多亿美元，经济仍面临困境，而且几乎没有美国那样的盟友。所谓非对称性，是指俄罗斯针对现实，选择发展更具针对性、更有杀伤力的武器，尤其是战略核武器。例如，俄罗斯正在试射的“Сармат”重型洲际弹道导弹能携带 10 枚核弹头，其中包括高超音速弹头，宣称可突破美国导弹防御系统。① “对于美国而言，俄罗斯的重要性并不主要在于它能从俄罗斯那里获取什么实实在在的利益，而主要在于俄罗斯是

① Вторые испытания баллистической ракеты “Сармат” прошли на Плесецке. [Электронный ресурс]. – URL: https://ria.ru/defense_safety/20180330/1517573439.htm (дата обращения: 02.04.2018)

有能力制造麻烦的国家”。[①] 俄罗斯近期集中曝光了核动力巡航导弹、核动力鱼雷、匕首式空射弹道导弹等六款新型武器。2018 年，俄罗斯海军新增舰船 26 艘，有 4 艘装备新型“口径”巡航导弹。[②] 这样，尽管双方力量悬殊，但较弱的一方仍具有运用非对称性致命武器给对方造成不可挽回的伤害的能力，而且由于规则的不确定性而使危险陡增。现在的局势在很多方面甚至比冷战时还要糟糕。尽管冷战时关系紧张，但双方之间还是存在一定的信任，而且都清楚要遵守某种规则。可是目前双方关系则是处于“动荡之中”，相应的规则并不明确。[③] 在此轮俄罗斯与西方对抗中，还有一个突出的现象是，西方不仅在国家层面开始协同，而且还借助媒体在整个社会层面进行了充分动员，进而对自己的“敌人”展开集体暴力。在媒体的渲染下，美俄两国对对方持有厌恶情绪的民众甚至超过 70%。美欧向“非西方世界”发出了一个强烈信号，西方国家在面对非西方世界“威胁”时，他们仍要做出集体回应，这让人不寒而栗。刚刚过去的外交战对俄罗斯的“围剿”，就是由英国在前台发动盟友，而美国在幕后进行推动。[④]

由于西方的僵化意识形态和俄罗斯的干预性外交政策，双方关系逐渐破裂之后的俄罗斯外交正陷入“百年孤独”。[⑤] 普京曾希望借助出兵叙利亚来缓解

---

① 冯绍雷、相蓝欣主编：《俄罗斯与大国及周边关系》，上海人民出版社 2005 年版，第 43 页。

② Приём по случаю Дня Военно – Морского Флота. [Электронный ресурс]. – URL: http://www.kremlin.ru/events/president/news/58131 (дата обращения: 02.04.2018)

③ Andrew Higgins, “A New Cold War with Russia? No, It's Worse than That”, https://www.nytimes.com/2018/03/26/world/europe/russia – cold – war.html.; Krishnadev Calamur, “The Ball Is Very Much in the Russian Court”, Mar. 31, 2018, https://www.theatlantic.com/international/archive/2018/03/russia – us – diplomats – expulsions/556985/.（上网时间：2020 年 7 月 2 日）

④ “Western Allies Expel Scores of Russian Dipiomats over Skripaiattck”, https://www.theguardian.com/uk – news/2018/mar/26/four – eu – states – set – to – expel – russian – diplomats – over – skripal – attack.（上网时间：2020 年 7 月 2 日）

⑤ Владислав Сурков. Одиночество полукровки. [Электронный ресурс]. – URL: http://www.globalaffairs.ru/global – processes/Odinochestvo – polukrovki – 14 – 19477 (дата обращения: 10.04.2018)

在欧洲方向的战略压力，但效果不大。现在，普京可用的资源恐怕最有效的就是强大的军事力量，特别是战略核力量，再就是能源武器。但普京自然清楚打出这两张牌的后果。美欧在制裁和打压俄罗斯问题上之所以有恃无恐，因为他们认为自己所付出的代价要比俄罗斯小得多，而且完全能够承受，而俄罗斯则不然。再次当选总统后，普京表示将努力通过政治和外交途径解决双方的所有分歧。特朗普和容克（Jean – Claude Juncker）也不顾反对而对普京再次当选表示祝贺，表明西方仍希望与俄罗斯在为敌与为友之间寻找平衡，担心出现全面军事对抗，更不愿看到俄罗斯与中国建立合作关系。普京在对西方制裁适时展开回击的同时，仍保持克制并愿意与美欧领导人进行接触，为未来重启与西方关系留下"窗口"。普京很清楚，俄罗斯要想真正崛起于世界强国之列，必须实现与西方关系正常化。所以，针对白宫炮制的所谓"克里姆林宫名单"，普京指出这是针对俄罗斯的"敌对步骤"，但其不会铤而走险，不希望局势恶化。① 俄罗斯还发表声明，宣布将对伦敦"间谍中毒"事件以及俄流亡商人尼·格鲁什科夫（Н. А. Глушков）在伦敦住所死亡事件展开调查，并愿意与英国相关部门展开合作，但被英国方面拒绝。②

特朗普和普京都希望给紧张的俄美关系降温，管控分歧不发生意外军事冲突。未来美俄可能在削减战略武器条约、防核扩散、反恐、网络袭击、以色列安全及叙利亚等问题上进行有限合作。但问题是，俄罗斯和西方的矛盾已经到了"无以复加"的程度，不仅有地缘政治、全球安全战略和世界秩序等方面的矛盾，更有深层次的价值观上的分歧和冲突。所以，就不难理解为何时任美常

---

① Путин рассказал,как Россия будет выстраивать отношения с США. [Электронный ресурс]. – URL: https: // ria. ru/politics/20180130/1513616924. html(дата обращения: 10. 04. 2018)

② Лавров: Россия готова сотрудничать с Британией по делу Скрипаля. [Электронный ресурс]. – URL: https: // russian. rt. com/world/news/491297 – rossiya – sotrudnichestvo – britaniya – skripal(дата обращения: 02. 07. 2020)

驻联合国代表黑莉（Nikki Haley）宣称“俄罗斯任何时候都不会是美国的朋友了”。① 面对国会议员对“特普会”的指责和批评，特朗普表示将继续维持对俄罗斯的制裁，白宫更破天荒地举行了一场罕见的由总统国家安全事务助理、联邦调查局局长、情报总监、国土安全部部长等美国安全界人士共同出席的高规格媒体见面会，这些人以美俄关系恶化以来最为激烈的言辞谴责和警告了俄罗斯对美国大选的干预。② 美国国会同时酝酿了被称之为迄今“最为严厉和最具毁灭性的”对俄罗斯制裁提案。③ 随后，以伦敦间谍事件为由，白宫再次抡起制裁“大棒”，甚至还将矛头指向俄罗斯的军贸伙伴。自 2011 年以来，美国已经对俄罗斯进行了 60 次制裁。④ 同时，“北溪 - 2”也因美国的制裁而搁浅，双方还在二战议题上出现龃龉。而诸如俄美总统共同发布象征合作的“易北河精神”的联合声明，是双边关系中少有的亮点，而且更多地只具有象征意义。这样，在反俄政治正确和选举操控下，不仅民主和共和两党，甚至在国会和白宫之间，展开了一场针对俄罗斯强硬的“竞赛”。不仅如此，《制裁美国对手法》还从制度上限制了美俄关系的改善。该法案规定，美国永远不会认可俄罗斯通过武力改变的任何领土，总统在签署命令解除对俄制裁及归还外交财产时要向国会提交报告，而且国会拥有否决权。⑤ 显然，美国内部的政治斗争仍是

---

① “Russia Will Never Be Our Friend, U. S. Ambassador Says”, https://themoscowtimes.com/news/russia-will-never-be-our-friend-us-ambassador-says-61075.（上网时间：2020 年 7 月 2 日）

② Felicia Sonmez, Shane Harris, “Russia Continuing to Target U. S. Elections, Officials Say in Rare Joint Warning”, The Washington Post, 2018-8-3, A02.

③ “U. S. Senators Introduce Russia Sanctions ‘Bill from Hell’”, Reuters News, 2018-8-3, https://global.factiva.com/ga/default.aspx.（上网时间：2020 年 12 月 23 日）

④ Комментарий заместителя Министра иностранных дел России С. А. Рябкова в связи с очередными антироссийскими санкциями США. [Электронный ресурс]. - URL: http://www.mid.ru/ru/foreign_policy/news/-/asset_publisher/cKNonkJE02Bw/content/id/3348147 (дата обращения: 02.07.2020)

⑤ “Countering America's Adversaries Through Sanctions Act (CAATSA)”, https://www.congress.gov/115/plaws/publ44/PLAW-115publ44.pdf.（上网时间：2020 年 7 月 2 日）

美俄关系稳定的障碍，反俄罗斯的歇斯底里现象在美国依然存在。尽管有部分美国人主张恢复与俄罗斯的对话，建立合作以解决核不扩散和反恐等战略稳定问题，但这种合作被另一部分人视为对俄罗斯的让步。由此，要改善与俄罗斯的关系已经不单单是行政系统的问题，在反俄政治正确氛围之下，解除对俄制裁的总统令在国会"闯关"或重新修订法案都是不现实的。而除此之外的任何接触和"操弄"，对俄罗斯而言都不具实质意义，也谈不上美俄关系的真正改善。

这样，考虑到克里米亚地位已经难以逆转且乌克兰坚决要求加入北约，以及华盛顿的政治现实，以上因素共同决定了"新冷战"在相当长的时间内将成为美俄关系的"新常态"，无论是小布什那种通过普京的眼睛"我能感受到他的灵魂"，还是美前国务卿希拉里与俄外长拉夫罗夫共同按动"重启"两国关系按钮的场景都难以再现。

第七章　“破碎的共同家园”
——僵局中的俄欧关系

冷战结束以来，俄罗斯与欧洲的关系呈现出竞争、合作和冲突相互交替的态势。总体上，俄欧关系的发展有两个基础：一方面，它建立在当时的欧洲共同体和苏联之间相互作用的遗产和传统上；另一方面，它也建立在全球和欧洲更广泛和持续演变的冷战后秩序的基础上。在柏林墙倒塌、欧盟和北约扩张、全球经济相互依存增强的大背景下，俄罗斯与欧洲在历史上一再诱发冲突的空间再次相遇，双边关系的钟摆在乐观和悲观之间反复摆动。而随着时间的推移，对地理空间和势力范围的争夺越来越多地成为双方关系的爆点，最终乌克兰危机使双边关系跌入历史低谷。毫不夸张地说，一个时代结束了，“管控空间和领土成为双方关系的核心部分，并可能会对国际秩序的稳定产生影响”。①

一、俄欧关系的基本态势：竞争与合作

20 世纪 90 年代上半期，俄罗斯与欧盟在相对乐观的氛围下达成了合作框

① Viktoria Akchurina and Vincent Della Sala, “Russia, Europe and the Ontological Security Dilemma: Narrating the Emerging Eurasian Space”, Europe - Asia Studies, Vol. 70, No. 10, pp. 1638 - 1655, 2018, p. 1638.

架，但很快就因为车臣战争和俄罗斯国内局势及对外政策的调整而进入“困难时期”。21 世纪以来，普京时代的俄欧关系变得更加复杂，从一开始只是宣示但没有深化的合作伙伴，到随后逐步彼此疏离并急剧恶化。

（一）《伙伴关系与合作协定》及其影响

苏联解体导致欧洲政治环境巨变，欧共体/联盟和作为苏联继承者的俄罗斯如何相处，这对双方来说，都是必须思考和解决的问题。显然，确定与俄罗斯的关系，如何在后苏联时代实现有序的政治和解与继续推进经济一体化，既是优先选项，也是其面临的紧迫挑战和难题。而对于刚刚独立的俄罗斯来说，同样面临诸多问题，其中最主要的一点是对自身实现西方化之后的丰厚回报的渴望。在本质上，就是希望欧盟给予经济援助和政治支持，因冷战突然结束而匆匆登上历史舞台的俄罗斯当权者不仅需要来自西方心理上的慰藉和身份上的认同，更需要货真价实的政治和经济支持。① 这说明，欧盟与俄罗斯之间发展关系的诉求，从一开始就不是对等的。

作为当代国际关系中一种新型的集团外交体制，欧洲政治合作（EPC）于 1970 年被提出，是欧盟外交政策协调的同义词，直到 1993 年 11 月被《马斯特里赫特条约》的共同外交和安全政策所取代。非正式欧洲政治合作最初是临时性的，由群体构建的规范而非权力或模糊的利益观念所驱动的组织形式。但是，随着惯例和程序日趋制度化，欧洲政治合作由作为政府间共享信息的论坛变成一个更加制度化、集体化、约束化和具有共同体意识的组织体系，欧盟也逐渐成为具有欧洲价值观和规范的法人团体，并推动成员国内部立场与偏好向有利于自身价值理念的转变。为了促进共同利益，欧盟推动了欧洲政治合作的制度化，最终在世界政治中建立一个共同的身份。同样，新独立的俄罗斯虽然一定程度上仍把欧盟视为非常重要的地缘政治概念，但也认为超国家的欧洲一

① Anatoly Utkin, “Russia and the West: The Day After”, PSIS Occasional Paper, Geneva: Programme for Strategic and International Security Studies, N0. 3, 1995, p. 18.

体化不再对其利益构成威胁。这一点在20世纪80年代中期米哈伊尔·戈尔巴乔夫（Михаил Горбачев）的“新思维”（Новое Цышление）外交政策中就已彰显出来，因为他希望借此实现苏联经济现代化。1988年，欧洲共同体和经济互助委员会签署了一项关于建立官方关系的联合声明，意味着包括苏联在内的经互会各成员国对欧共体的承认。1989年7月，戈尔巴乔夫提出了建立“共同的欧洲之家”① 的想法，并相信这会对国际体系稳定产生积极影响。苏联解体之初，俄罗斯开始推行向西方“一边倒”的外交政策。在这样的背景下，欧洲共同体与俄罗斯于1992年春就如何确立双边关系的基石——《伙伴关系与合作协定》（Partnership and Cooperation Agreement，PCA），开始新一轮框架谈判。以叶利钦及外交部部长科济列夫为代表的决策圈认为，西方是俄罗斯的“文明之家”②，而欧洲的一体化进程是由价值观所驱动的，是将改革、民主化与欧洲其他国家的融合共同推进。显然，当时的俄罗斯对于与欧盟建立伙伴关系充满期待与向往。最初，双方预计谈判进程将相当短暂，甚至欧洲共同体决定在1992年底就通过PCA。但是双方很快发现，实际情况远没有预想的那么简单。谈判进程不但冗长（超过了19个月），而且针对一些具体争议的问题还需要相关专家持续对话。导致这样的局面出现，双方都有责任，欧共体更难辞其咎。原因之一是，欧共体过分强调政治条件，希望把俄罗斯锁定在自己的制度安排之中，使其经济和政治变化不可逆转，而同时又在俄罗斯渴望的经济援助方面表现得十分吝啬，这让本已深处困境的叶利钦和亲西方派在俄罗斯国内更加尴尬。原因之二是，在谈判过程中，俄罗斯人逐渐意识到这与最初谈判授权所设想的更为慷慨的长期前景背道而驰，促使莫斯科不断地讨价还价。俄罗斯要求欧共体提供更多帮助，尤其是在经济领域希望双方形成自由贸易区，并且基本

① Mikhail Gorbache,“Europe as a Common Home”,Address to the Council of Europe,Strasbourg,July 6th,1989,https://chnm.gmu.edu/1989/archive/files/gorbachev-speech-7-6-89_e3ccb87237.pdf.（上网时间：2020年7月2日）

② Andrei Tsygankov,“Finding a Civilisational Idea:‘West,’‘Eurasia,’and ‘Euro-East’ in Russia's Foreign Policy”,Geopolitics,Vol. 12,No. 3,pp. 375-399,2007.

上拒绝接受欧共体的任何建议。但是，为争取在西方占主导地位的国际社会中得到承认，俄罗斯还是通过了一部"自由民主"的宪法（1993 年 12 月）。这一时期，俄罗斯仍愿意与西方合作，但却是"美国优先于欧洲"的政策，因此与欧共体的谈判并不在首位。

1994 年 6 月 24 日，欧共体与俄罗斯最终在希腊科孚岛举行的欧洲理事会会议上签署了为期 10 年的《伙伴关系与合作协定》。尽管它主要是一个经济协议，但涉及的范围相当广泛，包括了社会和文化合作、教育、科技和政治对话等各领域。双方在《伙伴关系和合作协定》框架下，逐步整合欧洲和俄罗斯之间的区域合作，以及责任义务和政治制约机制，显露出双方有意愿将和解与融合作为议事日程的主题。但是，欧共体强调保留其认为违反某些欧洲价值观就有理由终止或暂停该协定的法律权利。而且该协定的第 2 条指出，"尊重民主原则和人权，特别是赫尔辛基最后文件和《新欧洲巴黎宪章》，是双方内外政策的核心，也是伙伴关系以及合作协定的重要组成部分"。这样的共同价值奠定了在双方伙伴关系基础中的首要地位，夯实了双方对内和对外政策的基础，构成了这种伙伴关系与合作协定的基本内容。协定的第 55 条强调，"俄罗斯将努力确保其立法将逐渐与欧共体的立法相一致"，将规范性趋同作为双边关系的中心目标之一。① 不难看出，这份协定对双方来说都具有一定的法律约束力。同时，也凸显出国际关系中的一种普遍现象，那就是"战争之后，在经济上（也可以加上正常意义上的因素）占优势的战胜国能够将制度化的安排强加给战败国"。② 从另一方面讲，对于希望西方接纳自己且处于弱势一方的俄罗斯而言，这也是其别无选择的无奈之举。

---

① Соглашен и еопартнерствеисотрудничестве между ЕС и Россией 1994г. [Электронный ресурс]. – URL:https://eulaw. edu. ru/spisok – dokumentov – po – pravu – evropejskogo – soyuza/soglashenie – o – partnerstve – i – sotrudnichestve – mezhdu – es – i – rossiej – 1994 – g/(дата обращения:02. 07. 2020)

② John Ikenberry, "After Victory: Institutions, Strategic Restraint, and the Rebuilding of Order After Major, Wars", Princeton, NJ: Princeton University Press, 2001.

但是，苏联解体所营造的俄罗斯与欧共体之间的和谐气氛，随着 PCA 谈判的结束而终结。因为，原本阻碍俄罗斯参与谈判的关键因素对后续的欧盟与俄罗斯关系本质产生了一些意想不到的后果。那就是，主权逻辑理念以一种比欧盟最初设想的更为严格的方式嵌入到双方的关系之中。① 在谈判期间，俄罗斯国内事态的进展对双边关系发展产生了不利影响。1993 年 10 月，叶利钦总统和议会之间的政治危机演变成了“炮打白宫”的武装冲突。尽管冲突之后俄罗斯通过了新宪法，但欧共体认为这场冲突加强了总统的权力并且制造了暴力解决政治冲突的先例，进而怀疑俄罗斯执行《伙伴关系与合作协定》的决心，并认为俄罗斯对车臣问题的处理方式有悖欧洲价值观。由此，欧盟搁置了《伙伴关系与合作协定》的批准进程，直到 1997 年 12 月才完成批准进而生效。相应地，俄罗斯不但对欧共体对其内政问题指手画脚深感不满，而且在 PCA 生效后，严重的金融危机又导致经济一落千丈，政府债务严重，卢布快速贬值，这对渴望融入市场经济的俄罗斯是致命打击，而现实与 PCA 最初设想的那样走向自由贸易和与欧洲进一步一体化的预想完全相悖。其结果是，俄罗斯清醒地认识到，该协定的签署并没有为自身困境的改善提供更多机会。

（二） 普京时代的俄罗斯与欧盟关系

第一，车臣战争与共同空间

在叶利钦时代，欧盟就因车臣问题而与俄罗斯关系恶化，而在进入普京时代后，欧盟与俄罗斯的关系又因为第二次车臣战争而紧张起来。普京吸取上次车臣战争的教训，避免与车臣武装发生面对面的巷战，而是采取大规模轰炸模式摧毁车臣抵抗力量。此举遭到欧盟的强烈反对，从而导致双方之间严重的政治危机，欧盟甚至威胁要对俄罗斯实施制裁。同时，双方在科索沃问题上也出

① Hiski Haukkala, “From Cooperative to Contested Europe? The Conflict in Ukraine as a Culmination of a Long – Term Crisis in EU – Russia Relations”, Journal of Contemporary European Studies, Vol. 23, No. 1, pp. 25 – 40, 2015, p. 28.

现分歧。1999 年 6 月，在欧盟科隆峰会上，欧盟通过了"对俄罗斯共同战略"，意图加大对俄罗斯的影响。当时，刚刚就任的欧盟外交事务高级代表索拉纳（Javier Solana）称这将是"影响世界的最佳机会"。① 但是，面对普京的强势姿态，欧盟也只能是呼吁维护自己倡导的欧洲价值观。相应地，作为对欧盟相关针对俄罗斯战略的回应，1998 年 8 月俄罗斯通过了对欧盟中期战略（2000—2010 年）②，强调了自身战略自主性。有学者认为这份文件已经透露出俄罗斯和欧盟对未来关系的愿景存在明显差异。③ 普京当选总统后，一方面，承袭前任称俄罗斯属于欧洲，并称赞欧盟是俄罗斯文明的样板；另一方面，借助石油经济，着手恢复俄罗斯的"大国地位"。更重要的是，普京执政以后的头几年，俄罗斯逐渐恢复了经济增长，也实现了政治稳定。这主要受益于当时的石油和其他大宗商品价格上涨，显然作为这些商品的出口国，俄罗斯获利颇丰。同时，加上受到 1998 年卢布贬值对出口的积极影响以及闲置工业产能的恢复，俄罗斯经济在 2000 年至 2007 年期间实现了快速增长，GDP 从 2000 年的 2000 亿美元增加到 2007 年的 12500 亿美元。④ 这种令人印象深刻的增长扭转了克里姆林宫的命运，使俄罗斯成为国际投资者关注的中心。⑤

---

① Javier Solana, "The EU – Russia Strategic Partnership: Speech by the High Representative Designate of the European Union for Common Foreign and Security Policy, Oct. 13. 1999, http://www.consilium.europa.eu/uedocs/cms_data/docs/pressdata/EN/discours/59417.pdf.（上网时间：2020 年 7 月 2 日）

② См.: Стратегия развития отношений Российской Федерации с Европейским союзом на среднесрочную перспективу (2000 – 2010 гг) // Дипломатический вестник. – М., 1999. – Номер11.

③ Hiski Haukkala, "The Making of the European Union's Common Strategy on Russia", In The EU Common Strategy on Russia: Learning the Grammar of the CFSP, edited by Programme on the Northern Dimension of the CFSP No. 11, Hiski Haukkala Sergei Medvedev, Helsinki: Finnish Institute of International Affairs, 2001, pp. 22 – 80.

④ За семь лет ВВП России вырос в шесть раз. [Электронный ресурс]. – URL: https://lenta.ru/news/2007/12/24/vvp/ (дата обращения: 02.07.2020)

⑤ Philip Hanson, "The Current State of the Russian Economy", Russian Analytical Digest, No. 149, May 25th, 2014 pp. 2 – 5.

尽管如此，但普京并没有放弃欧洲化，其对于与欧盟的关系还是十分乐观的。2000 年 5 月，普京在莫斯科会见欧盟高级代表团时，对欧盟 15 国的代表说："从地理、文化和经济统一的观点来说，俄罗斯过去、现在和将来都是欧洲国家。因此，俄罗斯今后仍将把同欧洲的关系摆在其对外政策的最重要位置上。"① 2001 年 9 月，普京访问德国并在联邦议院发表了演讲。在演讲中，他强调了欧洲文化的统一性，切实可行的欧洲一体化，并指出俄罗斯不但支持而且满怀希望地期待这些议程。② 之后，具有里程碑意义的标志是 2003 年 5 月在圣彼得堡举行的欧盟与俄罗斯峰会上，双方决定基于 PCA 框架创建四个共同空间：共同经济空间（侧重于环境和能源等议题）；自由、安全和正义的共同空间；外部安全合作空间；文化研究和教育空间。这一举措在表面上凸显了双方的共同价值观和共同利益。在 2005 年 5 月的莫斯科首脑会议上，双方还就如何实施这些共同空间的路线图达成一致意见。与此同时，车臣战争之后，俄罗斯国内出现了一系列恐怖主义事件，其中莫斯科大剧院的人质危机（2002 年）和别斯兰的校园大屠杀（2004 年）最为惨烈。这些恐怖事件表明普京对分裂主义和恐怖主义采取铁血手段的必要性，也凸显了俄罗斯国内巩固有效垂直权力的紧迫性。③ 普京通过加快垂直权力改革，中央权威得到强化，而对其个人统治的制衡力量却被削弱，进而引发欧盟越来越多的批评。同时，普京本人对欧盟的乐观情绪也随着俄罗斯周边地区所谓"颜色革命"的接连爆发而逐渐消失，开始疏远所谓的"欧洲价值观"。俄罗斯开始步入重新思考其外交政策走向的新阶段，逐渐重拾势力范围概念，主张尊重主权和整体利益，寻求俄罗斯和西方之间平等合作的伙伴关系，放弃不惜一切代价加入西方文明共同体的幻

---

① В кремле прошла встреча на высшем уровне Россия – ЕС. [Электронный ресурс]. – URL: http://www.kremlin.ru/events/president/news/38255 (дата обращения: 02.07.2020)

② Выступление в бундестаге ФРГ. 25 сентября 2001 года. [Электронный ресурс]. – URL: http://www.kremlin.ru/events/president/transcripts/21340 (дата обращения: 02.07.2020)

③ Lilia Shevtsova, "Putin's Russia Revised and Expanded Edition", Washington, DC: Carnegie Endowment for International Peace, 2005.

想。但是，欧盟和北约则继续其雄心勃勃的东扩议程，导致双方的矛盾和分歧不断累积。

第二，俄欧“现代化伙伴关系”

格鲁吉亚与俄罗斯爆发冲突后，尽管欧盟没有冲动地启动对俄罗斯的制裁，发布的冲突调查报告也认定双方都有过错①，但俄罗斯与欧盟《伙伴关系与合作协定》延期的谈判还是陷入僵局。俄罗斯外长拉夫罗夫向西方国家发出了警告：“对我们来说，独联体空间不是玩地缘政治游戏的‘棋盘’。对所有生活在这里的人来说，这是一个共同的文明地区，它使我们的历史和精神遗产得以延续。我们在地理和经济上的相互依赖，为所有独联体国家带来了切实的竞争优势。一些西方国家对南奥塞梯危机的反应生动地说明了道德的缺失。那些不能站在真理和正义一边的人，无论他们如何努力，都不能代表整个欧洲文明。”②

这一时期，俄罗斯与欧盟的关系尽管受到俄格军事冲突的冲击，但由于在能源和安全等领域的利益需求，双方都有通过加强经济合作以减弱金融危机冲击的意愿。全球金融危机促使俄罗斯改变了对美欧的强硬政策，引进资金和技术成为对欧洲外交调整的主要动力和目标。在2009年11月举行的俄欧峰会上，梅德韦杰夫总统提出了欧俄“现代化伙伴关系”倡议。同样，面对金融危机及主权债务危机的挑战，欧盟内部也开始讨论对外政策的重大调整，期望通过合作早日走上复苏之路。2010年5月31日至6月1日，在罗斯托夫举行的第25次峰会上，俄罗斯和欧盟发起了“现代化伙伴关系”倡议。该倡议提出：俄罗斯和欧盟都致力于在多极化世界中建立长期战略伙伴关系，在民主和法治的基

---

① Доклад Тальявини: Грузия виновна, Россия вышла за “разумные границы”. [Электронный ресурс]. – URL: https://ria.ru/20090930/187034322.html (дата обращения: 02.07.2020)

② Лавров призвал студентов МГИМО ввести эмбарго на поставки оружия в Грузию, пока не уйдет Саакашвили. [Электронный ресурс]. – URL: https://www.newsru.com/amp/russia/01sep2008/lavrov.html (дата обращения: 02.07.2020)

础上，以平衡和成果为导向的方式应对共同挑战；“现代化伙伴关系”将是促进改革、增长和提高竞争力的灵活框架，并将根据俄罗斯—欧盟四个共同空间迄今取得的成果，增强俄罗斯联邦和欧盟成员国之间的伙伴关系；俄罗斯和欧盟共同关心的领域主要有加强双边贸易和投资机会，促进和自由化世界经济中的贸易，加强和发展竞争，包括俄罗斯加入世贸组织。双方优先领域“现代化”的合作将包括：扩大关键行业投资机会、刺激经济增长和创新，巩固和深化双边贸易和经济合作，以及为中小企业创造有利条件；促进技术规章制度和标准的平衡，以及对知识产权的高度保护；促进可持续低碳经济和能源效率的发展，支持国际气候变化谈判；加强在创新、研究和发展以及空间领域的合作；通过采取措施应对经济重组带来的地区和社会影响来确保平衡发展；确保司法系统的有效运作，加强打击腐败力度；促进人与人之间的联系，加强与民间社会的对话，鼓励民众和企业的参与。这一合作方针清单并不全面，必要时可以添加其他合作领域。俄罗斯和欧盟将鼓励在“现代化伙伴关系”框架内实施具体项目。① 梅德韦杰夫总统表示，会议本身是具体、务实和有建设性的，它是欧盟《里斯本条约》2009 年 12 月生效以来双方举行的首次峰会，具有纪念意义。随着俄欧关系的改善，在 2010 年底的布鲁塞尔峰会前双方签署了有关欧盟支持俄罗斯加入世贸组织的谅解备忘录，为俄罗斯入世开了绿灯。此外，峰会还为构建俄欧“现代化伙伴关系”制定了具体的实施计划。

虽然在经济上寻求互利合作，但在安全问题上俄罗斯仍难以做出重大让步。2008 年 6 月 5 日，俄罗斯总统发起了起草《欧洲安全条约》的倡议。它的核心是在欧洲—大西洋的军事和政治安全领域建立一个统一的、不可分割的空间，最终摆脱冷战遗留问题。为达到此目的，梅德韦杰夫提议在国际法中确立安全不可分割的原则。这是一项法律义务，规定任何国家或欧洲大西洋的国际

---

① Совместное заявление саммита Россия – ЕС по《Партнерству для модернизации》. Здесь и далее цитируется по официальному сайту Президента России. [Электронный ресурс]. – URL: http://news.kremlin.ru/ref_notes/572(дата обращения: 02.07.2020)

组织都不能以牺牲其他国家和组织的安全为代价来加强自己的安全。在经过一年的讨论之后，2009 年 11 月 29 日梅德韦杰夫总统正式公布了由俄方起草的欧洲新安全条约草案，期待伙伴们的积极反应，并就条约草案的具体内容展开有意义的对话。① 但很遗憾，美国及北约拒绝了莫斯科的建议。与新《欧洲安全条约》相呼应，2010 年 11 月 25 日，普京总理访德前夕在德国《南德意志报》发表文章，就俄欧新经济合作模式正式提出“欧洲经济新体系”的计划，呼吁建立覆盖全欧洲的经济共同体。普京的“欧洲经济新体系”构想主要包括建立经济共同体、战略产业联盟、统一的欧洲能源体系、科技共同体和实施互免签证五个方面的内容。② 2012 年，普京再次当选总统并在签署的《关于落实俄罗斯联邦外交方针措施的命令》中也表达了对俄欧关系的高度重视和期待。③ 该《命令》对俄欧关系的发展做出了详尽规划和部署：努力实现建立覆盖从大西洋到太平洋的统一经济和人文空间的战略目标；争取与欧盟签订短期公民互免签证的协定；坚持平等与互利原则制定俄欧战略伙伴关系基础协定；有效落实“现代化伙伴关系”计划；加快互利能源战略伙伴关系的发展，推进建立欧洲统一能源综合体，严格遵守已经达成的各项双边和多边合约的义务。这样，“欧洲经济新体系”与新《欧洲安全条约》相呼应，初步形成的俄罗斯对欧新战略的总体构想就是致力于切实加强与欧盟的战略伙伴关系，以自己能够接受的方式融入欧洲。

第三，欧盟东扩把俄罗斯排除在外

自 21 世纪以来，欧盟在欧洲国际关系中所占空间日益扩大，已经包括了

---

① Проект Договора о европейской безопасности. [Электронный ресурс]. – URL: http://www.kremlin.ru/events/president/news/6152(дата обращения:02.07.2020)

② Статья В. В. Путина в газете《ЗюддойчеЦайтунг》. [Электронный ресурс]. – URL: https://russische – botschaft.ru/ru/2010/11/25/statya – v – v – putina – v – gazete – zyuddojjche – ca/(дата обращения:02.07.2020)

③ Владимир Путин подписал Указ “О мерах по реализации внешнеполитического курса Российской Федерации”. [Электронный ресурс]. – URL: http://kremlin.ru/news/15256 (дата обращения:02.07.2020)

大多数的欧洲民族国家。欧盟通过追求经济上的相互依赖来解决根深蒂固的分歧，从而实现和平与繁荣，这意味着，在柏林墙倒塌之后，向中欧和东欧扩张是一种自然的发展。① 在欧盟的自述中强调，市场经济和自由民主的作用以及随之而来的国际承诺等不是零和游戏，而是不断扩大和加深相互依赖的进程的一部分，因此欧盟认为这一进程不但是不可逆转的，而且这并不仅是在扩张边界，更是在“推广一种理念和一种模式”。② 所以，在很多人眼中，欧盟东扩应该被视为一种几乎是自然的演变，不会影响或改变地缘战略平衡，也不会潜在地削弱邻国的安全性。但是，东扩的直接后果是欧盟内部与外部之间的边界重新划定。实际上，欧盟东扩后的东部边界地区已经推进到俄罗斯西部和南部的国界线，而在莫斯科看来，这一边界地区自从苏联解体以来就一直被认为是其“近国外”（ближнее зарубежье），被视为“超出俄罗斯的近边界地区”③。在布鲁塞尔看来，自身的发展不是为了扩大势力范围或寻求某种地缘战略平衡，而恰恰反映了欧盟后现代治理方式对这些国家具有强烈吸引力而产生的符合逻辑的结果。但是，由于欧盟的扩大明确把俄罗斯排斥在外，问题就不是那么简单了。

欧盟通过融合更深层次的政治和经济关系的睦邻政策，把俄罗斯“近国外”地区国家，也就是与欧盟接壤的独联体国家纳入其中。这个政策自 2003 年以来就一直存在，并对欧盟周边地区做出了更广泛的定义，把高加索地区和东欧国家包括在内；这个政策试图为欧洲一体化创造稳定的地区环境，减轻对欧盟的安全与稳定的挑战；这个政策试图通过提供激励措施来影响欧盟邻国的广泛改革，以凸显一种与欧盟东扩共享精神的政策核心。随着这项政策的不断

---

① Frank Schimmelfennig, “The Community Trap: Liberal Norms, Rhetorical Action, and the Eastern Enlargement of the European Union”, International Organization, Vol. 55, No. 1, 2001; Hansen Splidsboel, “Russia's Relations with the West: Ontological Security Through Conflict”, Contemporary Politics, Vol. 22, No. 3, 2016.

② Hiski Haukkala, “The European Union as a Regional Normative Hegemon: The Case of European Neighbourhood Policy”, Europe – Asia Studies, Vol. 60, No. 9, pp. 1601 – 1622, 2008.

③ Gerard Toal, “Near Abroad: Putin, the West, and the Contest over Ukraine and the Caucuses”, Oxford: Oxford University Press, 2017, p. 3.

发展，欧盟刻意加强和发展区域和次区域合作。例如，与俄罗斯的共同空间计划，其目的是把俄罗斯排除在欧盟的睦邻政策之外。随着2004年5月将共计10个中东欧新成员国纳入其中，欧盟已经覆盖了西欧、南欧、北欧和东欧。而渴望恢复俄罗斯大国地位的普京则越来越意识到自己与欧盟宣传的目标和原则相悖，并在2005年4月的国情咨文中，把苏联解体描述为20世纪最大的地缘政治灾难。① 随后，俄罗斯与欧盟围绕比邻欧洲的后苏联地区，或者说针对布鲁塞尔的睦邻政策，分歧和矛盾不断扩大。而随着欧盟“东部伙伴关系”计划的推进，布鲁塞尔与后苏联地区的东欧国家特别是乌克兰的联系国协议谈判不断取得进展，双方的较量也日益升级。2013年3月，时任欧盟委员会主席巴罗佐强调，“为了欧盟与俄罗斯之间实现进一步的繁荣、关系的可预测性和安全性，需要付出艰苦卓绝的努力，推进双方建立广泛的伙伴关系”②，但是时隔一年，双方关系就因乌克兰危机而跌到冰点。

乌克兰危机爆发的直接导火索，就在于欧盟的睦邻政策。欧洲邻国政策及其相关的“东方伙伴关系计划”被欧盟视为一种战略举措，也被作为一种“民主”促进和援助周边国家的经济转型战略。③ 欧盟驻俄罗斯大使维戈达斯·萨卡斯（Vygaudas Usackas）就曾指出：我们在“东部伙伴关系”问题上存在分歧，莫斯科方面认为，这是一个地缘政治项目，干扰了俄罗斯认为合理的利益区，而不是促进了该地区民主、稳定和繁荣。④ 在欧盟的自我意识中，势力范

---

① Послание Президента Российской Федерации от 25. 04. 2005г. [Электронный ресурс]. - URL: http://www. kremlin. ru/acts/bank/36354 (дата обращения: 02. 07. 2020)

② José Manuel Barroso, European Commission 2004 - 2014: A Testimony by the President, Luxembourg: Publications Office of the European Union, 2014, p. 272.

③ Giselle Bosse, Gergana Noutcheva, Karolina Pomorska (eds), The EU and its Neighbours. Values Versus Security in European Foreign Policy, Manchester: Manchester University Press, 2013.

④ EEAS, “Russia's Relations with the EU and NATO: From Strategic Partnership Toward Strategic Challenge”, Speech by the European Union Ambassador to the Russian Federation Vygauda-sUsackas, St Petersburg, Oct. 21, 2016, https://eeas. europa. eu/sites/eeas/files/10 - 21_conference_in_spb_en. pdf. (上网时间：2018年2月3日)

围这一逻辑从来没有，试图加强与乌克兰和格鲁吉亚的关系，似乎也只是欧盟一以贯之的行为，也即利用其影响力来传播民主和市场资本主义，长期目标是建立一个基于规则而非权力的国际新秩序。① 但事实是，欧洲东部和南部边境的行为者都深陷民族国家主权、民族主义甚至野蛮主义的困扰，乌克兰危机表明地缘政治抑或势力范围仍是国际政治的现实。欧盟如何描述和看待俄罗斯，是由其对俄罗斯所持有的立场或是观念所决定的。欧盟认为，俄罗斯对权力的理解一直以来都是出于强权政治和地缘政治的考量。而把俄罗斯排除在外的同时，欧盟要求与其签订协议的周边国家要进行广泛的内部改革，使其国内立法符合欧盟标准，这不仅在于扩大欧盟在该地区的影响力，更重要的是，在社会层面上推进符合欧盟价值观的改革进程。这是欧盟在过去半个世纪里所采取的一体化方式，也是自身规范愿景的一部分。②

在这样的愿景下，欧盟要求乌克兰同意签订联系国协议，以进一步推进双方关系。同时，欧盟又声称自己保持战略中立，不会对俄罗斯构成威胁。显然，欧盟这种自相矛盾的立场隐藏着巨大的隐患。同时，欧盟扩大后，中东欧新成员的加入对其影响也是不容忽视的。加入欧盟以后，中东欧和波罗的海国家觉得已经有足够的力量可以不再理睬俄罗斯，甚至把自己对俄罗斯的历史积怨嵌入布鲁塞尔与莫斯科的关系之中。这些新入盟国家背离俄罗斯，对俄罗斯和欧盟都会产生不利影响。对俄罗斯而言，中东欧是其传统的势力范围，这些国家加入欧盟意味着永远失去了对它们的影响力，其失落感是可想而知的。正是波兰、立陶宛等国的阻挠，使得俄罗斯与欧盟新关系条约的谈判长期无法取得实质进展，甚至使双方在二战历史问题上出现龃龉。也正是波兰、立陶宛等国积极推动欧盟出台了针对独联体国家的“东部伙伴关系计划”，加快推进联

---

① Andrey Makarychev, “A New European Disunity: EU – Russia Ruptures and the Crisis in the Common Neighborhood”, Problems of Post – Communism, Vol. 62, No. 6, pp. 313 – 315, 2015.

② Viktoria Akchurina, Vincent Della Sala, “Russia Europe and the Ontological Security Dilemma: Narrating the Emerging Eurasian Space”, Europe – Asia Studies, Vol. 70, No. 10, pp. 1638 – 1655, 2018, p. 1643.

系国批准进程，而直接引发了乌克兰危机。

二、俄欧关系恶化的燃点：乌克兰冲突

俄罗斯明确表示，放弃以欧盟为中心的单一欧洲寻找自己位置的意愿，彻底与欧盟分道扬镳。这样，在欧洲可能出现两极局面，以集体安全条约组织和欧亚经济联盟为一方与西方的北约和欧盟为一方展开竞争，尽管这并不意味着俄罗斯与欧盟的具体成员国之间合作与交往的终结。

（一）围绕乌克兰的博

自上台以来，普京最初几年保持了自己的欧洲化倾向。但是，多年的交往也使欧盟和俄罗斯之间潜在的世界观差异凸显出来。随着相互了解的加深，原来的幻想不再，双方在历史文化、价值观、民主人权及地缘政治利益上的分歧日趋明显，裂痕日益加深。为此，费奥多·卢基扬诺夫（Федор Лукьянов）曾把双方关系形容为“误入歧途的伙伴关系”。① 尽管欧盟与俄罗斯意识到双方的分歧越来越大，并试图通过拟建更多的政策平台来推动双方关系向前发展，包括启动“现代化伙伴关系”等。至少在乌克兰冲突之前，双方仍然非常重视彼此，甚至认为双方关系仍有巨大的发展潜力。所以，俄罗斯对“东部伙伴关系”计划虽有不满，但并没有激烈的反应，而对于其与乌克兰联系国协议谈判也是如此。

但是，自 2012 年以来，随着欧盟联系国协议签署日期的确定，克里姆林宫感到压力越来越大，因此展开反击。相应地，俄罗斯与欧盟关于其周边国家安排的分歧已经演变成最尖锐的矛盾，因为将在 2013 年 11 月的欧盟维尔纽斯东部伙伴关系峰会上签署一系列联系国协议，确定与这些国家最终建立“深入

---

① Fyodor Lukyanov,“Russia - EU:The Partnership That Went Astray”,Europe - Asia Studies Vol. 60,No. 6,pp. 1107 - 1119,2008.

和全面的自由贸易区”（DCFTA）的前景。为了阻止这些国家与欧盟达成联系国协议，普京首先访问了亚美尼亚，劝其同意加入欧亚经济联盟，之后又以禁运葡萄酒和减少天然气供应为手段，让摩尔多瓦也暂时放弃了与欧盟签订联系国协议。但是普京最重要的目标是拉住乌克兰，因为基辅的欧洲选择预计将给俄罗斯带来政治、经济、文化等各种负面后果。

在经济方面，俄罗斯采取“大棒＋胡萝卜”政策，一方面利用各种经济措施，包括禁止进口乌克兰巧克力，大规模扰乱繁忙的乌克兰和俄罗斯边境海关运作等手段使乌克兰经济遭受重创；另一方面，俄罗斯提出作为无限期推迟签署联系国协议的交换条件，将向乌提供打折天然气、优惠贷款和其他贸易让步，总金额超过150亿美元。俄罗斯上述经济措施的诱惑力和乌克兰糟糕的经济境况，让总统亚努科维奇有所动摇，莫斯科的提议在维尔纽斯峰会前夕被接受。尽管这令欧盟吃惊，其内部也有要求欧盟与俄罗斯竞争把乌克兰争取过来的压力，但欧盟整体上还是接受了这一事实。美欧支持的广场革命导致亚努科维奇政权崩溃，进而引发乌克兰和俄罗斯之间的冲突不断升级。2014年3月，克里米亚事件发生后，对于乌克兰来说，失去克里米亚已经成为一个不可逆转的事实，而且其东部地区也陷入持续动荡。在乌克兰问题上，俄罗斯一直在捍卫自己的利益范围，甚至具有不受西方侵扰的影响力。2014年3月18日，普京在克里姆林宫向议会上下两院发表电视演讲，就克里米亚问题阐述俄方立场时，说道：“他们多次对我们撒谎，在我们背后做决定，把我们置于既成事实之前……但凡事都有个限度。在乌克兰问题上，我们的西方伙伴越过了界限，戏弄我们，行事不负责任且不专业。”① 讲话反映出以普京为代表的俄罗斯精英阶层对美国和欧盟的不满情绪已经由来已久，受欺骗感日益强烈。不言而喻，乌克兰冲突使欧盟和俄罗斯关系直接陷入僵局。

---

① Обращение Президента Российской Федерации. [Электронный ресурс]. – URL: http://www.kremlin.ru/events/president/news/20603(дата обращения: 02. 07. 2020)

（二） 俄罗斯的势力范围逻辑

乌克兰危机爆发后，俄罗斯就坚决采取措施，动用自己的全部力量来对抗欧盟在乌克兰的影响力，并发起了一场全面的舆论战。双方龃龉不断的焦点始于俄罗斯认为欧盟利用其在 20 世纪 90 年代出现的暂时性弱势，强加给自己与其自身不相容的政策，并使其在欧洲内部边缘化。① 同时，美欧对于莫斯科追求正常大国利益的做法始终加以防范和诋毁，最终导致双方滑向一个新的对抗时代。② 在乌克兰危机爆发之前，普京就对于西方/欧洲倡导的自由主义表现得非常反感，表示无法接受欧盟价值观和模式，因为这些人拒绝了他们的根，包括构成西方文明基础的基督教价值观。③ 2014 年 5 月 29 日，俄罗斯、白俄罗斯和哈萨克斯坦三国最终完成了签约，宣告欧亚经济联盟的正式建立，也宣告这个联盟中建立了一个新的安全架构。莫斯科认为这将发挥对欧盟的制衡作用，并标志着普京重掌权杖后，俄罗斯对外政策的重新调整，其中欧洲和西方将不再是外交重点。④ 欧盟与俄罗斯之间的这种地缘政治大博弈，根本还在于各自都渴望建构以自身为中心的大型经济贸易区，借此把影响投射到周边地区，从而导致俄罗斯与欧盟陷入安全困境。同时，西方一直视俄罗斯为一个衰弱或脆弱的国家，而普京渴望走出苏联崩溃的治理体系废墟，通过在欧亚大陆建构符合自身价值观理念的另一个多层次治理体系，助力俄罗斯重新崛起。鉴

---

① Derek Averre, "'Sovereign Democracy' and Russia's Relations with the European Union", Demokratizatsiya, Vol. 15, No. 2, 2007, pp. 173 – 190.

② Richard Sakwa, "The Cold Peace: Russo – Western Relations as a Mimetic Cold War", Cambridge Review of International Affairs, Vol. 26, No. 1, pp. 203 – 224, 2013, p. 205.

③ Заседание международного дискуссионного клуба 《Валдай》. [Электронный ресурс]. – URL: http://www.kremlin.ru/events/president/news/19243 (дата обращения: 02. 07. 2020)

④ Robert Cutler, "Putin Declares 'Eurasian Union' Goal of Russian Foreign Policy", Oct. 19th, 2011, http://www.cacianalyst.org/publications/analytical – articles/item/12375 – analytical – articles – caci – analyst – 2011 – 10 – 19 – art – 12375.html.（上网时间：2018 年 2 月 3 日）

于后苏联国家对于苏联遗产的不断拒绝，以及迫不及待地加入西方阵营，再加上西方在波黑战争中对塞尔维亚的无情打压，所以在格鲁吉亚冲突期间，俄罗斯就有意识地将欧盟视为威胁。当被视为俄罗斯（罗斯）文明和“俄罗斯世界”起源的乌克兰将要彻底离去时，俄罗斯就面临着本体论的安全威胁，而克里米亚半岛又具有极其重要的战略地位，因此，俄罗斯在乌克兰危机和克里米亚的选择有其自身的逻辑和战略考量。

（三）欧盟的“他者”叙事

西方一直难以理解，在亚努科维奇政权被推翻之后，俄罗斯的激烈反应。实际上，俄罗斯这样做的根源就在于：冷战结束后，西方一直拒绝了解并蔑视俄罗斯，拒绝把俄罗斯当作平等伙伴，还一贯主张削弱俄罗斯，不愿意看到自己身边有一个强大的俄罗斯。

欧盟自视为一个规范、道德的行为者，而把俄罗斯看作是不合时宜的规则破坏者。这样的自我认知和对俄罗斯“他者”的认知表现在2013—2014年期间双方各自就联系国协议和欧亚经济联盟与相关国家谈判期间的白热化争夺中，并成为乌克兰危机爆发的导火索。对于要想加入联系国协议和欧亚经济联盟的相关国家的命运，欧盟委员会主席巴罗佐（Jose Manuel Durao Barroso）在2013年2月给予了明确的答复，即“同时加入这两个区域组织是不可能的”。①也就是说，这些国家必须在欧盟与俄罗斯之间进行非此即彼的选择。乌克兰时任总统亚努科维奇当时仅是暂停签署《联系国协议》，便引发乌克兰国内再次爆发广场革命。欧盟认为，乌克兰独立广场上的抗议者是认同欧盟和对欧盟作

① Christiane Hoffmann, Marc Hujer, Ralf Neukirch, Matthias Schepp, Gregor Peter Schmitz and Christoph Schult, “How the EU Lost Russia over Ukraine”, Der Spiegel Online, Nov. 24, 2014, http://www.spiegel.de/international/europe/war-in-ukraine-a-result-of-misunderstandings-between-europe-and-russia-a-1004706.html.（上网时间：2018年2月3日）

为“未来典范的肯定，并将继续激励所有目睹历史终结的人”。[①] 也就是说，独立广场的亲欧派代表了欧盟的基本叙事，而反对亲欧派的阵营依然支持其认为格格不入的俄罗斯“他者”叙事，受制于与自身倡导迥异的旧秩序。

诚然，欧盟一直以来标榜自己是道德守护者，但是就乌克兰这一案例中，欧盟实际上是要求乌克兰必须牺牲与俄罗斯的关系然后才能加入自己主导的《联系国协议》，并拒绝参与乌克兰、俄罗斯及欧盟三方协商。欧盟提出的相关限制条件表明，欧盟依然是作为一个出于维护战略利益和强权政治而采取行动的国家行为体在行动。[②] 在欧洲对外关系委员会（European Council on Foreign Relations）一份关于欧盟和欧亚大陆的报告中指出了世界主要行为者如何在欧亚大陆实施各自方案，其中的描述包括：俄罗斯以“入侵”的方式，而欧盟则是通过谈判、监督和推进落实的方式来推进自己的利益。[③] 在报告中，作者对于俄罗斯的核心叙事说得相当直白，也就是：俄罗斯想通过“入侵”来营造自己作为守旧的传统势力，但对于自身的叙事核心却遮遮掩掩，意图借助“谈判、监督和推进落实”等词汇营造十分积极的协商者形象。在欧盟看来，俄罗斯所倡导的欧亚联盟叙事，是对其视为基于开放边界和利益趋同的自我意识叙事的一种威胁，而俄罗斯也将欧盟的这种叙事视为对其基本叙事的侵犯。[④]

---

① Viktoria Akchurina, Vincent Della Sala, “Russia, Europe and the Ontological Security Dilemma: Narrating the Emerging Eurasian Space”, Europe – Asia Studies, Vol. 70, No. 10, pp. 1638 – 1655, 2018, p. 1643.

② Brian Parkin, Rainer Buergin, “Merkel Says Russia Risks Harm to Self With 19th – Century Ways”, Bloomberg News, Mar. 13, 2014, https://www.bloomberg.com/news/articles/2014 – 03 – 13/merkel – says – russia – risks – harm – to – self – with – 19th – century – methods.（上网时间：2018 年 2 月 3 日）

③ Mathieu Duchâtel, François Godement, KadriLiik, Jeremy Shapiro, Angela Stanzel, Louisa Slavkova, Vessela Tcherneva, “Absorb and Conquer: An EU Approach to Russian and Chinese Integration in Eurasia”, 2016, p. 12, https://www.ecfr.eu/page/ – /ECFR174_Absorb_and_Conquer.pdf.（上网时间：2018 年 2 月 3 日）

④ Viktoria Akchurina and Vincent Della Sala, “Russia, Europe and the Ontological Security Dilemma: Narrating the Emerging Eurasian Space”, Europe – Asia Studies, Vol. 70, No. 10, pp. 1638 – 1655, 2018, p. 1644.

三、俄欧关系的僵局：制裁与回应

乌克兰危机后，美欧共有 37 个国家对俄罗斯实施制裁。众所周知，美国是 20 世纪和 21 世纪初最积极的制裁发起者，华盛顿实施制裁的次数比包括联合国在内的所有国家和国际组织加起来都要多。① 但是，针对俄罗斯的此次制裁，欧盟却是参与制裁的更为坚定的新手，这着实让包括普京在内的众多俄罗斯人始料未及。而且，尽管欧盟的制裁措施与美国具有一定相关性，但仍有不同，而且在制裁俄罗斯的许多细节方面，美欧也存在分歧。

（一）欧盟加大对乌克兰的支持和声援力度

首先，援助乌克兰。乌克兰危机后，欧盟的优先事项之一，就是支持和帮助乌克兰全面改革。正如一位欧盟官员所指出的，帮助乌克兰内部变得强大是我们能做的最好的事情。② 除了给予必要的财政支持外，欧盟认为联系国协议，特别是自由贸易区建设预计将为乌克兰带来额外收益，也将有助于其金融改革。此外，欧洲理事会还通过决议，建立乌克兰民用安全部门改革欧盟顾问团，帮助乌克兰加强法治建设。欧盟还和北约一道加强与乌克兰在军事方面的合作，例如，欧盟支持欧洲安全和合作组织向乌克兰派驻特别监督团，还提供诸如装甲车、卫星图像、培训等设备和服务。③ 欧盟及其成员国还向乌克兰提供或发起人道主义援助，向冲突地区和非政府控制地区最需要帮助的人提供帮

---

① Gary Hufbauer, Jeffrey Shott, Kimberly Elliott, Barbara Oegg, Economic Sanctions Reconsidered(Third Edition), Peterson Institute for International Economics, 2009, pp. 5, 17.

② Stephanie Pezard, Andrew Radin, Thomas S. Szayna, F. Stephen Larrabee, "European Relations with Russia Threat Perceptions, Responses, and Strategies in the Wake of the Ukrainian Crisis", 2017, p. xviii, www. rand. org/t/RR1579, p. 34. (上网时间：2018 年 2 月 3 日)

③ Stephanie Pezard, Andrew Radin, Thomas S. Szayna, and F. Stephen Larrabee, "European Relations with Russia Threat Perceptions, Responses, and Strategies in the Wake of the Ukrainian Crisis", 2017, www. rand. org/t/RR1579. p. 34. (上网时间：2018 年 2 月 3 日)

助，并为白俄罗斯和俄罗斯境内流离失所的乌克兰人提供援助。除了资金援助外，在乌克兰冲突初期还通过欧盟民事保护机制调动实物援助。欧盟的公民保护和人道主义援助行动（ECHO）自2014年2月起在乌克兰开展工作，在促进人道主义协调和与包括捐助者、当局和援助伙伴在内的各种人道主义组织共享信息方面发挥了关键作用。

其次，敦促俄罗斯遵守明斯克进程。欧盟从一开始就谴责俄罗斯对乌克兰主权和领土完整的侵犯，并大力支持为乌克兰东部冲突寻求和平和可持续解决方案的努力。为敦促俄罗斯遵守新《明斯克协议》，欧盟把对俄罗斯经济制裁与该协议的执行相挂钩，这令俄罗斯十分失望。2015年3月19日，欧洲理事会做出决议，将对俄罗斯制裁的期限与《明斯克协议》的全面履行相挂钩。欧洲理事会主席图斯克更强硬地表示，在明斯克停火协议得到全面履行之前，必须维持制裁。同时，欧盟对俄外交政策的首要原则就强调俄欧关系的未来与乌克兰局势演变密切相关，而双方关系改善的前提是充分执行《明斯克协议》。对此，欧盟的做法是通过限制措施、外交努力和持续对话来对俄罗斯施加压力，并不断延长制裁至今。2019年4月24日，俄罗斯总统普京发布总统令，允许在乌克兰顿涅茨克和卢甘斯克的某些地区简化发放护照程序。欧盟方面则明确表态，不承认俄罗斯向顿巴斯居民发放的俄罗斯护照的有效性，并敦促俄罗斯恢复《明斯克协议》的谈判机制。

再次，在马航MH17空难和亚速海危机中支持乌克兰。在马航MH17航班被击落事件（2014年7月17日）发生后，欧盟全力支持联合调查组开展刑事调查，并支持国际社会建立有效的起诉机制。欧盟认为，调查人员能够独立和彻底地完成其工作是至关重要的。继2014年10月13日荷兰安全委员会的技术报告、联合调查组于2016年9月28日提交的独立刑事调查中期结果之后，联合调查组在2018年5月24日提交了其独立、专业和公正调查的进一步结果。它的结论是，用来击落MH17航班的“山毛榉”导弹的发射装置毫无疑问属于俄罗斯联邦武装部队。联合调查组于2019年6月19日宣布，将在荷兰对4名嫌疑人（1 名乌克兰人和 3 名俄罗斯公民）提起刑事诉讼。欧盟呼吁俄罗斯全面配合正在进行的调查，并表示对未来法律程序的独立性和专业性充满信心。但是，联合调查组却把俄罗斯排除在外，并指责俄方拒绝全面合作。俄罗斯外交部表示，联合调查组的举证模糊且来源存疑，忽略了俄方提供的证据。

2018 年 11 月底俄乌刻赤海峡冲突发生后，欧盟极为关切该地区的紧张局势，呼吁俄罗斯根据国际法，确保所有船只不受阻碍地自由进出刻赤海峡和亚速海。欧盟谴责俄罗斯非法限制通道的做法，强调对乌克兰在亚速海的港口和整个区域产生了消极的经济后果。布鲁塞尔还多次呼吁俄罗斯无条件释放被俘的乌克兰船员，归还扣押的乌克兰舰船。为此，欧盟还出台一些较为实质性的措施，包括：欧洲投资银行提供了 2 亿欧元的一揽子计划，用于尽早修复乌克兰在亚速海地区小规模受损的基础设施；与国际金融机构合作，加强该地区基础性建设如铁路和公路修复项目的可行性研究，改善当地交通状况；积极参与亚速海地区的社会经济恢复与发展项目，对中小企业、民间社会、教育、排雷和社会心理建设进行援助；在马里乌波尔设立欧盟规划办公室，以此增加欧盟在当地的存在感，从而达到遏制俄罗斯“破坏稳定”的行动及其对当地经济和地区施加影响力的目的。

（二） 制裁俄罗斯及乌东部反政府武装

制裁是国际关系中的一种权力和胁迫手段，是通过贸易和财政限制以及参与第三国制裁制度来迫使目标国家满足发起国的政治要求的一种手段。但从国际法的角度来看，个别国家或其联盟绕过联合国安理会的决议而实施单边制裁的合法性值得怀疑。① 然而，事实上这种做法已经成为一个重要的外交政策工

① 参见“Report of the Special Rapporteur on the Negative Impact of Unilateral Coercive Measures on the Enjoyment of Human Rights”, UN General Assembly, Human Rights Council, Aug. 10th, 2015.

具，这反映在美国和欧盟的教义文件上。①

欧盟对莫斯科实施了三套制裁措施。第一套是将俄罗斯的部分自然人和法人列入黑名单，不再允许其进入欧盟，并要求冻结其在欧盟的银行账户；第二套是对部分金融以及国防和能源企业实施经济制裁；第三套是全面禁止欧盟企业在克里米亚开展业务，禁止向所有居住在克里米亚的俄罗斯公民发放申根签证，并禁止欧盟海上旅行公司和航空公司前往克里米亚。此外，欧俄之间关于免签证谈判的新合作协议和相关谈判也被叫停。② 这三项制裁措施到目前仍然有效，前两项措施每六个月延长一次，第三项措施每年延长一次。

第一，对俄罗斯实施外交限制。2014 年 3 月 6 日，欧盟领导人召开特别会议，首次对俄罗斯实施外交限制。欧盟决定从 2014 年 3 月 17 日起逐步增加限制性措施，对破坏乌克兰领土完整、主权和独立行为的责任人实施有针对性的制裁。2014 年 6 月 4 日和 5 日，排除俄罗斯的七国集团会议在布鲁塞尔举行。同时，欧盟国家暂停支持俄罗斯加入经合组织和国际能源机构（IEA）的谈判，还停止了在伙伴关系和合作协定框架内的系统性会议和工作对话（主要是定期、高级别的俄罗斯欧盟峰会和其他现有模式下的合作）。2016 年 3 月，欧盟理事会一致通过指导对俄外交政策的五项原则③：（1）俄欧关系的未来与乌克兰局势演变密切相关，双方关系改善的前提是充分执行《明斯克协议》，而欧盟不会正式承认克里米亚"入俄"的合法性；（2）增强欧盟内部弹性，特别

---

① "National Security Strategy of the United States of America", The White House, Dec. 2017. P. 34. https://www.whitehouse.gov/wp-content/uploads/2017/12/NSS-Final-12-18-2017-0905.pdf（上网时间：2018 年 2 月 3 日）；"National Security Strategy of the United States of America", Feb. 2015, p. 4, p. 11, p. 23.

② Европейский союз（ЕС）начал вводить санкции в отношении России в связи с событиями на Украине в марте 2014 г.［Электронный ресурс］. – URL: https://tass.ru/mezhdunarodnaya-panorama/1055587（дата обращения：02.07.2020）

③ "The EU's Russia Policy: Five Guiding Principles", European Parliament Briefing, Feb. 8th, 2018, http://www.europarl.europa.eu/thinktank/en/document.html? reference = EPRS_BRI(2018)614698.（上网时间：2019 年 3 月 12 日）

是在能源安全、混合威胁和战略沟通方面；（3）对俄罗斯实施选择性接触政策，集中在主要的外交政策议题（如伊朗、中东、叙利亚、朝鲜半岛、移民、气候变化和打击恐怖主义）及其他欧盟成员国明显感兴趣的问题上；（4）加大力度发展与俄罗斯的苏联邻国，尤其是中亚五国的关系；（5）欧盟关注俄罗斯公民社会建设，促进和支持民间交往，发展教育、文化和科学等诸多方面的交流，并侧重对未来关系的有益投资，特别是对俄罗斯年轻人的影响。从这五项原则可以看出，欧盟将与俄罗斯的关系不是单纯出于乌克兰危机的考量，而是将这种关系根植于国际关系动态变化和自己所面临的诸多难题及一贯的价值观推广和扩张上面。俄罗斯一直认为基辅当局采取何种立场是解决乌克兰东部冲突的关键，而欧盟过度关注独联体地区和继续实施其“东部伙伴关系”项目意在与俄罗斯在这些地区展开竞争。不可否认，欧盟的真实意图就是破坏俄罗斯在苏联地区推行一体化进程。①

第二，实施经济制裁。自 2014 年 7 月起，欧盟开始对俄罗斯实施经济制裁，主要针对的是俄罗斯经济中核心领域的金融、能源和国防部门，封杀俄罗斯对欧军售、限制俄金融企业进入欧盟资本市场、阻止其获取石油生产勘探领域敏感技术和服务等。制裁内容包括：禁止欧盟企业和公民购买或出售期限超过 30 天的俄罗斯五大国有银行（俄罗斯联邦储蓄银行、俄罗斯外贸银行、俄罗斯天然气工业银行、俄罗斯对外经济银行、俄罗斯农业银行）、三大能源公司（俄罗斯石油公司、俄罗斯石油运输公司、俄罗斯天然气工业股份公司）和三大国防公司（俄罗斯乌拉尔机车车辆制造厂、俄罗斯国防工业股份公司、俄罗斯联合航空制造集团公司）的新债券、股票或类似金融工具，包括上述实体在欧盟以外的子公司和代表其行事或按其指示行事的子公司。欧盟公民和公司也不得向上述实体提供期限超过 30 天的贷款，并禁止在发行这种金融工具方

① “Russian Foreign Minister Sergey Lavrov’s Interview with the Belarusian Television Network RTR Belarus, Dec. 2th, 2017, http: // www. mid. ru/en/vistupleniya_ministra/ – /asset_publisher/MCZ7HQuMdqBY/content/id/2975550.（上网时间：2019 年 3 月 12 日）

面提供援助；禁止同俄罗斯进行武器进出口贸易；禁止对俄罗斯出口可用作军事用途的军民两用产品；限制俄罗斯获取石油勘探和生产领域（例如北极和深水勘探、页岩油）的一些敏感技术和服务。向俄罗斯出口某些与能源有关的设备和技术须经成员国主管当局事先批准。如果出口产品的目的地是在150米以下的水域或北极圈以北的近海地区进行石油勘探和生产，以及有可能通过水力压裂法从页岩中开采石油的项目，出口许可证将被取消。

第三，实施资产冻结和旅行禁令。除经济制裁外，2014年9月欧盟还将170名俄罗斯自然人和44家俄罗斯法人列入“黑名单”，实施资产冻结和签证禁令，主要是针对参与乌克兰危机的负责人和实体、向俄罗斯决策者提供支持或使其受益的个人，以及在克里米亚和塞瓦斯托波尔的11个被没收或违反乌克兰法律的所有权转让中受益的实体。这项禁令还包括禁止向这些个人和实体支付任何款项。2014年12月10日，根据顿涅茨克和卢甘斯克这两个非政府控制地区的所谓“选举”名单，欧盟又在自己的制裁名单上增加了9名个人。2019年3月15日，欧盟又对8名俄罗斯人实施制裁，理由是他们参与了2018年11月25日在刻赤海峡扣押乌克兰海员和船只的行动。

第四，专门对克里米亚和塞瓦斯托波尔实施制裁限制。欧盟对与克里米亚和塞瓦斯托波尔当地的经济交流施加了大量的限制。其中包括：禁止进口原产于克里米亚或塞瓦斯托波尔的商品，除非这些商品有乌克兰许可证书，并禁止在克里米亚投资；禁止欧洲和欧盟的企业在克里米亚购买房地产或实体、为克里米亚企业提供融资或提供相关服务；禁止在克里米亚或塞瓦斯托波尔提供旅游服务；欧洲游轮不得停靠克里米亚半岛的港口，除非发生紧急情况（适用于所有由欧洲人拥有或控制的船只，或悬挂欧盟成员国国旗的船只）；运输、电信和能源部门的货物和技术禁止向克里米亚的公司出口和不能在克里米亚从事石油、天然气和矿产资源勘探活动；禁止在基础设施领域从事与克里米亚有关的技术援助、中介、建筑或工程服务。2019年12月10日，欧洲对外行动署和欧洲委员会与乌克兰政府代表的高级官员在布鲁塞尔举行第七次“讨论非法吞并克里米亚和塞瓦斯托波尔后果”的会议。欧盟和乌克兰更新了各自对克里米亚和塞瓦斯托波尔的政策，包括限制性措施，还讨论了克里米亚半岛安全和人权状况问题及国际论坛的合作和国际法问题，欧盟重申执行不承认政策。①

第五，反击俄罗斯的宣传和网络威胁。自乌克兰危机爆发以来，俄罗斯官方媒体一直秉持的观点是，正是欧盟和美国发起并支持了一场反对合法、民选政府的乌克兰政权更迭行动，从而引发了这场危机。俄罗斯政府资助的电视台，如“今日俄罗斯”（RT），以英语、西班牙语、阿拉伯语、德语和法语播出节目，宣传其官方立场。为此，欧盟强烈指责俄罗斯企图破坏其政治稳定，在选举中支持激进的反欧一体化力量，以及对民用和军事设施发动网络攻击，支持国有媒体抹黑欧盟和西方的行为。

一段时间以来，欧盟及其成员国一直担心俄罗斯的宣传观点，而来自欧盟的反驳往往缺乏重点和说服力。因为，欧盟在语言上并不占优势，冷战结束后，许多西方广播公司削减了俄语服务。为此，2015 年 1 月欧洲议会通过了一项决议，敦促欧盟反击俄罗斯在乌克兰冲突问题上的虚假宣传。在 2015 年 3 月的布鲁塞尔峰会上，欧盟领导人讨论了一系列应对俄罗斯威胁的选择方案，如出资建立一个新的俄语电视频道，或者捐钱给苏联加盟共和国，让它们建立自己的俄语频道，以对抗俄罗斯的宣传。会议还要求外交事务高级代表莫盖里尼在三个月的时间内，准备一份关于战略传播的行动计划，于 6 月举行的峰会上讨论如何支持媒体宣传自由和欧洲价值观。同时，会议还同意建立一个战略沟通小组，希望通过更好地沟通欧盟自身的情况来对抗俄罗斯的宣传，主要针对的对象国包括亚美尼亚、阿塞拜疆、白俄罗斯、格鲁吉亚、摩尔多瓦和乌克兰等以“东部伙伴关系”为主的国家。欧盟希望成员国加强其内部在能源、网络

① “The European Union and Ukraine Discuss the Legal Consequences of the Illegal Annexation of Crimea and Sevastopol”, Oct. 12th, 2019, https://eeas.europa.eu/headquarters/headquarters-homepage/71847/european-union-and-ukraine-discuss-legal-consequences-illegal-annexation-crimea-and-sevastopol_en.（上网时间：2020 年 3 月 22 日）

安全、混合干预和政治威胁，特别是就假新闻和支持激进的反欧洲政治力量等俄罗斯易于参与的"危险和破坏活动"方面进行协调与合作。此外，欧盟在欧洲对外行动署内部还成立了东斯特拉塔姆特遣部队（East StratCom Task Force），专门应对"俄罗斯的虚假信息"。这个工作组由来自欧盟机构的通信专家组成，欧盟负责为这些专家的短期项目活动提供资金。在 2016 年 10 月举行的欧洲理事会会议上，爱沙尼亚总理塔维·罗伊瓦斯（Taavi Roivas）呼吁为该特遣部队提供永久性资金，以提高其应对俄罗斯媒体活动的效率，该提议得到丹麦、芬兰的支持。不仅如此，欧盟还指控俄罗斯对其公民使用化学武器（伦敦斯克里帕尔案），利用能源依赖破坏欧盟的实力和安全。尽管俄罗斯领导人多次断然否认所有这些指控，但在斯克里帕尔案发生之后，布鲁塞尔还是驱逐了大量在欧盟各国任职的俄罗斯外交官。2019 年 5 月欧洲议会选举前夕，欧盟制订具体措施来打击网络攻击和外国黑客，以应对俄罗斯的媒体向欧盟成员国国内民众提供"虚假信息"，从而保障国内政治稳定。

（三） 欧盟对俄政策的主要取向

第一，欧盟制裁俄罗斯体现出韧性。克里米亚事件之后，欧盟领导人多次强调，在 21 世纪，欧洲没有使用武力和胁迫手段改变边界的余地。2014 年 3 月 20 日，欧洲理事会强烈谴责俄罗斯的行为，到目前为止，欧盟仍坚持不承认政策并继续谴责这一行为，并一再延长制裁措施。这主要是由于欧洲反俄政治正确的氛围和选举操弄的需要，以及乌克兰问题的结构性所决定的。欧盟制定了一揽子有针对性的经济制裁，旨在对俄罗斯经济产生最大的破坏，而同时对欧盟及成员国的影响维持最低。① 同时，欧盟委员会对因制裁俄罗斯而蒙受损失最严重的成员国提供补贴，以此增强对抗俄罗斯的信心与决心，维护其内

---

① Stephanie Pezard, Andrew Radin, Thomas S. Szayna, and F. Stephen Larrabee, "European Relations with Russia Threat Perceptions, Responses, and Strategies in the Wake of the Ukrainian Crisis", 2017, www. rand. org/t/RR1579, p. 33.（上网时间：2019 年 3 月 12 日）

部团结。欧盟基本没有把制裁措施扩大到乌克兰问题之外，因为欧盟成员和公司在制裁中遭受的损失要比美国严重得多，俄罗斯的反制裁措施也很有针对性。理论上讲，俄罗斯可以利用欧盟各成员国之间存在的分歧来分化瓦解它们。不过目前看来，欧盟成员国就多数制裁措施得以达成共识，说明俄罗斯的这些尝试迄今未获成功。最近，一些欧洲议会议员写信给欧盟委员会，要求不要以“新冠肺炎病毒大流行”为借口解除对俄罗斯的制裁，为此，欧盟领导人回应称：在新冠肺炎病毒大流行之际，对俄罗斯实施制裁没有问题，因为制裁不会削弱俄罗斯应对疫情的能力。①

第二，欧盟各成员国在对俄制裁上各有所图。位于北方的波罗的海国家和大多数中欧和东欧国家认为俄罗斯的威胁是直接的，而位于南方的欧盟成员国则认为它们面临的威胁来自于中东和北非，尤其是大量的战争难民。但是，到目前为止，在制裁问题上，欧洲人对俄罗斯保持了一致立场，这在很大程度上要归功于德国。德国在担任欧安组织主席期间强调加强欧安组织的影响，通过该组织向俄罗斯施压，以及通过双边和多边援助乌克兰政府，以此促进欧洲一体化和对抗普京的议程。作为工业强国的德国看重的是相对人口较多的乌克兰国内大市场，而欧盟的北方国家如挪威，在能源和治理问题上增加了对乌克兰的支持。但是，爱沙尼亚和拉脱维亚则在乌克兰政策上支持限制向基辅当局提供非杀伤性物资的援助，德国不想过分激怒邻国俄罗斯。由于历史积怨，波兰是欧盟中最积极支持严厉制裁俄罗斯的国家，但其也担心乌克兰的内战对其领土带来诸多不稳定因素，如难民、武器或犯罪网络等。但是对于南部成员国如意大利、匈牙利和希腊来说，对于俄罗斯带来的威胁却没有那么切身感受，甚至可以说渴望与俄罗斯保持友好关系和经济联系。所以，为了解决乌克兰危机，尽管欧盟要求成员国暂停与俄罗斯的重要双边会议或峰会，但是这一原则规定却被希腊和意大利所忽视。现在欧盟之所以对俄罗斯保持统一政策，恰恰

① “EU Says Sanctions Against Russia Should Remain in Place During Pandemic”, https://tass.com/world/1140751.（上网时间：2019 年 3 月 12 日）

是德国在推动欧盟的俄罗斯政策。但是，除了制裁，德国也没有更多可以使用的工具来应对所谓的俄罗斯威胁。然而，如果乌克兰局势停滞不前，德国的这种坚定立场是否会继续存在，目前仍不清楚。意大利曾要求就延长对俄罗斯制裁进行进一步讨论，而波罗的海国家也考虑会软化其对俄罗斯的政策，德国很多商界人士更要求结束对俄制裁。

第三，拒绝向乌克兰提供致命性武器。一直以来，欧盟主要成员国德国和法国都强调不会向乌克兰提供致命性武器，以避免俄罗斯的军事选择。民调显示，有77%的德国人反对北约向乌克兰政府运送武器，波兰和英国反对向乌克兰提供致命性武器的比例低于50%。法国受访民众有40%支持北约向乌克兰提供武器，略低于美国的46%，而西班牙为25%、意大利为22%，德国最少仅为19%。① 根据 YouGov 的一项民意调查，绝大多数德国人（约2/3）支持普京在乌克兰问题上的立场，只有9%的受访者支持柏林加强北约在波罗的海国家驻军的决定。② 德国反对向乌克兰提供致命性武器，致力于加强对乌克兰的治理，不会提供任何形式的直接军事援助。在2014年9月1日的北约威尔士峰会上，德国认为加强北约部队轮换和加强北约快速反应能力这一替代政策，更符合其在不激怒俄罗斯的情况下实现保证和威慑的立场。德国外长弗兰克—瓦尔特·施泰因迈尔（Frank-Walter Steinmeier）还批评北约对俄罗斯采取好战政策，称其为"战争贩子"。③ 事实是，德国的联盟党和大批与俄罗斯关系密切的企业对俄较为友好，他们认为俄罗斯被误解了。尽管自危机开始以来，社民

---

① Stephanie Pezard, Andrew Radin, Thomas S. Szayna, and F. Stephen Larrabee, "European Relations with Russia Threat Perceptions, Responses, and Strategies in the Wake of the Ukrainian Crisis", 2017, www.rand.org/t/RR1579, p. 62.（上网时间：2019年3月12日）

② Matthew Karnitschnig, "NATO's Germany problem", July 8th, 2016 https://www.politico.eu/article/natos-germany-russia-problem-german-foreign-minister-frank-walter-steinmeier/.（上网时间：2019年3月12日）

③ https://www.independent.co.uk/news/world/europe/german-foreign-minister-accuses-nato-of-warmongering-russia-military-exercises-tensions-anaconda-16-a7088936.html.（上网时间：2019年3月12日）

党官员对俄罗斯的批评变得更加严厉，但普遍观点仍然支持与俄罗斯建立伙伴关系的可能性，并指责北约挑起了冲突。许多德国左翼人士仍然对北约作为一个军事组织的存在持怀疑态度，认为北约的修正主义目标引发了俄罗斯的行动。大多数德国政治家认为，鉴于目前俄罗斯和美国之间的敌对关系，没有俄罗斯的参与，无法确保欧洲安全。①

第四，欧盟与俄罗斯仍持续保持对话。克里米亚事件巩固了普京在国内的地位，而俄罗斯的经济恶化问题也被归咎于俄罗斯的结构性弱点和对石油收入的过度依赖。面对这种局面，一些欧洲国家试图与俄罗斯保持对话，而不是过度的军事反应，担心这可能被普京视为挑衅，并可能导致冲突升级。所以，尽管欧盟各方就坚决回应莫斯科的行动达成了一致，但继续保持与俄罗斯的接触和对话也是现实需要。因为除了乌克兰相关问题，还有许多其他共同关心的问题需要俄罗斯合作。在多边问题上，欧盟认为与俄罗斯对话比孤立它更好，而且在共同利益的领域可以进行有限合作，包括就伊朗、叙利亚、移民危机和"伊斯兰国"等问题保持对话，特别是在反恐情报共享领域仍有其必要性。尽管法国已暂停与俄罗斯的国防合作，但仍然保持在科学、经济、文化领域，以及不受制裁影响的任何其他领域的合作。法国认为解决乌克兰问题需要与俄罗斯对话，孤立俄罗斯反而会更加危险，这样会更加刺激俄罗斯激进力量。德国总理默克尔也表示，德俄应坚持对话，推动两国和两国人民之间的关系，以建设性方式应对双边关系和国际挑战，寻求可持续解决方案。②"德国领导人对有限的合作持开放态度，这为俄罗斯和德国在政府最高层保持持续的政治对话创

① Dmitri Trenin, "Russia and Germany: From Estranged Partners To Good Neighbors", Jun. 6th, 2018, https://carnegieendowment.org/files/Article_Trenin_RG_2018_Eng.pdf.（上网时间：2019年3月12日）

② Joseph Nasr, "Merkel Urges Dialogue with Russia in Congratulation Message to Putin", Reuters, March 19, 2018, https://www.reuters.com/article/us-russia-election-germany/merkel-urges-dialogue-with-russia-in-Congratulation-message-to-putin-idUSKBN1GV2DO.（上网时间：2019年3月12日）

造了条件，至少可以为交换信息创造条件"。[①] 近年来，马克龙和默克尔就乌克兰及国际热点问题频繁与普京见面或通话，并共同重启了关于乌克兰东部问题的"诺曼底模式"，就停火和交换战俘等议题达成共识。

第五，欧盟对俄制裁尽量保持独立性。欧盟作为美国对俄实施制裁和遏制的重要伙伴，在政治上，布鲁塞尔基本支持美国在乌克兰问题、斯克里帕尔案、叙利亚等问题上的主张。但是，对欧盟来说，制裁是一个敏感的问题，因为俄罗斯和欧洲之间贸易额达到3300亿美元，几乎是俄美贸易的10倍。针对美国不断加码对俄罗斯的制裁措施，欧盟表示，如果美国的制裁伤害到欧盟的能源公司，它准备进行报复，这主要是因为担心美国的制裁措施可能会干扰德国支持的与俄罗斯之间的"北溪－2"项目。尽管该项目已经因为美国的制裁而暂停，但德国在指责美国妄图"干涉内政"的同时，强调将坚决执行该项目。同时，秉持务实谨慎和相对独立的立场，欧洲理事会通过的《关于对使用化学武器采取限制性措施的2018/1544号决定》，其中没有直接提到俄罗斯，也没有针对俄罗斯公民或组织。

（四） 俄罗斯的谨慎回击

针对美欧的制裁，俄罗斯政府也采取措施适应制裁，并出台了有针对性的反制裁措施。但俄罗斯的反制措施明显存在不对称性，回应是谨慎的。

第一，俄罗斯坚持不会在制裁的影响下改变其外交政策和国内政策路线。俄罗斯官方媒体将克里米亚事件和乌克兰危机描述为对民族主义的乌克兰亲西方势力在基辅发动政变的自发反应。同时，克里米亚作为俄罗斯一部分的地位是不容讨论的。在2014年，俄罗斯议员甚至将对质疑克里米亚"入俄"的行为定为犯罪行为。俄罗斯《刑法》的相关条款已被多次使用，主要针对克里米

① Dmitri Trenin, "Russia and Germany: From Estranged Partners To Good Neighbors", Jun. 6th, 2018, https://carnegieendowment.org/files/Article_Trenin_RG_2018_Eng.pdf.（上网时间：2019年3月12日）

亚鞑靼人，以及反对派活动人士。① 面对西方指责莫斯科挑起战争并参与乌克兰东部的军事冲突，以及为东部武装提供武器和军队支持，克里姆林宫则予以坚决否认。在以进口替代回击制裁的同时，莫斯科多次表示以制裁施压与俄对话效果必将适得其反。莫斯科坚持只有在国际局势（冲突、危机）与西方关系发生质变的情况下，才有可能大幅度收紧应对措施。同时，克里姆林宫采取的反制裁措施尽量为外国公司保留了在俄罗斯市场开展业务的机会，也借此在一定程度上绕过西方制裁，为继续参与国际经济活动保留了通道，包括“北溪－2”项目。

第二，加强内部协调和立法，以灵活应对制裁。俄罗斯财政部专门成立了关于控制外部限制的新部门，协调各项活动，减少金融限制对俄罗斯法律实体的消极影响，并提出了若干其他措施，以便进一步协调立法，对抗外部制裁。同时，俄罗斯撤销了对《俄罗斯刑法》的拟议修正案，因为这些修订可能严重损害俄罗斯投资环境，冻结修正案得到了俄罗斯企业的积极响应。俄罗斯对制裁的回应，是基于2006年俄罗斯联邦法律——特殊经济措施第281－FZ号文件和俄罗斯联邦总统令，以及2014年后续政府的法令。为回应西方将制裁俄罗斯升级为国家法律，2018年俄罗斯更新了反制裁立法。普京签署了《关于对美利坚合众国和其他外国的不友好行动采取回应（反行动）措施的联邦法》，从立法的角度调整俄罗斯适应新的现实，强调俄罗斯法律不歧视外国公司，并赋予行政机关根据情况及时采取行动的权力。

第三，有针对性地展开反制裁。为反制西方发起的制裁，2014年8月6日俄罗斯总统普京下令禁止从对俄罗斯实施经济制裁的国家进口农产品、原料和食品，禁令有效期一年。这些国家包括美国、欧盟、加拿大、澳大利亚、挪威、冰岛、阿尔巴尼亚、黑山、列支敦士登和乌克兰。随后，俄罗斯的反制裁

① “How ‘Separatists’ Are Prosecuted in Russia, Independent Lawyers on One of Russia’s Most Controversial Statutes”, Sep. 21th, 2016, https://meduza.io/en/feature/2016/09/21/how－separatists－are－prosecuted－in－russia.（上网时间：2019年3月12日）

举措随着欧盟等国的制裁也一再延期。2019 年 6 月底，俄罗斯总统普京签署一项法律，继续实施 2014 年 8 月 6 日总统令规定的某些特殊经济措施，即对实施反俄制裁的西方国家实施禁运，实施时间从 2020 年 1 月 1 日延长至 12 月 31 日。与此同时，俄罗斯联邦政府在 2014 年 9 月 15 日宣布，将调集约 90 亿美元的资金成立应急基金，扶持被欧盟制裁的本国企业。相应地，俄罗斯把“进口替代”由经济稳定措施上升为国家发展战略。2015 年 8 月 4 日，俄联邦政府通过决议，批准成立进口替代委员会，下设两个分委会，分别就民用经济和国防工业综合体相关事务给予指导。近年来，俄罗斯农业出现较快增长，军事工业也继续保持优势。在禁止从欧盟进口大量食品的同时，俄罗斯充分利用自身农业潜力，正从一个进口国转变为关键农产品出口国。

第四，充分利用西方的内部矛盾和分歧。随着美国退出伊朗核协议并恢复对伊朗的制裁，美国与欧盟的分歧加大。同时，美国与德法还就防务费用问题吵得不可开交，特朗普甚至在不通知盟友的情况下突然宣布从叙利亚撤军，导致马克龙说出了北约“脑死亡”的狠话。在这种背景下，欧盟正在采取措施保护欧盟企业，2019 年 1 月法国、德国和英国推动设立了旨在帮助伊朗逃脱美国制裁的易货交易结算机制——“贸易往来支持工具”（INSTEX），截至 2019 年底已有近 10 个欧洲国家加入（除英法德三国外，还有芬兰、比利时、丹麦、荷兰、挪威和瑞典）。① 2019 年 6 月底，“贸易往来支持工具”开始运作，首次交易已经完成。在第一阶段，主要是药品、医疗设备和农产品，但暂时不包括石油。华盛顿对这一消息表达了强烈的不满，特朗普政府的一些官员开始威胁制裁欧洲。而欧盟方面则表示，该系统正在运作，并准备与其他国家建立联系。而且，俄罗斯有可能使用这一机制。俄罗斯总统新闻秘书德米特里·佩斯科夫（Дмитрий Песков）说：“鉴于该系统的首次使用经验，一旦激活，就不

① Шесть стран присоединились к платежной системе ЕС – Иран Instex. [Электронный ресурс]. – URL: https://ria.ru/20191129/1561749087.html (дата обращения: 02.12.2019)

能排除在这方面的互动。”① 如果莫斯科加入这一国际机制，这将是对欧洲努力保持关于伊朗核问题的联合全面行动计划的巨大激励。此外，俄罗斯与德国之间的“北溪－2”项目和在意大利疫情严重时普京的慷慨援助，对于后疫情时代欧盟内部对俄罗斯的立场分化，都具有重要的意义。

四、俄欧关系的僵局短期内难以打破

自乌克兰危机后，俄罗斯与欧盟关系降至冷战结束后的最低点。僵局中的双边关系基本表现为：相互之间展开外交、经济的制裁与反制裁；双边关系的条约、协定及合作机制被冻结；原来的《伙伴关系与合作协定》早已经到期（2007 年），制定新的俄罗斯与欧盟基础协议的谈判被无限期搁置；双边关系被军事紧张局势和对抗性言论所充斥，包括指控俄罗斯在欧盟内部支持极端右翼民粹主义和反欧洲势力等；相互之间的信任几乎完全崩盘，脆弱的双边关系极易受到如马航飞机被击落和伦敦斯克里帕尔案等事件的冲击。② 近年来，俄欧关系缺少战略规划，经常受困于如斯克里帕尔案等具体事件和挑衅的冲击。互信的缺失，双方难以建立起处理此类事件的危机管理机制，甚至还为新的类似事件爆发创造了预留空间，导致俄罗斯和欧盟都在困境中挣扎。

一方面，欧盟与俄罗斯的关系已经发生了不可逆转的变化。欧盟认为，俄罗斯在克里米亚问题上已经越过了红线，尤其是其毫不犹豫地使用武力来实现目标。俄罗斯对外政策的永久性、结构性变化将是长期的，因为这一自信的政

---

① Виктор Раскольников. Стремление России присоединиться к Instex обеспокоило Вашингтон. [Электронный ресурс]. – URL: https://politexpert.net/159132 – stremlenie – rossii – prisoedinitsya – k – instex – obespokoilo – vashington(дата обращения:22.07.2019)

② Yury Borko, "Otnosheniya v treugol' nikeRossiya – ES – SSHA" (Russia – EU – US Relations), presentation at the Russian Academy of Sciences Institute of Europe, Moscow, Nov. 15, 2018, http://www.instituteofeurope.ru/nauchnaya – zhizn/novosti/ item/15112018.（上网时间：2018 年 12 月 12 日）

策在俄罗斯民众中得到强有力的支持。在这种氛围下，恢复一个良好的欧洲安全环境变得极为困难，甚至希望渺茫。许多欧洲官员认为，克里米亚所发生的事情是俄罗斯一贯和持续的政策的表现，旨在将乌克兰和其他后苏联国家留在俄罗斯的势力范围内，巩固其对以乌克兰为核心的苏联地区国家的控制。这样，俄罗斯在乌克兰的举动，从根本上挑战了欧盟对欧洲整体、自由与和平的愿景，表明了欧盟和俄罗斯有不同价值观和地缘政治视角，决定了欧洲和俄罗斯关系的不可逆转性。当前，欧洲有三种典型观点，即俄欧存在以截然不同的方式看待世界和国际体系的本体论鸿沟；双方在处置冷战遗产时立场迥异；俄罗斯未能实现民主巩固并对大国地位顽固坚持。[①] 欧盟强调，能否取消对俄罗斯制裁，这很大程度上取决于俄罗斯的行为，也就是莫斯科是否全面执行《明斯克协议》。《明斯克协议》已经成为欧盟放松制裁和开始重建与俄罗斯的建设性对话的一个关键指标，而且明确表示不承认克里米亚归属俄罗斯。然而，不仅克里米亚的归属难以改变，就连《明斯克协议》全面实施都依然困难重重，因为这其实涉及到的是乌克兰加入北约的问题。现在，莫斯科明确表示，乌克兰东部不会建立任何形式的准独立国家，但要按照自己的条件（建立一个联邦体系），而西方的大部分制裁也都要取消。但是，2019 年 10 月 4 日至 9 日，乌克兰智库拉祖姆科夫中心（Центр Разумков）在乌克兰全境（顿巴斯地区除外）进行的民意调查显示，超过 60% 的乌克兰居民都反对国家实行联邦制，56% 的受访者反对在宪法中给予顿涅斯克和卢甘斯克州“特殊地位”，而赞同者只有 26%。[②] 乌克兰政府也声明，联邦制是不可接受的，因为这将会导致国家分裂。在这种背景下，尽管针对乌克兰问题的“诺曼底谈判模式”得以重启，但俄罗斯与欧盟的关系无论是重返过去，还是突破未来，均面临着重重难

---

① Richard Sakwa, "The Future of EU - Russia Relations", https://www.institutfuersicherheit.at/the-future-of-eu-russia-relations/.（上网时间：2020 年 8 月 12 日）

② Опрос показал отношение украинцев к федерализации. [Электронный ресурс]. - URL: https://yandex.com/turbo? text = https%3A%2F%2Fvz.ru%2Fnews%2F2019%2F10%2F11%2F1002597.html(дата обращения: 02.07.2020)

以逾越的障碍。除非出现新的思想或新一代领导人打破当前的对抗结构，否则僵局将继续维持下去。

另一方面，欧洲安全环境将长期维持紧张状态。克里米亚事件后，波罗的海三国及波兰等东欧国家更加期望欧盟和北约的保护。为此，西方需要加强其防御姿态，以便能够阻止俄罗斯方面的进一步行动。① 这样，乌克兰危机已经无可挽回地改变了欧洲的安全评估，将俄罗斯变成了战略对手，而不是合作伙伴，这种看法为欧洲各国就国防支出是否足以应对当前和未来的安全威胁展开的辩论提供了新的动力。在这种背景下，不仅被美国视为“杰出伙伴”的波兰国防开支超过了 GDP 的 2%，其他国家也不断增加国防预算。瑞典最新的 2016 年至 2020 年国防开支预算要求在五年内每年增加 2.2%，即 7.22 亿美元②；芬兰的国防政策一直强调战备状态，其陆军正在研究是否可能增加一支新的快速反应部队，并规定短期的动员时间；挪威 2016 年国防预算上升至 60 亿美元，占到了 GDP 的 1.54%，与 2015 年相比增加了 9.8%③；波罗的海国家更是自金融危机以来首次增加国防开支，还寻求美国更有力的存在④。在德国，公众舆论也越来越倾向于增加军费开支，2014 年 10 月的一项调查显示，支持率高于预期，55% 的受访者支持联邦国防军（德国统一武装力量）在中期内增加兵力。⑤ 作为已经是军事强国的法国，议会更新了 2015－2019 年的军事法律规划减少人员削减幅度，从原来消减 30000 人减少到 15000 人，作战部队人数从

① Angela Merkel, “Speech by Federal Chance llor on the Occasion of the 51st Munich Security Conference”, Munich, Feb. 7th, 2015; “Merkel Toughens Up”, Economist, Nov. 19th, 2014.

② “Swedish Defense Bill 2016－2020”, Government Offices of Sweden, Apr. 24th, 2015; Charlie Duxbury, “Sweden Plans to Increase Military Spending”, Wall Street Journal, Mar. 12th, 2015.

③ Gerard O'Dwyer, “9.8% Budget Hike Set for Norwegian Armed Forces”, Defense News, Oct. 9th, 2015.

④ Jaroslaw Adamowski, “Latvia, Lithuania to Raise Defense Spending,” Defense News, July 30th, 2015.

⑤ Infratest dimap, “ARD－DeutschlandTREND”, Survey Report, October 2014.

66000人增加到77000人。对此，斯德哥尔摩国际和平研究所（SIPRI）对军费趋势研究得出结论：在许多中欧国家，以及一些北欧国家，军费增加的部分原因是为了应对乌克兰危机。①

在欧盟层面上，欧盟在解决危机的过程中，除了在外交和经济方面发挥作用外，也趋向于发挥其军事作用。随着与俄罗斯关系的紧张，欧盟正加紧探索如何提高向伙伴国提供军事装备的能力。提供军事装备并不在共同安全与防务政策框架之内，导致该政策特派团提供的培训的可持续性和有效性大打折扣。为此，2015年4月，欧盟委员会和外交与安全政策高级代表发表了一份联合声明：“支持安全与发展的能力建设，使合作伙伴能够预防和管理危机，”② 以加强欧盟的综合能力，弥补目前应对措施的不足。从长远来看，可能还会有一支欧洲军队。2015年3月，欧盟委员会主席容克呼吁组建一支欧洲军队，向俄罗斯表明欧盟能够捍卫其价值观，能够应对针对其成员国或邻国的威胁。③ 近两年来，关于欧洲军的问题，马克龙和默克尔都表示了支持，强调这支军队不是要对抗北约，而是对北约的“有益补充”。成立欧洲军问题之所以成为焦点，是法德对特朗普政府“蔑视和威胁”欧洲的一种不满表现，也有借此加快推进欧洲独立防务进程，以回应俄罗斯在乌克兰的举动的意图。

纵观历史，俄罗斯和欧盟从未摆脱“零和博弈”，双方关系的特点在于存在共同利益却难以摆脱相互敌视，而由于体量、观念和安全分歧等原因，俄罗

---

① 自2005年以来，东欧增长了98%，西欧和中欧下降了8.3%。参见SIPRI, Trends in World Military Expenditure 2014, Fact Sheet, April 2015, p. 4. SIPRI Defines Eastern Europe as Comprising Armenia, Azerbaijan, Belarus, Georgia, Moldova, Ukraine, and Russia (SIPRI, “Regional Coverage”).

② European Commission and High Representative of the European Union for Foreign Affairsand Security Policy, “Capacity Building in Support of Security and Development—Enabling Partners to Prevent and Manage Crises”, Joint Communication to the European Parliament and the Council JOIN17, Brussels, Apr. 28th, 2015.

③ Beat Balzli, Christoph B. Schiltz, and André Tauber, “Halten Sie sich an Frau Merkel. Ich-Mache das!”, Die Welt, Mar. 8th, 2015.

斯始终难以融入欧洲一体化进程。乌克兰危机以来，一系列内政外交因素限制了双方对彼此价值和战略意义的认识，所以，面对国际体系转型，俄欧只着眼于解决当前国际社会面临的问题和消除眼前威胁，没有对俄欧关系发展方向进行长期规划。① 近年来，俄欧关系的基础已不是势力均衡，而是弱点均衡：俄罗斯的弱点是长期经济停滞，而欧盟的弱点是主要国家的旧政党政治体系正在不可逆转地衰落。弱者被迫适应外部环境的变化，而非塑造环境本身，其只能用策略代替战略，用机会主义替代长期目标。所以，乌克兰危机后的俄欧关系非常稳定且双方都能接受，而当前双方都奉行观望政策，希望客观历史进程迫使对方首先迈出和解步伐。② 2019 年 10 月，时任俄罗斯总理梅德韦杰夫在莫斯科会见斯洛伐克总理时说，俄罗斯与欧盟的关系目前处于“零”状态，俄罗斯没有破坏与欧盟的关系，我们也没有重建关系。③ 不可否认，特朗普的“美国优先”政策一定程度上加快了欧盟寻求战略自主的进程，其主要国家在“北溪 -2”项目、乌克兰僵局、伊朗核问题上开始选择实用主义而非对抗政策，使俄欧关系一定程度上出现了新的缓和。但欧盟的这种战略自主能走多远，俄欧关系能够缓和到什么程度，仍是值得怀疑的。欧盟在安全上仍主要依赖北约（美国），决定了法德的折中策略的空间有限，而且欧盟内部在对俄政策上仍存在分歧。除此之外，欧盟和俄罗斯对国际和欧洲安全秩序看法上具有不相容性，使双方在《明斯克协议》上各自坚持自己的解释，最终较为密切的经济联

---

① Тимофей Бордачев. Структурные ограничители в отношениях России и Европейского союза. [Электронный ресурс]. – URL: https://globalaffairs.ru/articles/v-plenu-u-nulevoj-summy/ (дата обращения: 08.03.2020)

② Андрей Кортунов. Баланс слабостей. Как эпидемия изменит отношения России и ЕС. [Электронный ресурс]. – URL: https://carnegie.ru/commentary/81601 (дата обращения: 26.04.2020)

③ Медведев назвал ненормальным, что отношения России и ЕС находятся《на нуле》. [Электронный ресурс]. – URL: https://www.kommersant.ru/doc/4088267 (дата обращения: 02.07.2020)

系也难以成为改善关系的助推器。[1] 俄罗斯与西方都需要修改它们的秩序原则和规范，才能打破僵局，即使这样也不能保证成功。这种情况发生的概率很低，至少从中期来看是这样。欧盟自身似乎仍处于一种介于超国家主义和成员国主权之间的有限政治行为体状态，只要民粹主义者在欧洲大陆保持强大的政治力量，这种情况很可能就会持续下去。在这种背景下，布鲁塞尔对俄罗斯实施制裁是少有的能够巩固欧洲大陆团结的手段之一，因此制裁很难解除。[2] 有鉴于此，尽管疫情对国际秩序造成巨大冲击，但俄欧关系僵局在未来一段时间内仍难以打破，双方关系基于"零和博弈"互动形式的本质不会改变。当然，俄罗斯不可能完全失去与欧洲的联系，维持僵化关系并防止其进一步恶化似乎是目前最好的选择。

---

① András Rácz and Kristi Raik, "EU - Russia Relations in the New Putin Era: Not Much Light at the End of the Tunnel", June 2018.

② Andrey Kortunov, "Europe and Russia: Four Scenarios for the New Cycle", Russian International Affairs Council, Apr. 25th, 2018, http://russiancouncil.ru/en/analytics-and-comments/analytics/europe-and-russia-four-scenarios-for-the-new-cycle/.（上网时间：2020 年 7 月 2 日）